COLLECCAO
DE
TRATADOS E CONCERTOS DE PAZES

COLLECCAO
de
TRATADOS E CONCERTOS DE PAZES
que o

Estado da India Portugueza
fez
com os Reis e Senhores com quem teve relacoes
nas partes

da Asia e Africa Oriental
desde
O principio da conquista ate ao fim do seculo XVIII
por

Julio Firmino Judice Biker
Primeiro Official e Chefe de Reparticao aposentado
da Secretaria d'Estado dos Negocios Estrangeiros, Socio
correspondente do Instituto de Coimbra,
e da Real Academia de Historia de Madrid,
e Official da Academia em Franca

Tomo XII

GYAN

Published by

Gyan Publishing House
5, Ansari Road
Daryaganj, New Delhi-110002
Phone: 011-47034999, 9811692060
E-mail: books@gyanbooks.com

Distribution Network
gyanbooks.com
India, USA, Canada, UK, Australia, France

ISBN : 978-81-212-3260-9 (Set)
ISBN : 978-81-212-4784-9 (HB)
First Published, 1886

2nd Impression 2020

Printed at: Gyan Press, Delhi.

Colleccao de Tratados e Concertos de Pazes Tomo XII
Author: Julio Firmino Judice Biker

Collecção
de
Tratados e concertos de pazes
que o
Estado da India Portugueza
fez
com os Reis e Senhores com quem teve relações
nas partes
da Asia e Africa Oriental
desde
o principio da conquista até ao fim do seculo XVIII
por

Julio Firmino Judice Biker

Primeiro Official e Chefe de Repartição aposentado
da Secretaria d'Estado dos Negocios Estrangeiros, Socio correspondente
do Instituto de Coimbra,
e da Real Academia de Historia de Madrid,
e Official da Academia em França

Tomo XII

Lisboa–Imprensa Nacional–1886

Kaiserlich Deutsche Gesandtschaeft in Portugal. — Lisbonne, ce 19 avril 1886.

Monsieur. — Mon Gouvernement m'a chargé de vous exprimer ses sincères remercîments pour la nouvelle attention que vous avez eue en lui transmettant le 11e volume de votre précieux ouvrage *Collecção dos Tratados da India Portugueza*. C'est avec un vrai plaisir que je viens m'acquitter de cet ordre.

Je profite en même temps de cette occasion pour vous prier, monsieur, d'avoir l'extrême obligeance de me faire savoir si le 10e volume de l'ouvrage sus-énoncé a déjà paru?

Veuillez agréez, Monsieur, l'expression reiterée de ma considération très distinguée.

Le Ministre d'Allemagne,

Baron de Schmidthals.

Monsieur, Monsieur Biker, ci-devant Chef de Département au Ministère des Affaires Étrangères de S. M. T. F., etc., etc., etc. Lisbonne.

Ill.mo e E. Sr. — Continuando a sua importantissima publicação dos *Tratados e convenções*, etc., de Portugal com as diversas Potencias, V. cada vez se torna mais benemerito da historia e diplomacia da nossa patria; e continuando a brindar-me com um exemplar de cada um dos volumes que, successivamente, sob a sua direcção, e com preambulos seus, vão sahindo dos prélos da Imprensa Nacional, vai crescendo a minha divida de gratidão para com V.

O 10.º volume, relativo á *India portugueza*, não he menos importante que os precedentemente publicados. Li-o avidamente. Deu-me pleno conhecimento de um episodio da lucta sustentada por Portugal, no largo decurso de muitos annos, contra a ambição do grande guerreiro do presente seculo; episodio de que eu só tinha imperfeitissima noticia.

Bem haja o erudito e perseverante escriptor portuguez, que assim tem já conquistado um lugar ao lado dos Martens, dos Rymers, e dos Santarens.

Pelos seus tão repetidos obsequios, sirva-se V. acceitar os protestos do meu reconhecimento.

Tenho a honra de ser com a mais alta consideração e distinta estima

De V.

Venerador, criado, e amigo obrigadissimo

Antonio José Viale.

27 de março de 1886.

Ceremonial com que o Illmo e Exmo Senhor Conde do Rio Pardo Vice Rey e Capitão General da India recebeu a Sua Alteza o Rey de Sundem

(Arch. da India, livro do Reis visinhos, n.° 31, no principio.)

Tendo o Rey de Sundem, que se achava fóra do Estado, voltado a elle, e chegado a Bandorá, e pedindo audiencia de S. Ex.ª foi nomeado o Sargento mór Joaquim José Xavier da Silva, Commandante do forte de S. Thiago, com o Lingua do Estado Sacarama Naraena Vaga para o cumprimentarem da parte de S. Ex.ª como assim he o costume, e foram a Bandorá em 8 de Janeiro de 1817 em dois escaleres do Arsenal para igualmente acompanharem a Sua Alteza desde Bandorá até Pangim, onde elle chegou no dia 9 do dito mez, e se apousou (sic) nas casas de Antonio Pereira, S. Ex.ª lhe assignou o dia 10 do dito mez ás 4 horas e meia da tarde para receber a sua vizita. Assistiram no Palacio o Sr. Conselheiro e Secretario do Estado, e alguns Ministros da Relação, e muitos officiaes militares, que tiveram aviso pela Sala. Quando o Rei entrava no palacio, a guarda militar lhe fez a continencia do estylo de apresentar armas a som de musica, sem continencia de bandeira. O Ajudante General com ajudantes de ordens o foram receber no tope da escada que sobe á Sala, e o Sr. Conselheiro Secretario do Estado o recebeu na porta grande do tope, e pegando-o com a mão direita, o acompanhou para dentro. S. Ex.ª veiu esperar a Sua Alteza na porta em que fica a sentinella.

1817 Janeiro 10

Carta de Haria Gaunso, Dessay de Uspá ao Secretario do Estado, enviando-lhe assignadas as condições impostas pelo Vice Rey

(Arch. da India, livro 3.º de Pazes, fol. 59.)

1818 Fevereiro 19 Amparo de amigos, conservador da verdadeira amizade, Grandioso Sr. Manuel José Gomes Loureiro, Conselheiro e Secretario do Estado, cuja amizade seja perpetua.

Com cordial respeito eu Haria Gaunso, Dessay da Provincia de Manerim, envio esta com as cortezias de muitos Salamos, gosando de saude, e desejando que V. S.ª queira annunciar as suas boas novas.

Recebendo a carta de V. S.ª de 16 de Fevereiro corrente, a venerei elevando á cabeça, e fiquei muito satisfeito. As condições, que me impõem declaradas na dita carta parecem ser para prevenir a minha infidelidade, que se desconfia, pois o Magestoso Estado conhecerá, e experimentará a minha conducta se he verdadeira ou falsa; a protecção, que eu solicito do Estado para me favorecer com boa visinhança, desvanecerá toda a desconfiança, e eu terei este grande amparo. Todos os colonos da minha terra roubados dispersamente estão emigrados, e são necessarios alguns dias para se recolherem; o seguro do Governo do Estado fará recolher a alguns. O mais a meu respeito tenho escripto na minha carta antecedente: peço a V. S.ª que tomando na sua attenção esta minha representação, queira leval-a á presença do Magnifico Sr. Conde Vice-Rey, e espero que o Estado me favoreça em todas as exigencias, que eu deprecar por escripto, assim como huma mãe, que depois de reprehender a seus filhos, os reafaga.

As condições, que V. S.ª me remetteu, lhe transmitto assignadas por mim, conservando em meu poder a sua traducção gentilica, e não pude sellal-as, como V. S.ª ordenou, porque o meu Xicó e Mortab (sêllo, e pequeno sêllo) se perderam com todo o meu precioso, fato, e atar por occasião do saque acontecido no anno passado, sobre o que pretendo fazer a minha representação a S. Ex.ª e o mais escreverá o Sar Dessay Soddecar. Espero a continuação das suas cartas, e queira conservar-me na sua graça e amizade. Esta he a carta. 1818 Fevereiro 19

No sobrescripto consta ser escripta em 19 de Fevereiro de 1818.

Traduzida, em 28 de Fevereiro de 1818 pelo Lingua do Estado Sacarama Naraena Vaga.

Está junta a traducção maratha das condições.

Condições com que o Magestoso Estado restitue ao Dessay de Uspá as terras que lhe foram conquistadas

(Arch. da India, livro 3.º de Pazes, fol. 56.)

S. Ex.ª o Sr. Conde do Rio Pardo, do Conselho de Estado de Sua Magestade Fidelissima, e da sua Real fazenda, Gram Cruz da Ordem de Christo, Cavalleiro da Torre e Espada, Vedor da Casa Real, Tenente General dos Reaes exercitos, Vice-Rey e Capitão General de mar e terra do Estado da India, etc., viu a carta do honrado amigo, datada aos 28 de Janeiro precedente, pela qual implora perdão das offensas por elle praticadas contra o Magestoso Estado, que puzeram a S. Ex.ª na urgente necessidade de recorrer a meios hostis para reparal-as, e supplica a restituição dos territorios, que nessa occasião lhe foram conquistados. S. Ex.ª, sempre predisposto a conceder a paz a quem a pede com animo sincero de se acolher á protecção do Magestoso Estado, e não ambicionando augmentar as possessões Portuguezas por meio de conquistas, manda insinuar ao honrado amigo as condições seguintes em resposta á supradita sua carta. 1818 Fevereiro 16

1.ª Que S. Ex.ª, em nome de El-Rey dos Reinos Unidos de Portugal, Brazil e Algarves, Seu Amo, perdôa ao honrado amigo as offensas passadas, e lhe dá todo o territorio que

1818 Fevereiro 16 fôra conquistado pelas tropas do Magestoso Estado o anno passado, alem da margem direita do Arroyo de Salem, para que o possua com a mesma jurisdição, que antes nelle exercia; mas isto sob as clausulas infra especificadas.

2.ª Que o honrado amigo será obrigado a prestar ao Magestoso Estado o contingente de 100 Sipaes pagos, mantidos, e municiados á custa delle honrado amigo, todas as vezes que lhe fôr ordenado por este Governo, seja para obrarem só por si, ou em união de tropas do Estado contra quem for, sem poder pedir instrucção alguma antecipada das operações, a que hajam de determinar-se.

3.ª Que a elle honrado amigo não será permittido auxiliar com forças algumas nenhum Potentado de qualquer ordem sem licença expressa deste Governo; nem tão pouco pactuar com elles tratado, convenção, ou arranjamento, que primeiro não manifeste a este mesmo Governo, e obtenha consentimento seu para o ultimar.

4.ª Que elle honrado amigo será obrigado a aprehender e remetter a este Magestoso Estado toda a qualidade de pessoa existente no territorio do Estado, logo que o Governo assim lho ordenar.

5.ª Que elle honrado amigo evitará quanto lhe for possivel que pelo territorio da sua jurisdição passem Pundas a roubar as Aldeias do Magestoso Estado, e a esse fim prohibirá sob penas as mais rigorosas que das fronteiras delle saiam individuos alguns sem se qualificarem com Chitós seus de abonação de conducta, e destinos a que vem: ficando na intelligencia de que todos os aprehendidos neste Estado desprovidos de taes attestados serão reputados e punidos como Pundas,

6.ª Que elle honrado amigo não lhe será licito o pôr o menor embaraço ao transito das tropas deste Estado pelo territorio da sua jurisdição para onde quer que marcharem antes ficará obrigado a fornecer-lhes os compativeis soccorros, sem accrescimo do preço ordinario; e o mesmo se entenderá a respeito do commercio entre os vassalos Portuguezes e os de outros dominios em geral.

7.ª Que elle honrado amigo fica inhibido de erigir, ou re-edificar obra alguma de fortificação sem preceder licença deste Governo. 1818 Fevereiro 16

8.ª Que acceitas estas supra declaradas condições sem exclusão da mais pequena parte, e sendo ellas garantidas pelo honrado Dessay de Suddó Essavanta Rau, em contemplação do qual S. Ex.ª o Sr. Conde Vice-Rey muito particularmente accordou este acommodamento; S. Ex.ª fará retirar as suas tropas de Manerim, e mandará desembaraçar as estradas de Uspá, e permittirá que o honrado amigo exerça a mesma jurisdição que antes tinha sobre o territorio agora por graça deste governo novamente adquirido.

Eu participo tudo acima expendido ao honrado amigo, e fico esperando a correspondencia delle, e do honrado Essávanta Rau, Dessay de Soddó para a fazer presente a S. Ex.ª

Deus illumine ao honrado amigo em a sua divina graça. Secretaria do Magestoso Estado, em 16 de fevereiro de 1818.—Manuel José Gomes Loureiro.

Acceitação

Eu me convenho nestas condições, e me obrigo cumprir as mesmas. 1818 Fevereiro 19

Hoje, 19 de Fevereiro de 1818.—(Assignado.) Hariá Gaunso, Dessay de Uspá.

Prometto fazer cumprir pelo honrado Hariá Gaunso, Dessay de Manerim (Uspá) as sobreditas condições, e assim dou minha garantia. Eu Vencapá Suddecar, Carcuno do honrado Essavanta Rau, Sar Dessay de Canapur, o escrevi, em 20 de Fevereiro de 1818.—(Assignado.) Essavanta Rau, Sar Dessay —Vencapá Soddecar, Carcuno do Dessay de Soddó.

Traduzidas pelo Lingua do Estado, em 23 de Fevereiro de 1818.—Sacarama Naraena Vaga.

Treaty beteween the Honorable East India Company and the Regency of Sawunt Warree on the part of the Rajah Khaim Sawunt Boonsla settled by Major General Sir William Grant Kerr K. M. I. on the part of the British Government and on the part of the the Rajah of Sawunt Warree by virtue of full powers.

ARTICLE 1.st

1819 Fevereiro 17 There shall be perpetual peace and friendship between the State of Warree.

ARTIGLE 2.nd

The British Government engages to protect the Principality and territory of Sawunt Warree.

ARTICLE 3.rd

The Regency on the part of the Rajah Khaim Sawunt Boonsla agrees to act in subordinate co-operation with the British Government and acknowledges its supremacy, and will not have any connection with other Chiefs and States.

ARTICLE 4.th

The Regency on the part of the Rajah Khaim Sawunt Boonsla agrees not to enter into negotiation with any Chief on State without the knowledge or sanction of the British Government.

ARTICLE 5.th

The Regency on the part of the Rajah Khaim Sawunt Boonsla agrees not to commit aggressions on any one. If, by accident, disputes arise with any one they shall be submitted to the arbitration and award of the British Government.

ARTICLE 6.th

The Rajah, his heirs and successors shall remain absolute Rulers of the country, and the jurisdiction of the British Government shall not be introduced into that Principality.

ARTICLE 7.th

The Treaty of ten articles concluded at Maidoor between

Tratado entre a Honoravel Companhia das Indias Orientaes e a Regencia de Savant Varim por parte do Rajá Quem Saunto Bounsuló, feito pelo Major General Sir William Grant Kerr, K. M. I. com poderes do Governo Britannico.

ARTIGO 1.°

Haverá perpetua paz, e amisade entre o Governo Britannico e o Estado de Varim. 1819 Fevereiro 17

ARTIGO 2.°

O Governo Britannico se obriga a proteger o Principado e territorio de Varim.

ARTIGO 3.°

A Regencia por parte do Rajá Quem Saunto Bounsuló promette obrar em cooperação subordinada com o Governo Britannico, e reconhecer nelle a auctoridade suprema, e não ter connexão alguma com quaesquer Chefes e Estados.

ARTIGO 4.°

A Regencia por parte do Rajá Quem Saunto Bounsuló conveio não entrar em negociação alguma com qualquer Chefe ou Estado, sem conhecimento, ou sancção do Governo Britannico.

ARTIGO 5.°

A Regencia por parte de Rajá Quem Saunto Bounsulo promette não commetter aggressão alguma contra qualquer, e se por disputas accidentaes occorrer alguma differença, ella será submettida ao arbitrio e decisão do Governo Britannico.

ARTIGO 6.°

O Rajá, seus herdeiros, e successores governarão absolutamente o seu paiz, e a jurisdicção do Governo Britannico não se intrometterá naquelle Principado.

ARTIGO 7.°

O Tratado dos dez artigos concluidos em Maydur entre o

1819 Fevereiro 17 Captain Courtland Schuyler and the Rajah Pond Sawunt Boonsla on the 3.rd of october 1812 is hereby confirmed, but the Rajah Khaim Sawunt Boonsla, having perfect confidency in the justice of the British Government, agrees that if any of his subjects be guilty of crimes within the territory of the British Government they shall be tried and punished by the officers of the British Government.

ARTICLE 8.th

Whereas frequent depredations have been committed in the British territory by subjects of the State of Sawunt Warree, the Regency on the part of the Rajah Khaim Sawunt Boonsla agrees never to employ in the service of the Government of Sawunt Warree Sambajee Sawunt or Babna Gopaul the principal instigators of these depredations. The Regency further engages to deliver up to the British Government such of the perpetrators of those depredations as it may be in their power to apprehend, and whose names have been given by Major General Sir William Grant Kerr. It is further stipulated and agreed that all subjects of the State of Sawunt Warree, who may in future be guilty of plundering the territories of the British Government, to be punished according to the Laws of that Government, on any of its Allies are to be given up to the British Government and in the event of the real criminals not being given up, the amount of the property plundered is to be paid by the Government of Sawunt Warree to the British Government.

ARTICLE 9.th

The Regency on the part of the Rajah Khaim Sawunt Boonsla cedes in perpetuity to the British Government the Forts of Raree and Newtee together with lands round those Forts which have hitherto belonged to their jurisdiction, comprehending the Districts of Pant and Adjgaum and the whole line of sea coast from the Carlee River to Vingorla and from Vingorla to the Portuguese territory, and as Sambajee and Babna Gopaul are unable to reimburse the claims of the British Government, out of consideration to the Rajah Khaim

Capitão Courtland Schuyler e o Rajá Pond Saunto Bounsuló no dia 3 de Outubro de 1812 he confirmado; porém o Rajá Quem Saunto Bounsuló tendo perfeita confiança na justiça do Governo Britannico, convem que se algum dos seus vassalos commetter crimes dentro do territorio do dito Governo, elles serão processados, e punidos pelo Governo Britannico. 1819 Fevereiro 17

ARTIGO 8.º

Como se tem commettido frequentes roubos no territorio Britannico pelos vassalos do Estado de Varim, a Regencia por parte do Rajá Quem Saunto Bounsulo promette não empregar nunca no seu serviço Sambagy Saunto, e Babna Gopal, principaes motores daquelles roubos. A Regencia se obriga mais a entregar ao Governo Britannico os perpetradores daquellas depredações, que forem aprehendidos, cujos nomes foram dados pelo Major General Sir William Grant Kerr. Estipula-se mais que todos os vassalos do Estado de Varim, que para o futuro commetterem roubos nos territorios do Governo Britannico, ou dos seus Alliados, serão immediatamente entregues ao Governo Britannico para serem castigados conforme as leis delle, e no caso que o verdadeiro criminoso não possa ser apprehendido, a importancia da propriedade roubada será paga pelo Governo de Varim ao Governo Britannico.

ARTIGO 9.º

A Regencia por parte do Rajá Quem Saunto Bounsuló cede em perpetuidade ao Governo Britannico as fortalezas de Rarim e Neutim, mais o territorio pertencente a sua jurisdicção, comprehendendo os districtos de Pant e Assagão, e toda a linha da costa do mar desde o Rio Carlim até Vingurlá, e desde Vingulá até o territorio Portuguez, e como Sambagy e Babulá Gopal não podem reembolsar a propriedade roubada ao Governo Britannico, este em consideração ao Rajá Quem Saunto Bounsuló desiste expressamente das suas pretenções.

1819 Fevereiro 17 Sawunt, those claims are expressly relinquished on the part of the British Government.

ARTICLE 10.th

As a further security against the renewal of the depredations committed by the subjects of the Sawunt Warree State, the Regency on the part of the Rajah Khaim Sawunt Boonsla agrees to admit any British detachment that may be thought necessary by the British Government into any part of the territory of Sawunt Warree and afford it every assistance in seizing plunders and freebooters.

True Copy.—(Signed.)W. Grant Kerr, Major General.

Carta do Governador de Bombaim

(Arch. da India, livro do

1820 Janeiro 24 To His Excellency Conde do Rio Pardo, Vice-Roy and Captain General of the sea and land forces of Portuguese India, at Goa.

Sir. In consideration of the friendly relations which subsist between the Portuguese and British Governments, and desirous of communicating to Your Excellency the proceedings of this Government with any of the Native powers of India which from its vicinity to the territories under Your Excellency's Government, may prove interesting to you, I have the honor of inclusing a copy of the Treaty concluded by Major General Sir William Grant Kerr, K. M. I. with the Principality of Sawunt Warree on the 17.th of February 1819, and which the depredations committed by its troops on the British possessions compelled us to oblige that Government to enter into, and the effects of which will, I trust, tend to ensure the tranquillity also of the Portuguese territories in its vicinity. I have the honor to subscribe myself with the highest consideration.—Your Excellency's most obedient humble servant.—M. Elphinstone—Bombay Castle 24 January 1820.

ARTIGO 10.º

Para maior segurança contra a renovação dos roubos commettidos pelos vassalos do Estado de Varim, a Regencia por parte do Rajá Quem Saunto Bounsuló conveio em admittir todas as tropas britannicas, que seu governo julgar necessario em qualquer parte do territorio de Varim, e dar toda a assistencia para aprehender malfeitores e ladrões. 1819 Fevereiro 17

Verdadeira copia.

(Assignado.)—W. Grant Kerr, Major General.

---

ao Vice Rey Conde do Rio Pardo

Reis visinhos, fol. 47 v.)

A S. Ex.ª Conde do Rio Pardo, Vice-Rey e Capitão General das forças de mar e terra da India Portugueza, em Goa. 1820 Janeiro 24

Senhor.—Em consideração ás relações amigaveis que subsistem entre os governos Portuguez e Britannico, e desejoso de communicar a V. Ex.ª a conducta deste governo para com as Potencias nativas da India que pela sua visinhança ao territorio sujeito ao governo de V. Ex.ª vos possa ser interessante, eu tenho a honra de incluir huma copia do Tratado concluido pelo Major General Sir William Grant Kerr, K. M. I. com o Principado de Varim, no dia 17 de Fevereiro de 1819, o qual pelas depredações commettidas pelas suas tropas nas possessões Britannicas, compellio-nos a obrigar aquelle Governo a entrar em taes arranjamentos, cujos effeitos eu espero tenderão tambem a segurar a tranquillidade do territorio Portuguez na sua visinhança. Eu tenho a honra de me subscrever com a mais alta consideração.—De V. Ex.ª muito obediente e humilde servo.—(Assignado.) M. Elphinstone.

Castello de Bombaim, 24 de janeiro de 1820.

Carta do Vice Rey ao Governador de Bombaim

(Arch. da India, livro de Rois visinhos, fol. 47.)

1820 Fevereiro 16 A S. Ex.ª o Honrado Mountstward Elphinstone, Governador de Bombaim.

Ex.mo Sr. — Tenho a honra de acusar o recebimento da carta que V. Ex.ª me escreveu com data de 24 de janeiro proximo passado, acompanhando a copia do Tratado ajustado em 17 de Fevereiro de 1819 entre o Governo Britannico e a Regencia de Varim pelos motivos expendidos na mesma carta.

Eu aproveito-me com muito gosto da presente opportunidade para agradecer a V. Ex.ª esta prova de sua generosa confiança para com este Governo, que he igualmente desejoso de manter as suas intimas relações de amizade com aquelle sujeito á administração de V. Ex.ª

Tenho a honra de ser com respeitosa consideração, Ex.mo Sr., de V. Ex.ª Muito attento e obsequioso venerador.—Conde do Rio Pardo.

Goa, 16 de Fevereiro de 1820.

Carta do Vice Rey da India ao Provincial de Santo Agostinho, sobre os privilegios que o Imperador Mogol concedeu á casa de Bandel de Ugoly dos Padres Augustinianos da Congregação da India Oriental[1].

(Chronista do Tissuary, vol. 1.º, pag. 60.)

1820 Maio 4 Hontem recebi por mão do reverendo Secretario dessa Congregação as copias que V. P. Rev.ma me remetteu da correspondencia havida entre este Governo, e os Prelados da

[1] A aldeia de Bandel he situada na margem direita do rio Hugholy, braço do Ganges, formado pelos dois rios Jellinqui e Cossimbazar, e fica ao norte de Calcuttá em distancia de 26 milhas, da cidade de Hugholy 2, e pouco mais de Chinsurá, Chandernagor e Serampor.

mesma Congregação, no tempo do Capitão General, D. Frederico Guilherme de Sousa, ácerca dos direitos que podiam assistir á Corôa de Portugal para reclamar a dominação do porto de Bandel Uguly, ou Balagor; e como da informação dada pelo Rev.do Fr. João de S. Nicolau, em 28 de Fevereiro de 1785 se vê que houvera um Formam do Imperador Mogol cedendo 760 vigas do terreno, o qual consta, existe no car- 1820 Maio 4

Em 1534 os Portuguezes, que se haviam estabelecido já em Chittagong, ou Chatigão, que elles denominaram Porto Grande, entre Arrakan, e o rio Brahmaputra, o passaram a fazer nas bordas do Hugholy na Cidade de Satagong, a que deram o nome de Porto Pequeno, tendo para este fim obtido consentimento e approvaçãodo Rey de Bengala; e com elle se ligaram contra Xerc-Kan, Principe Patane, e depois Imperador por morte de Akbar. Naquelle tempo o commercio principal do Ganges se fazia em Satagong, e ali estava a Alfandega.

Poucos annos depois daquelle estabelecimento Bengala foi accrescentada aos vastos dominios do Mogol, e o trafico, que em Satagong se fazia, e a administração e arrecadação das rendas passaram a fazer-se na cidade de Hugholy quatro milhas ao sudoeste daquella. Foi então que o Imperador Xa-Allum, ou Jeam Gir concedeu aos Portuguezes o Senhorio de Bandel, 2 milhas distante da capital, que era Hugholy, com a obrigação de elles defenderem a bahia de Bengala contra as incursões dos piratas Mug.

E ali foi levantada a Feitoria e estabelecimento Portuguez. Em 1639 por differenças suscitadas com o Imperador Xa-Jean, perdeu Portugal a posse de Bandel, a qual reassumiu depois da paz, e nella continuou sem mais interrupção. Naquella epocha Calcuttá não existia ainda, e sómente a aldeia Gouindpur, em cujo logar ella foi edificada.

Depois que a Companhia Ingleza se apossou de Bengala, tratou de adiantar e fortificar Calcuttá; e em 1771 para lá mudou o thesouro, e administração da fazenda, que estava em Murxidabad.

Com esta alteração a feitoria portugueza de Bandel, e das outras nações Europêas, que ficavam a mais de 20 milhas de distancia da capital ingleza, deixaram de ser frequentadas, e os navios Portuguezes não passam de Calcuttá, onde se ajustam e perfazem todas as transacções mercantes.

Pela falta dos navios portuguezes Bandel empobreceu e se despovoou, ficando só um convento com alguns religiosos de Santo Agostinho, que eram considerados como senhorios da terra. O Prior deste convento exercia naquellas aldeias a jurisdicção de Magistrado superior, que passou para os inglezes pelo pouco zêlo e desleixo dos Priores.

1820 Maio 4 torio do collegio, que essa Congregação tem naquelle porto, se faz necessario que V. P. Rev.ma mande vir no mais breve tempo possivel, por duas vias, uma copia autentica do dito Formam com a propria linguagem que se acha escripto, acompanhada da traducção em portuguez, e faça della entrega nesta Secretaria do governo.

Deus guarde a V. P. Rev.ma Pangim, em 4 de Maio de 1820.—Conde de Rio Pardo.—Rev.mo P. Provincial da Ordem dos Eremitas de Santo Agostinho.

Informação do Padre Fr. Luiz de Santa Rita, Vigario de Bandel

(Original no cartorio do Convento de Santo Agostinho de Goa.)

1820 Setembro 14 Em cumprimento á veneravel ordem do Rev.mo Padre Provincial, Fr. Diogo do Sacramento, revi eu abaixo assignado, Vigario da Igreja de Nossa Senhora do Rosario de Bandel de Houguli, e administrador do Convento, com todo o cuidado os papeis do archivo do mesmo Convento, e achei os seguintes com o titulo — Treslado do Firmão dos 17 privilegios do Baixá escriptos em idioma Persiano, e junto ao mesmo a sua versão em portuguez.

Da linguagem persiana mandei extrahir duas copias fiel, e do portuguez he o seguinte:

Privilegios que o Imperador de Dily concedeu á Igreja do Bandel de Houguli

1.º Que no tempo da missa nenhum mouro, ou pião poderá entrar na Igreja a fazer perturbação;

2.º Que o Padre de Bandel fará toda a justiça dos seus habitantes, excepto no crime de morte, e não exceptua o furto.

3.º Que os bens dos mortos o Padre dará aos seus herdeiros, e acredores, e o sobejo para os pobres, e o Sercar não se intrometterá com isso;

4.° Que os barcos tanto Portuguezes como Holandezes que aqui aportarem, vindo a succeder que morra o seu senhorio o Dorbar se não intrometterá com cousa alguma da fazenda do barco, e que só lhe pertencerá os direitos da dita fazenda; 1820 Setembro 14

5.° Que os barcos Holandezes não poderão pegar os barcos Portuguezes que vierem para Bengala;

6.° Que os barcos Portuguezes que vierem a Bengala, venderão as suas fazendas em qualquer parte de Bengala, e que nunca haverá altercação nos direitos;

7.° Que quando os escravos dos christão fugirem, e forem outra vez pegados em qualquer parte, nenhum mouro os poderá impedir, e menos os poderá fazer mouros;

8.° Que nenhum Dorbar poderá reter os servidores, e officiaes de qualquer qualidade dos Christãos, se fugirem para outro dominio;

9.° Que em tempo de carestia nenhum barco poderá carregar de arroz para fóra;

10.° Se os Christãos se apanharem amancebados, o Dorbar não terá nada com isso;

11.° Se succeder que hajam incendios nas casas de Bandel, e faltarem bambús, paus e palha para a sua reedificação, o Sercar do mouro não poderá tomar direito, ou impedir que vão comprar, e trazer de qualquer outra parte;

12.° Que se vierem da Europa algumas familias casadas, que quizerem tomar alguma casa para morar neste Houguli, se lhe dará de graça, e se lhe não tomará fretes;

13.° Que todas as cousas comestiveis, que vierem para este Bandel, não pagarão direitos;

14.° Que nas causas criminaes o pae não pagará pelo filho, nem o filho pelo pae, mas cada hum pagará por si;

15.° Que as familias, que vierem da Europa, poderão ficar aqui o tempo que quizerem, e ninguem as poderá impedir quando quizerem voltar para a Europa;

16.° Que o Fordar não poderá chamar todos os Christãos, quando tiver alqum serviço de guerra, mas sómente quatro ou cinco dos mais velhos, e melhor conselho;

1820 Setembro 14 17.º Que os dois xequis, que havia para baixo, não levem mais do primeiro costume aos Franguis.

A da linguagem Persiana vae incluso á parte, por não poder ser no seu logar proprio. Os 17 privilegios vão fielmente copiados do seu original, sem acrescentar, nem diminuir palavra, ambos estão conforme o seu original, onde me reporto.

Como o Illmo e Exmo Sr. Conde do Rio Pardo, e Vice-Rey da India pede huma copia authentica do Firmão em propria linguagem, que se acha escripto, acompanhada da traducção em portuguez, da graça que o Imperador de Mogol concedeu aos Padres, e Christãos de 777 bigas de chão; junto aos ditos papeis acima mencionados achei um memorial em manuscripto, por onde consta com certeza, que o 1.º Firmão, ou Panjak, que concedeu no anno de 1633 o Imperador Sajan Mahomeo Sujakam aos Padres, e Christãos de Bandel de Houguli de 777 bigas de chão, para habitarem, com os 17 privilegios acima nomeados, foi destruido, quando os Mouros fizeram guerra aos Inglezes de Calcutá, porque Bandel de Houguli foi inteiramente arruinado, saqueado, e destruido.

O 2.º Firmão (consta do mesmo memorial) que o Imperador Sasojá passou, a representação do Padre Prior do Convento de Bandel de Houguli, e alguns principaes Christãos, em como os ministros e cabos, do mesmo Imperador violavam a immunidade do lugar, bens, e pessoas, querendo exercer as suas jurisdições Fardaris e Diwannis, contra a real ordem. O dito Imperador Sosojá passou hum novo Firmão no anno de 1646 confirmando o primeiro, em todos os seus privilegios, graças, e isenções, e juntamente prometteu a sua real protecção.

Este 2.º Firmão no anno de 1786 por ordem, que o Padre Prior do Convento de Bandel de Houguli teve do governamento Inglez, em que mandou pedir todos os originaes, Firmão, sunudes, gratis do Rey de Dely, e no caso, que por algum acontecimento tivessem sido destruidos, o suprissem com suas copias: o Padre Prior do Convento de Bandel de Houguli, em virtude da dita ordem, entregou ao governamento Inglez o Firmão, conservando sómente a copia dos 17 privilegios acima mencionados. O mesmo fez o dito governamento aos demais Jamedares, ou senhorios dos outros terrenos. 1820 Setembro 14

Estas são as noticias que achei em escripto, no archivo do nosso Convento de Nossa Senhora do Rosario de Bandel de Houguli a respeito do Firmão de 777 bigas de chão concedido pelo Imperador de Mogol aos Padres, e Christãos de Houguli, e vão relatadas fielmente, em virtude da ordem do Rev.^{mo} Padre Provincial Fr. Diogo do Sacramento. E por verdade de tudo o referido pórto á fé do meu officio, e se necessario fôr, juro *in verbo sacerdotis*. Deste mesmo teor fiz duas copias, para serem remettidas por duas vias.

Convento de Nossa Senhora do Rosario de Bandel de Houguli, 14 de Setembro de 1820.—Fr. Luiz de Santa Rita, Vigario e Administrador.

Relação que o Padre Fr. João de S. Nicolau, religioso da ordem dos Eremitas de Santo Agostinho, deu em 1785, quando acabava de recolher a Goa depois de ser Prior muitos annos no convento de Bandel de Houguli.

(Arch. da India, livro das Monções, n.º 165, fol. 1348.)

M. R. Padre Provincial.— Para satisfazer á ordem retrò de V. P. M. R. e lhe dar todas as verdadeiras, e certas noticias, que pede o Illmo e Exmo Sr. Governador e Capitão General deste Estado, a respeito do que presentemente he a Aldeia do Bandel em Bengala, devo primeiramente dizer o que a dita Aldeia antigamente foi: por quanto no presente tempo he conhecida pelos naturaes da terra com o nome de Balagor, e sómente os Europeus ainda hoje lhe dão o titulo de Bandel. Este titulo, que quer dizer Cidade (ou porto), tomou antigamente aquelle Porto das muitas casas e hortas, que ali 1785 Fevereiro 28

1783 Fevereiro 28 edificaram os Portuguezes expulsos da Cidade de Liampó em a China, e da de Malaca na Costa dos Malayos, os quaes ali foram refugiar-se.

Chamam tambem á dita Aldeia o Bandel de Houguli; e o Convento, que nella temos ha cento e trinta e tantos annos, o Convento de Houguli, porque esta povoação era antigamente sugeita ao dito Houguli, muito maior povoação, e como Cidade capital dos Portuguezes, em que estes tinham construido huma grande fortaleza, casa e Igreja da Misericordia, de cujos edificios se veem ainda hoje os alicerces, e alguns pedaços de parede. Desta Cidade e povoação foram lançados fóra os Portuguezes por industria dos Cacizes ou Padres Mouros, os quaes representaram ao Imperador que os Portuguezes de Houguli violentavam os Mouros seus servidores livres a se fazerem Christãos, e tomavam por força as mulheres e Mouras para suas concubinas. Da qual queixa resultou descerem, por ordem do Imperador, 18 Nababos cada hum com numeroso exercito, para destruirem as povoações dos ditos Portuguezes, tomar-lhes a fortaleza de Houguli, e passar todos á espada; o que com effeito executaram por traição, e entrega de hum mistiço Portuguez, a cujo cuidado estava entregue a guarda e defeza de hum caminho, e porta subterranea, pela qual lhes deu entrada na mesma fortaleza.

Alguns destes Portuguezes, que poderam escapar com vida, nunca ousaram apparecer nestes lugares de Houguli e Bandel, porque sem duvida teriam certa a morte, e por isso se refugiaram, e tambem algumas familias dos mortos, humas para Chunxurá, colonia dos Hollandezes, e outras para Chandernagor, colonia dos Francezes, que lhes ficavam mais vizinhas, vindo depois a casar com os sugeitos destas nações as filhas daquelles fugitivos, e mortos Portuguezes. De sorte que desde aquelle tempo nunca mais em Houguli, nem em Bandel tornaram a habitar Portuguezes, excepto nestes proximos tempos hum Domingos Ramos, que ahi era casado e morreu no anno de 1781; e agora presentemente outro, tambem casado, que se chama José Antonio. Todos os mais Portuguezes, que vão parar a Bengala, habitam em Calcutá, e em outros lugares muito distantes do Bandel, aonde tem meios de passar a vida, os quaes ali não podem achar. 1785 Fevereiro 28

Do que tenho dito se vê que a informação, que poseram na presença de Sua Magestade, dizendo que o dito Bandel está presentemente occupado de Portuguezes foragidos, sem ordem, nem governo algum reconhecido, mais do que arvorar hum pavilhão Portuguez, e manterem estes ditos Portuguezes hum Sacerdote, que exercita entre elles alguma auctoridade, he notoriamente falsa, e destituida de fundamento.

Alem de que o pavilhão ou bandeira Portugueza nunca jámais se arvorou em o Bandel, porque no mesmo tempo, em que os Portuguezes eram senhores deste Porto, sómente se arvorava a dita Bandeira na fortaleza de Houguli. O unico pavilhão, que se arvora em Bandel, he o da Senhora do Rosario, titular da Igreja e Convento; e isto sómente no tempo da sua novena e festa; o que talvez daria occasião a esta falsa noticia; pois póde ser que algum sujeito dos que tem hido a Bengala passasse alguma vez pelo Bandel, e vendo o mastro, em que costuma arvorar-se a dita bandeira, sem mais reflexão, nem mais exame, fosse publicar em Lisboa que no Bandel se arvorava a bandeira Portugueza.

O dizer-se que estes foragidos Portuguezes mantem hum Sacerdote, que entre elles exercita alguma auctoridade, sendo igualmente falso, porque, como mostrei, no Bandel, apenas existe hum Portuguez; comtudo não he destituido de fundamento, porque esta povoação, quanto ao seu ordinario governo, não tem subordinação alguma, nem aos Mouros, nem tambem aos Inglezes, excepto nos casos, que pelas leis tem pena de morte, cuja averiguação e castigo pertence ao Fardar, Governador Mouro de Houguli, e no mais quem governa esta povoação he o Padre Missionario, Parocho daquella Christandade, e hoje juntamente Prior do nosso Convento de Houguli.

Este privilegio nos foi concedido por occasião do prodigioso caso, que vou a referir, e cuja lembrança se conserva ainda fresca entre aquelles povos. Quando o Imperador mandou os 18 Nababos com o grande exercito, que fica dito, contra os

1785 Fevereiro 28 Portuguezes, não só lhes ordenou que passassem á espada os ditos Portuguezes, mas tambem que destruissem e prendessem toda a Christandade, especialmente os Padres. Destes fugiram com os Portuguezes os que poderam, e o que ficára em Hougouli foi preso e levado para Dely á presença do Imperador; e como a este os Cacizes imputavam a maior culpa, foi mandado lançar a hum dos elefantes mais ferozes do mesmo Imperador, querendo este que a execução se fizesse na sua presença no mesmo terreiro do seu palacio.

Executou-se a sentença; e quando o Imperador esperava que não durasse meia hora o espectaculo, durou o prodigio huma tarde inteira com grande admiração de todos, porque o elephante, em vez de exércitar com o dito Padre a sua costumada ferocidade, andou todo aquelle tempo passeando á roda delle, dando grandes rugidos, e afastando com a tromba a multidão da gente, que o cercava, defendendo que pessoa alguma chegasse ao pé delle. Com este successo ficou o Imperador capacitado de que o Padre não só estava innocente, mas tambem era homem de Deus: mandou-o vir á sua presença, e lhe disse que não só estava livre, mas reconhecido por homem santo; e que pedisse o que queria lhe concedessa, pois estava inclinado a favorecel-o em tudo.

Pedio elle que sómente queria a liberdade, e entrega dos seus Christãos, e hum lugar, em que podesse habitar com elles livre das oppressões dos Nababos seus vassalos. Mandou logo o Imperador passar-lhe hum Formão ou escriptura assignada do seu punho, e sellada com o real sello, concedendo-lhe 760 vigas de chão aonde elle Padre quizesse, cuja terra sómente seria sugeita aos seus ministros em caso de morte, o que elle mesmo Padre pedio, por serem materias oppostas, e repugnantes á jurisdicção ecclesiastica. Estas 760 vigas de terra foram escolhidas no Bandel, e esta possessão se acha hoje reduzida a menos de huma terça parte, porque o descuido dos mesmos Padres, a vigilante e costumada rapina dos Gemedares vizinhos nos tem furtado todo o mais resto do dito chão. O rendimento deste terreno he tão limitado, que deixando-o eu presentemente em maior auge do que o achei, fica rendendo sómente duzentas e tantas rupias por anno, porque todo o que he Christão não paga cousa alguma ao Convento, e só os Mouros, e Gentios, que ali habitam, pagam hum limitado cassaná, ou fôro do chão, em que tem as suas casas. 1785 Fevereiro 28

Tenho declarado quanto me he possivel qual he a auctoridade, que o Padre exercita entre os Christãos do Bandel por privilegio do Imperador, e o que deu motivo a conceder-se-nos este privilegio. Porém sempre na dita povoação ha Ministro, que exercita a jurisdicção secular.

No tempo presente fica governando hum Fardar Mouro, constituido pelos Inglezes; outras vezes governa esta povoação hum Inglez nomeado tambem pela sua Côrte, a qual hoje costuma fazer estas nomeações pelos motivos, que logo direi: mas sempre os Inglezes nos teem conservado as isenções, e privilegios antigos, concedidos pelo Imperador; e se o Governador de Houguli, ou qualquer outro Ministro inferior nos faz alguma violencia, e quebranta algum dos ditos privilegios, como algumas vezes tem succedido, por não ter o Bandel forças para lhes resistir; recorrendo aos Ministros da Côrte logo somos attendidos, e se nos faz justiça.

A razão fundamental, em que se estriba esta attenção, que os Inglezes teem comnosco, e porque fazem guardar os ditos nossos privilegios, he porque, supposto tenham feito tanta guerra aos Nababos, e Rayás de Bengala, e sujeitado quasi todos ao seu dominio, sempre foi com huma tal politica, a respeito do Grão Mogor, direito senhorio de todos aquelles reinos, que em vez de o irritarem, tem captado a sua benevolencia.

Todos sabem que depois da invasão de Thomás Colikan, que roubou e destruio o Imperio de Mogor, ficou o Imperador, não só pobre, mas desobedecido de quasi todos os Nababos e Rayás, que até ali lhe eram sugeitos; porque os principaes, e mais poderosos, como eram os de Arecate, Risa, e Bengala, se lhe rebelaram ficando como senhores absolutos dos ditos reinos, e apropriando-se os seus grandes rendimentos, e os que estavam constituidos em menores governos, se

1783 Fevereiro 28 lhe rendiam no exterior alguma vassalagem, na contribuição do rendimento das terras, que governavam, só repartiam com o Imperador huma pequena porção, como por esmolla.

O grande Nababo de Bengala, para segurar o seu despotico senhorio em todos aquelles reinos, intentou lançar fóra delles a todos os Europêos, e começou pelos Inglezes. Desceu com hum poderoso exercito sobre Calcutá, tomou a feitoria, e fortaleza, roubou a Cidade, e ficou de posse e assento nella. Os Inglezes que poderam escapar com vida, fugindo para os seus navios, se retiraram nelles para a Europa, e passado dois annos voltaram com huma grossa armada sobre Bengala, restauraram a sua fortaleza de Calcutá, e com ajuda de outro Nababo, a que deram palavra de ficar grande, destruido aquelle tyrano, tiveram tambem a fortuna de o vencerem no campo.

De tudo isto mandaram logo noticias para Dely, Côrte do Mogor, dando parte ao Imperador que tinham restaurado a fortaleza, e mais terreno de Calcuta, que possuiam por especial mercê de Sua Magestade, e donde os tinha expulsado sem sua real ordem o desobediente, e infiel primeiro Nababo, para ficar senhor de toda a Bengala, offerecendo-se para acabar de huma vez com este rebellado, e castigar todos os mais, que lhe não obedeciam, e sugeitar todos á sua obediencia, fazendo-lhe restituir o que lhe tinham roubado; que para isso levantariam tropas disciplinadas com cabos peritos da sua nação: que a companhia Ingleza ficaria sendo o seu Cercar (isto he, sugeito que cobra as rendas reaes, e faz os pagamentos de seu amo); e que paga ás tropas, e feitas as mais despezas, remetteria a Sua Magestade annualmente o restante do seu recibo.

Foi bem recebida do Imperador esta proposta, e a companhia com hum exercito, que levantou, de 36:000 homens Mouros e Gentios, a quem fez disciplinar, hia em cada anno conquistando novas e riquissimas povoações e Cidades, cujos despojos repartidos entre os officiaes e soldados os enriqueceram; e a mesma companhia Ingleza, como grande Cercar, ficou desde o anno de 1758 cobrando os grandes rendimentos dos Reinos de Bengala, dos quaes paga as suas tropas, ministros, e servidores, e dos milhões, que sobejam, manda em cada anno ao Imperador o que lhe parece, e o mesmo Imperador fica satisfeito com o que recebe, porque já dos Nababos nada percebia. 1785 Fevereiro 28

Com esta apparente sugeição, que os Inglezes rendem ao Imperador, e limitada porção, que com elle repartem de suas mesmas innumeraveis rendas, estão sendo pacificos senhores de todos os Reinos de Bengala, e cada vez mais firmes no Governo delles; porque em o anno passado conseguio o presente Governador de Bengala hum Formão, ou Patente do Imperador, porque o constituio seu Divão (isto he immediato senhor) em todas as suas terras; vestio huma nova cabaya, e mais insignias, que o mesmo Imperador lhe mandou, e subiu a hum throno, que se lhe preparou em o seu palacio, aonde recebeu os parabens, e publica veneração de todos.

Daqui se segue que como os ditos Inglezes tudo executam em nome, e com beneplacito do Imperador, a companhia, como cercar do dito Imperador, cobra todas as suas rendas, e o Governador tudo governa como seu Divão, devem estar pelas suas antigas determinações, de que lhe não resultar grande prejuizo; guardar, e conservar inteiros os privilegios por elle concedidos, quando quem os tem conseguido não dá motivo a lhe serem revogados. Elles ditos Inglezes sabem muito bem que o Imperador por seu publico, e solemne Formão, ou escriptura, nos concedeu, e doou estas 760 vigas de terra com as referidas isenções para vivermos com a nossa Christandade, e sabem tambem o motivo desta concessão; por isso nos conservam ainda os nossos privilegios.

Quanto ao novo estabelecimento naquelle Porto por parte da Corôa de Portugal, devo dizer que os Inglezes puzeram sempre, e põem hum excessivo cuidado, e continuada vigilancia em contrariar e totalmente impedir que outra nação Europêa venha introduzir-se em Bengala, como praticaram com M. Boltz, seu mesmo nacional, o qual vindo a Bengala ha cinco annos com dois barcos do Imperio, e com auctori-

1785 Fevereiro 28 dade patente do Imperador de Alemanha para tomar posse do terreno, que ha sessenta e quatro annos tinha conseguido do Grão Mogor, e com effeito povoado, e existido nelle quatorze annos; os Inglezes lhe fizeram tantas, e taes vexações com o apparente nome, e ordem feiticias de hum Nababo constituido por elles, que o dito M. Boltz foi obrigado a sahir de Bengala levando outra vez todas as fazendas e gente, que tinha trasido para povoar a antiga terra de novos habitadores imperiaes.

Bem desejaram os ditos Inglezes excluir de Bengala as outras nações Européas, que ali se estabeleceram muitos annos antes deste seu moderno governo. Bastantes motivos com effeito lhes tem dado, e de não poucos meios se tem valido para fazerem que as ditas nações voluntariamente abandonem as suas colonias, e que as suas respectivas companhias, obrigadas das poucas conveniencias, que presentemente tiram de Bengala, mandem recolher os seus servidores, que nella tem, pois para este fim lhes tem vedado, e totalmente prohibido o commercio de todas as especies, que são de certo o maior lucro, sendo estas no tempo do governo dos Mouros communs a todas as nações, como são, v. g., a fabrica do sal em Bengala, e o transporte desde da Costa de Madrasta á da India, o anfião de Patana, que transportado de Bengala á China, e a todas as terras dos Malayos, tem quasi sempre hum excessivo, e exorbitante lucro.

Pelo que a piedosa pretenção de Sua Magestade Fidelissima sobre o fazer-se em o Bandel huma fórma de colonia, em que se arvore a sua Real Bandeira, para que os mercadores Portuguezes possam ter no dito Bandel seu proprio e nacional estabelecimento, e possam lograr o fructo do commercio de Bengala, seria na verdade muito util para a nação, e muito conveniente para os mesmos actuaes, e pobres habitadores do dito Bandel, pois por não haver ali genero algum de negocio, por não haver a quem possam servir nem modo algum de que possam viver, tem muitos passado com as suas familias ás colonias das outras nações, e serviço dos estrangeiros; porém como os Inglezes pelas razões acima ditas, e outras muitas, que me não permitte o tempo dizer, hão de com effeito oppor-se com todas as forças a esta pertenção, será sem duvida difficultosissima de conseguir a execução deste projecto; pois que em qualquer terra pertendem elles serem sós os commerciantes, muito mais em aquellas, que estão debaixo do seu dominio. 1785 Fevereiro 28

Alguns indicios desta Real pertenção não sei que Portuguez levou já a Bengala, a qual chegou já á especulação dos Inglezes; por quanto o M. Chamber; segundo Ministro da Côrte Britannica, sendo vizitado por hum religioso nosso, que no anno passado ali chegou por vizitador da Missão, lhe tocou nesta materia, e lhe disse estas palavras: — a povoação de Bandel foi mercê feita ao Ecclesiastico, e não ao Secular: he materia da Religião, e não de Estado — pelo que sou obrigado a dizer que para este negocio se effectuar he necessario ser tratado na Europa com Sua Magestade Britannica, e com o seu parlamento superior; e alcançar de ambos a concessão, e huma ordem absoluta para que o seu Governador, e Supremo Conselho de Bengala não obstem, antes façam executar o dito projecto.

Isto he o que por ora posso dizer a V. P. M. R. para que possa satisfazer á ordem de S. Ex.ª com a certeza e verdade, que se deve, e eu especialmente desejo.

Convento da Graça de Goa, 28 de Fevereiro de 1785. — Fr. João de S. Nicolau.

Transacção entre os Ranes

Termo de nomeação de louvados para fazerem transacção entre os Ranes

(Arch. da India, livro 3.º de Pazes, fol. 59.)

Aos 13 de Outubro de 1822 annos nesta secretaria da repartição militar do Governo da India perante o Exmo Sr. Brigadeiro e Secretario Militar appareceram de presente Zaibá 1822 Outubro 13

1822 Outubro 13 Rane, Sar Dessay da provincia de Sanquelim, e o seu sobrinho Suriagi Rane, Sar Dessay da dita provincia, por si, e por seu irmão Zaitogi Rane, Sar Dessay, e por seu tio Zaideva Rane, Sar Dessay, e disseram que, tendo-se recentemente suscitado disputas entre elles ao que estava pactuado nos termos de transacção concluidos na secretaria do Estado, querem nomear os seus louvados para examinarem aquellas disputas, e pronunciarem o seu arbitrio, ou fazerem huma transacção; e logo o dito Zaibá Rane nomeou por seus louvados a Balagi Naique Pratap Rau, Sar Dessay da provincia de Pondá, e Crisnagi Porobo Parsecar, Dessay da provincia de Pernem, e o dito Suriagi Rane, Sar Dessay, por si, e por seu irmão e tio sobreditos nomeou por seus louvados a Roulobá Rau, Sar Dessay da Provincia de Bicholim, e a Atmarama Porobo, Dessay do Cassabé, e Des-Porobo da Provincia de Pernem, aos quaes louvados sendo deferido o juramento do seu rito gentilico, se lhes commetteu a decisão da presente questão; de que se fez este Termo, em que se assignou o dito Ex.mo Sr. Brigadeiro e Secretario Militar, partes, e louvados commigo Sacarama Naraena Vaga, Lingua do Estado, que o escrevi, e me assignei. — Sacarama Naraena Vaga — A. de Mello, Secretario Militar — Signal maratha de Zaiagi Rane, Sar Dessay — Dito de Suriagi Rane, Sar Dessay — Ballogi Naique, Sar Dessay — Signal maratha de Roulobá Rau, Dessay — Dito de Crusnagi Porobo, Dessay de Parcem — Atmarama Porobo, Dessay de Cassabé e Des Porobo da provincia de Pernem.

Termo de transacção entre os Ranes sobre o rendimento do Dessaiado

(Arch. da India, livro 3.º de Pazes, fol 55 e 56.)

1822 Novembro 16 Aos 16 de Novembro de 1822 neste Palacio de Pangim da residencia do Ill.mo e Ex.mo Sr. Governador dos Estados da India D. Manuel da Camara, perante o mesmo Senhor se apresentaram os Sar Dessays, que compõem a familia do Sar Dessaiado de Sanquelim, a saber, de huma parte o Sar Dessay Zaibá Rane, e da outra Zaideo Rane, e Suriagi Rane, por outro nome Bapú Rane, ambos estes por si, e como commissarios de seu sobrinho e irmão Zaitogi Rane, por outro nome Ladcobá, em virtude da commissão ao diante junta, com os Bragmanes a elles pertencentes, abaixo assignados: por todos elles juntos, e cada hum em particular foi dito que, tendo a sua casa em outro tempo experimentado males, e prejuisos consideraveis pela desunião da sua familia, se haviam composto amigavelmente pelo respeito, favor, e intervenção do Illmo e Exmo Sr. Conde de Sarzedas, Vice Rey, que foi deste Estado, por differentes Termos, que assignaram em 14 de Junho de 1813, em 20 de Maio de 1814, em 24 de Setembro de 1816, pelos quaes com approvação do mesmo Sr. Vice Rey haviam então terminado as differenças, que entre elles subsistiam, pelo modo declarado nos mencionados Termos. E porque de proximo se hia entre elles renovando a mesma discordia, declararam todos elles, e cada hum em particular, depois de terem entre si conferenciado, que para de huma vez cortar pela raiz a mesma discordia que os trazia perturbados, e se restabelecer entre elles a harmonia, que desejavam, tinham de sua livre, e espontanea vontade accordado, transigido, e contractado, como de facto por este Termo accordaram, e contractaram, de dividir, e repartir os rendimentos do sobredito Sar Dessaiado de Sanquelim pela maneira seguinte. Que o dito Zaibá Rane cobraria, e arrecadaria para si ametade dos rendimentos do mesmo Sar Dessaiado, e a outra ametade cobrariam, e arrecadariam os ditos Zaideo Rane, e seus sobrinhos Ladcobá Rane, e Suriagi Rane para sustento de suas respectivas familias, passando estes, e aquelle os bilhetes para isso competentes; excepto os que se chamam Lavanachiti, e Lavanapottô [1], que continuariam a ser expedidos como até agora pelo dito Zaibá Rane, por ser o maior na casa; e ter os xicós na sua mão, mas

1822 Novembro 16

[1] Bilhetes ou titulos de arrendamento.

1822 Novembro 16 com aprazimento dos sobreditos seu irmão Zaideo, e sobrinhos Ladcobá, e Bapú, devendo semelhantes bilhetes ser authenticados com a firma, vulgarmente chamada Ruzú, de qualquer dos ditos Zaideo, Ladcobá, ou Bapú. Que todos elles se obrigavam a ter, manter, e conservar todos os usos, costumes, estylos, e estabelecimentos dos seus antepassados concernentes aos Deoses, Botos, e Pagodes, Otonadares, Inamdares, Acdares Varisdares, ou Parentes; para cuja conservação, e mantença contribuiram todos os contractantes *pro rata* de suas respectivas ametades; e por esta mesma proporção se obrigavam a pagar todas aquellas dividas, que os seus maiores, e administradores do Sar Dessaiado tivessem legitimamente contrahido, ajustando para este fim, como fosse justo e rasoavel, as contas, que a este respeito tivessem com os acredores. Que o dito Zaibá promettia, e se obrigava por este mesmo Termo a adoptar, e tomar por criolo segundo os seus usos, e ritos da sua religião no praso de quatro mezes a hum dos filhos do sobredito seu sobrinho Bapú, por outro nome Suriagi Rane, com expresso pacto, e condição de que esta adopção não teria effeito, nem vigor algum em qualquer dos dois casos seguintes, a saber, se o dito Zaibá Rane tivesse filho havido de qualquer de suas legitimas mulheres, que lhe podesse succeder; ou se o dito Bapú, ou seu filho por elle Zaibá Rane adoptado, lhe fosse ingrato, e lhe faltasse com o respeito, obediencia, e fidelidade, que delle devia exigir, como seu maior. Que por fallecimento do dito Zaibá passariam os xicós a seu sobrinho dito Ladcobá Rane, e que outros em tudo iguaes (que supplicariam ao governo do Estado) passariam para o sobredito seu filho adoptivo. E todos os sobreditos Ranes, e seus Bragmanes abaixo assignados, disseram, protestaram, e declararam a S. Ex.ª que pela fórma e maneira que mencionado fica se tinham entre si amigavelmente composto sobre os differentes pontos, que os traziam desunidos, e todos elles juntos, e cada hum em particular prometteram ao mesmo Senhor, e se obrigaram por este Termo a ter, e manter muito religiosamente tudo quanto fica entre elles estipulado, transigido, mesmo debaixo do maior juramento do seu rito, que lhe pôrem solemnemente as mãos nas suas espadas, como de facto o fizeram ao tempo de pronunciarem estas palavras, sob pena de que as mesmas espadas se tornem contra elles a qualquer tempo que faltem ao promettido, o que desejam que Deus não permitta, porque a sua tenção, e firme vontade he de cumprirem inviolavelmente tudo o que assim promettem; ficando por conseguinte sem effeito os supramencionados tres Termos na parte, em que a este se oppõem, debaixo da pena, e com expressa clausula entre todos accordada que aquelle que contraviesse ao todo, ou parte desta transacção, perderia o direito, que de presente, ou de futuro podesse ter ao Dessaiado, ou a quaesquer vantagens delle resultantes, bem como ao partido de Sipaes pago pelo Estado, do qual S. Ex.ª disporia como lhe parecesse; e que para prova da sinceridade com que desejavam cumprir as differentes estipulações desta transacção, se obrigavam a trazer já para esta ilha de Goa as suas familias para ficarem á disposição de S. Ex.ª E finalmente que para validade, e firmeza deste termo lhe pediram todos que o approvasse imprimindo-lhe a grande auctoridade, e respeito do seu nome, e assignatura; ao que S. Ex.ª benignamente annuiu; de que tudo mandou exarar este Termo, em que todos os nomeados se assignaram, e como testemunhas o Coronel Ajudante General D. José Maria de Castro e Almeida, o Tenente Coronel Commandante das provincias de Bicholim e Sanquelim Francisco José Lopes Pereira, e o Sargento mór Ajudante de ordens do governo Guido José Serrão, depois de lido, e explicado aos ditos Ranes, e seus Bragmanes: eu Felizardo Francisco Xavier, official da secretaria, o escrevi. O Secretario Cypriano Silverio Rodrigues Nunes o fez escrever. — D. Manuel da Camara — Assignatura maratha de Zaebá Rane, aliás Zaiagi Rane, Sar Dessay da provincia de Sanquelim — Dita de Zaedeu Rane, Sar Dessay — Dita de Suriagi Rane, Sar Dessay da provincia de Sanquelim — D. José Maria de Castro e Almeida, Ajudante General — Francisco José Lopes Pereira, Tenente Coronel Commandante das provincias de Bicholim, e Sanquelim —

1822 Novembro 16

1822 Novembro 16 Guido José Serrão, Major Ajudante de Ordens — Assignatura maratha de Laxumona Crisná, Narcorni da provincia de Sanquelim — Essovant Ganês, Dubaxi Casnis, por parte do Sr. Rane Sar Dessay da provincia de Sanquelim — Dita de Apagi Sinay, Dubaxí.

E serviu de interprete neste acto o Lingua do Estado Sacarama Narana Vaga.

Commissão

(Arch. da India, livro 3.º de Pazes, fol. 63.)

1822 Novembro 5 Aos 5 de Novembro de 1822 eu Zoitogi Rane, Sar Dessay da provincia de Sanquelim, escrevo esta procuração bastante, e commissão a meu tio Zadeu Rane, e irmão Papú Rane, para por mim procederem a bem da decisão das disputas domesticas occorridas entre mim, e o meu tio Zaebá Rane, e por me achar doente constituo aos sobreditos por meus procuradores, e me convenho no que elles obrarem e pactuarem — Assignado Zaitobá Rane, Sar Dessay da provincia de Sanquelim. — Traducção verdadeira — O Lingua do Estado, Sacarama Narana Vaga.

Termo de transacção entre os Ranes

(Arch. da India, livro 3.º de Pazes, fol. 65.)

1822 Novembro 18 Aos 18 de Novembro de 1822 no palacio de Pangim da residencia do Illmo e Exmo Sr. Governador dos Estados da India D. Manuel da Camara, sendo ahi presente o mesmo Senhor, compareceram de huma parte os Sar Dessays Zaibá Rane, e da outra Zalbá Rane, e por ambos elles juntos, e cada hum em particular foi dito ao mesmo Senhor que tendo-se suscitado entre elles varios pontos de duvida e discordia, por que andavam desavindos, por ultimo tinham entre si accordado terminar amigavelmente estas disputas, como de facto de sua livre e espontanea vontade terminaram, transigiram, e compozeram amigavelmente pela maneira seguinte: 1822 Novembro 18

Que o dito Zaibá Rane pelos direitos da madeira, vulgarmente denominados Chobinó, contribuiria annualmente 5 rupias ao dito Zalbá Rane, e bem assim 25 rupias pelos direitos do Bagibabo, e 35 pela pensão, que lhe pertencia sobre a aldeia Ambelim, importando todas estas tres prestações em 65 rupias, que o dito Zaibá prometteu, e se obrigou contribuir-lhe annualmente sem duvida alguma; com clausula de que hum e outro contractante ficaria na posse em que actualmente se achava a respeito do que percebia pelo corte, e puxo das madeiras nas aldeias do dito Zalbá Rane, emquanto este ou aquelle apresentasse documento authentico e legal que indicasse ser a referida contribuição de Chobinó pelo corte, e não pelo puxo das madeiras, ou por huma e outra cousa. Que a respeito da vargia e arecal por nome Naguinem, reclamado como seu, e da sua possuição pelo dito Zaibá Rane, sito na aldeia Curchirem, huma das que pertencem ao dito Zalbá Rane, apresentaria aquelle no termo de dois mezes documentos authenticos e legaes, que comprovassem o seu direito, e no caso de assim o não fazer neste praso, tomariam outro arbitrio, que entre elles terminasse amigavelmente esta questão.

Finalmente obrigou-se o dito Zaibá Rane a que pagaria pontualmente tudo quanto ficasse a dever ao referido Zalbá Rane por conta destas prestações dos annos passados, em que não tivessem sido satisfeitas.

E desta fórma dando-se por compostos na fórma que declarado fica, se obrigaram ambos a ter, manter, e cumprir esta amigavel composição e transacção na melhor via e fórma de direito, havendo por expressadas todas as clausulas necessarias.

Declararam mais o referido Zalbá Rane, e seu irmão Ganabá Rane, tambem aqui presente, que movendo-se entre elles controversia sobre a importancia dos alimentos, que o primeiro era obrigado a prestar ao segundo, tinham pela mesma fórma composto amigavelmente esta materia, ficando

1822 Novembro 18 o dito Zalbá obrigado a contribuir-lhe mensalmente 15 rupias, com expresso pacto entre ambos accordado de que o dito Ganabá Rane seria obrigado a habitar com sua familia na aldeia Ravona, sem fazer nella disturbio algum, que alterasse a segurança, e a tranquillidade publica e particular dos seus povos, conduzindo-se com respeito, fidelidade, e subordinação para com o dito seu irmão, sob pena de perder esta contribuição.

E todos os sobreditos Zaibá Rane, Zalbá Rane, e Ganabá Rane, e seus Bragmanes abaixo assignados disseram, e declararam a S. Ex.ª que pela fórma e maneira que mencionado fica, se tinham entre si amigavelmente composto, e transigido sobre os differentes pontos que os traziam desunidos, e todos elles juntos, e cada hum em particular prometteram ao mesmo Senhor, e se obrigaram por este Termo a ter, e manter muito religiosamente tudo quanto fica entre elles transigido debaixo da pena de que o que contraviesse ao todo, ou parte desta composição, e transacção, perderia o direito, que de presente, ou de futuro podesse ter ao Dessaiado, ou a quaesquer vantagens delle resultantes, e ao partido de Sipaes pago pelo Estado, que seria despedido, e levaria baixa; e para validade, e firmeza deste Termo pediram todos a S. Ex.ª que o approvasse, imprimindo-lhe a grande auctoridade, e respeito do seu nome e assignatura, ao que S. Ex.ª benignamente annuiu; de que tudo mandou exarar este Termo, em que todos os nomeados se assignaram, e como testemunhas D. José Maria de Castro, Coronel Ajudante General, o Tenente Coronel Francisco Lopes Pereira, e Atma Rama Porobo, Dessay e Des-Porobo da provincia de Pernem eu Victorino José Maria Lopes, official da Secretaria, o escrevi. O Secretario Cypriano Silverio Rodrigues Nunes o fez escrever. — D. Manuel da Camara — Assignatura maratha de Zaibá Rane, Sar Dessay — Dita de Zalbá Rane, Sar Dessay — Ganabá Rane, Sar Dessay — D. José Maria de Castro e Almeida, Ajudante General — Francisco José Lopes Pereira, Tenente Coronel commandante das provincias de Bicholim e Sanquelim — Manuel Godinho de Mira,

Ajudante de ordens — Atmaruma Porobo, Dessay e DesPorobo da provincia de Pernem — Assignatura maratha de Essovanta Ganês Dubaxi — Dita de Apagy Sinay — Dita de Narana Sinay. 1822 Novembro 18

Memoria da receita e despeza do Sar Dessaiado de Satary, verbalmente declarada pelos Dubaxis Apagi Sinay, e Fotú Sinay, por ordem do Ill.mo Sr. Secretario do Estado Cypriano Silverio Rodrigues Nunes no Subhá de Bicholim, onde se achou o mesmo Senhor, em 7 de junho de 1824.

(Arch. da India, livro dos Reis visinhos, n.º 31, fol. 119 v.)

1824 Junho 7

	Rupias
Receita:	
Aldeia Carapur na provincia de Bicholim, Inamo, de que porém se não apresentou titulo........	1:200
A provincia de Satary:	
As pensões Chorguem, Vanaqui, Lazmó, de azeite e de côcos de almadias....................	1:400
Este rendimento he variavel	
Padava Penta, ou direitos do sal...............	175
Tabaco (Renda)...........................	500
Futvicró	110
Renda de vinho	400
Dita de peixe e lenha......................	40
Dita do corte e conducção da madeira, chamada Chobinó	400
Aldeia Querim	336²/₄
Dita de Zarmen	236²/₄
Palmar de Moitem.........................	75
Direitos de Mobo Torofo do Bazar de Sanquelim..	224²/₄
Haca da Alfandega de Sanquelim, de que não se apresentou titulo	394
Fóros dos Arecaes da provincia de Satary	677
As vaganas de Satary.......................	1:000
As tres aldeias Codqui, Velguem, e Sonali	175

1824 Junho 7		Rupias
	Aldeia Carzalem	125
	Aldeia Dhamem, entrando Bagebab, e tambem a aldeia Sanvardem	80
	Aldeia Pendral	15
	As duas aldeias Compordem e Olauli	75
	Aldeia Pal	56
	As aldeias Hinvrem e Golauli	60
	Aldeia Bolali	10
	Aldeia Navelim	20
	Aldeia Nagar	15
	Aldeia Cudsem, entrando Barazana	25
	Aldeias Velús	34 2/4
	Aldeia Morlem	90
	Aldeia Honda	50
	As duas aldeias Sonús e Vonvaliem	27 2/4
	Aldeia Cumarconda	40
	Aldeia Buimpalo	10
	Aldeia Nagavem	10
	Aldeia Hansaliem	5
	Aldeia Panacem	20
	Aldeia Vanatem	64
	Aldeia Canaquirem	30
	Aldeia Cotvadem	30
	Aldeia Gavanem	20
	Aldeia Xelapa	25
	As duas aldeias Assodem e Sargali	50
	As tres aldeias Melauli, Moinguini, e Paicul	106
	Aldeia Zadani	5
	Aldeia Padana	5
	Aldeia Cadorli	8
	Aldeia Maroli	8
	Aldeia Vusdem	10
	Aldeia Nanodem	10
	Aldeia Satarem	30
	Aldeia Derodá	5
	Aldeia Vainguini	22

	Rupias	1824 Junho 7
Aldeia Tolicol...........................	25	
As duas aldeias Ambedem, e Condada.........	27	
Aldeia Xelapa Buzaruca....................	5	
As aldeias Caramboli, e Chandedem...........	25	
Aldeia Santodem..........................	5	
Aldeia Bambedem..........................	5	
Aldeia Caramboli Buzuruca..................	20	
Aldeia Mahús.............................	75	
Aldeia Dabem.............................	10	
Aldeia Ambedem Buzuruca..................	5	
Aldeia Anajuna...........................	12	
Aldeia Gontali............................	6	
Aldeia Podacme...........................	6	
Aldeia Vána..............................	13	
Aldeia Nanús.............................	5	
Aldeia Surla..............................	25	
Aldeia Damacem..........................	30	
Aldeia Sanvorcem.........................	10	
Aldeia Padeli.............................	15	
Aldeia Bhirondem.........................	15	
Aldeia Molpona...........................	37	
Aldeia Massordem.........................	75	
Aldeia Hedodem..........................	6	
Aldeia Pariem............................	125	
Aldeia Maulinguem........................	75	
Aldeia Seleli.............................	60	
As duas aldeias Rivem e Dongurti.............	150	
Aldeia Sanvordem.........................	30	
Aldeia Advoi.............................	60	
Aldeia Guleli.............................	25	
Aldeia Hinvrem Buzuruca...................	40	
Aldeia Vaguriem..........................	60	
A renda de Bona e Gaulis, ou pasto de gado e pastores..........	400	

N. B. Esta renda póde render mais de 1:200 rupias por anno.

		Rupias
1824 Junho 7	Direitos Caruca de Mecanicos	25
	Direitos do Sal	25
	Renda do extracto de Catto	25
	Direitos da renda do gado	20
	Direitos de Bhús e sal pela medição	35
	Particulares direitos do sal	1
	Pensão de Narcornim	200
		10:352 2/4

Despeza:

Congrua do Pagode de Panduronga, de Sanquelim, a saber:

No Chorguem	60
Na aldeia Carapur	100
No Pandava Penta	15
No Bazar	12 2/4
Haca Nadi Goundi 75 rupias, Potti Axadi 75, Potti Cartiqui 75, e Potti Cheitri 75: tudo	300
	487 2/4

Ao Pagode de Bhagavati no Padava Penta	42 1/8

Ao Pagode de Pariem, a saber:

No Chorguem	20
Na aldeia Hedodem	6
Ao Pagode de Malsa de Pariem	1 2/4
	27 2/4

Ao Pagode de Roulubá, de Velús, a saber:

Na aldeia Massordem	22
Na renda do vinho	6
Na do tabaco	6
No Chorguem	50
	84

	Rupias	
Ao Pagode de Purús, dos Ranes, denominado Vantodeva, na aldeia Zarmem	5	1824 Junho 7
Ao Pagode de Bhumacá, de Querim, a saber:		
No Chorguem..........................	10	
Na aldeia Querim......................	8	
	18	

N. B. As despezas dos Pagodes importando em 664 rupias e 1/8, sabe-se que o ultimo Sar Dessay Administrador não despendia senão dois terços da dita quantia.

Consignatarios coherdeiros

	Rupias
Ranes Poriencares:	
Pela aldeia Poriem, que he seu Mocaçó:	
No Futvicró [1]	3 2/4
No Bazar................................	6 1/4
No Chobinó..............................	6
Na renda do vinho.......................	3 2/4
No Agar Tolem [2].......................	2
No Chorguem.............................	25
	16 1/4

Devem apresentar o seu titulo — Ranes Salelicares:	
Pela aldeia Salali, Mocaçó, que rende 60 rupias, nas quaes descontadas 13 2/4, restam.........	46 2/4
No Futvicró	3 2/4
No Chobinó..............................	6
No Bazar	6 1/4
Na renda do vinho de Sanquelim.............	3 2/4
No Agar Tolem...........................	2
No Chorguem.............................	25
	92 3/4

[1] Vendagem a miudo.

[2] Isto he, Areal Tolem.

		Rupias
1824 Junho 7	Devem apresentar o seu titulo — Ranes Maulinguencares:	
	Pela aldeia Maulinguem, Mocaçó, que rende 75 rupias, nas quaes descontadas 15 2/4 do Hacadari, restam	59 2/4
	No Futvicró	3 2/4
	No Bazar de Sanquelim	6 1/4
	No Chobinó Falvato[1]	6
	Na renda do vinho	3 2/4
	No Agar Tolem	2
	No Chorguem	25
		105 3/4

	Rupias
Devem apresentar o seu titulo — Ranes Codquicares:	
No Chorguem	18
No Chobinó Falvato	12
No Bazar de Sanquelim	5
No Futvicró	7
No Agar Tolem	5
	47

	Rupias
Devem apresentar titulo — A Zalba Rane de Gululem:	
Na aldeia Ambolim	35
Na de Pariem	10
No Futvicró	2
Na renda de vinho	1
No Bazar de Sanquelim	6
Na renda do peixe e lenha	1
No Falvato Chobinó	5
Na Padava Penta[2]	5
	65

[1] Conducção da madeira por terra.

[2] Conducção de mercadorias por embarcação,

1824 Junho 7

	Rupias
Devem apresentar titulo — Dessays de Rivem:	
Pelas aldeias Rivem, e Dongurli, que são do seu Mocaçó, e rendem 150 rupias, nas quaes descontadas 19 $^2/_4$ rupias do Hacadari, restam....	130 $^2/_4$
	130 $^2/_4$
Devem apresentar titulo — Dessays de Sanvordem:	
Pela aldeia Sanvordem, que he Mocaçó, e rende 46 rupias, nas quaes descontadas 16 rupias do Hacadari, restam..........................	30
Na aldeia Advoi 60 rupias, nas quaes descontadas 18 $^2/_4$ do Hacadari, restam................	41 $^2/_4$
Na aldeia Gulali 25 rupias, nas quaes descontadas 12 $^2/_4$ do Hacadari, restam................	12 $^2/_4$
	84
Devem apresentar o seu titulo:	
Aos Narcornis da provincia de Satary..........	45
Aos Dubaxis Essovanta Ganessa e outros, a saber:	
No Chorguem............................	45
Na alfandega............................	51 $^1/_4$
Na aldeia Carapur........................	50
Na aldeia Hinirim........................	23
Nas vaganas de Halduly, Nanodem, e Dovassua da aldeia de Morlem......................	50
Passodi................................	200
	424 $^1/_4$
Estes proprietarios devem apresentar os seus titulos authenticos.	
Haca de Babu Vital Dubaxi, a saber:	
Na alfandega de Sanquelim..................	42 $^2/_4$
Haca..................................	25
Na aldeia Carapur........................	25
	92 $^2/_4$

		Rupias
1824 Junho 7	Apagi Sinai Dubaxi pela Vargea Onvalichó Banda, da aldeia Bocali........................	20
	Tambem devem apresentar os seus titulos.	
	Mercês novas instituidas pelo ultimo Sotrogi Rane, que não podem subsistir sem approvação do Governo como direito senhorio.	
	A Atamarama Bavá, mercê feita da aldeia Vaguriem..................................	51
	Ao Bhagavata no Chorguem..................	50
		101
	Mais Hacas:	
	Toinata de Boulubá Ráz, Dessay da provincia de Aicholim, na aldeia Carapur................	31¾⅛
	Toinata de Govindá Visvás Rau, Dessay da provincia dita de Bicholim	10²/₄⅛
	Ao Puranico, a saber:	
	Haca na Provincia........................	25
	Na aldeia Carapur	15
		40
	Devem apresentar os seus titulos:	
	Ao Xettú do Bazar no Padava Pentha	22²/₄
	Sar Narcorna de Bonguná Camotim Vaga.......	12
	Toinata de Narcornis da provincia de Satary Locó Sinai, e outros, que devem apresentar seu titulo legitimo	200
		2353

Memoria dos rendimentos do Dessayado de Gululem, ramo do de Sanquelim, verbalmente declarados pelo Dessay Ganabá Rane, em 6 de Junho de 1824

1824 Junho 6 Este Dessaiado he hum ramo pequeno do Sar Dessaiado de Sanquelim, ou Satari, estabelecido no seculo 16.º da Era de An. Dom. Elle he composto de onze aldeias e meia, e os artigos dos rendimentos annuaes são os seguintes: 1824 Junho 6

	Rupias
1. Aldeia Curchirem	70
2. Aldeia Ravona	60
3. Siroli	40
4. Quelvadem	40
5. Panapuli	40
6. Gululem (capital)	60
7. Choroundem	
8. Sivnem	250
9. Maloli	
10. Ambelim	35
11. Codiem	30
Mais artigos:	
Agar Motto	90
Palmar de Curchirem	50
Em Pariem	10
No Bazar de Sanquelim	15
No Chobinó	5
Na renda do tabaco de Gululem	20
Na renda do vinho da dita aldeia	20
Bona e Gonlis	50
Alfandega	300
Madeira	25
Moló de Boriem	10
Vangana de Singanem	15
	1:235

Despeza:	
Pensões de Porgodo, e Bium Godo	25
Pagode de Vithobá	25
Poriem	10
Purohito	18
Darmadava, ou esmolas	40
Carcunos	60
Sipaes do Sonodo	100
	278

1824 Junho 6 Notai que este Dessaiado da provincia de Satary anda actualmente, como se sabe com certeza, na quantia de mais de 15:000 rupias, e he obrigado a satisfazer á Fazenda Real 3:000 rupias por anno como, se vê dos livros dos Tratados[1].

Redigida por ordem, e na presença do dito Sr. Secretario do Estado pelo Lingua do Estado Sacarama Naraena Vaga, com assistencia do Agente de Pernem Atmarama Nagueá Porobo.

Subhá de Bicholim, 7 de Junho de 1824.

Esta Memoria foi mandada escrever pelo Illmo e Exmo Sr. D. Manuel da Camara, Governador e Capitão General deste Estado da India.

Traducção dos dois Parvanás n.ºs 1 e 2, apresentados pelo Sar Dessay Zaibá Rane, escriptos em letra persiana e maratha, dos quaes o n.° 2 tinha sido traduzido em 11 de Março de 1754 pelo meu predecessor, cuja traducção tanto em lingua maratha como na portugueza, é a seguinte:

(Arch. da India, livro 2.° de Pazes, fol. 112.)

N.° 1

1824 (Sêllo de letra persiana.)

A todos os Ministros e Magistrados presentes e futuros, Prefeitos, e officiaes, e mais auctoridades municipaes da provincia de Satary, aliás Sanquelim, faço saber que o honrado Rudragi Rane, Dessay da dita provincia, desde antiguidade serve a Sua Magestade com fidelidade unindo-se ao exercito imperial, trabalhando-se bem assim ao progresso de agricultura, e segurança de frutos da provincia em beneficio das rendas publicas, e igualmente em contingencias de empre-

[1] Vide a informação da Secretaria do Estado e despacho do Vice-Rey D. Manuel de Portugal e Castro, onde se prova que o Lingua do Estado Saccarama Naraena Vaga, que escreveu esta Memoria, falsificou os Tratados neste particular das 3:000 rupias dos Ranes.

zas militares tem cooperado com sua tropa, reunindo-se á força imperial para caçar os ladrões, cujo serviço tem augmentado a prosperidade do Estado. E tendo requerido ao Governo que lhe fizesse mercê do Sar Dessaiado e Haca da dita provincia, expedindo-se o competente Sonodo, á vista desta sua petição, e considerada a sua fidelidade para o serviço do Soberano. Hei por bem de fazer graça e mercê ao dito Rane do Sar Dessaiado da dita provincia, o qual com a dignidade de Sar Dessay administrará a dita provincia, a sua agricultura, e rendas, percebendo o Haca de Sar Desmuky a razão de 5 rupias por cada cento da total quantia do rendimento da provincia, sem as tirar desta, por dever receber separadamente dos colonos, sem que os seus coherdeiros possam implicar nisso. Em consequencia vós deixareis possuir ao dito Rane Sar Dessay o seu Haca, e Otona em todos os annos por si, e por seus herdeiros successores, consanguineos, e de affinidade, e não exigireis novos Sonodos. E tomando a copia deste, o proprio Parvaná revertereis ao dito Sar Dessay para a sua posse. — Mortal, ou sello pequeno — Hoje 13 de Maharam de 1094, e de Zulús 37 — (A. D. 1694) — Registado — Ruzú (sello) de Surnivis. 1824

N.º 2

(Sêllo de letra persiana.)

Aos Ministros e Magistrados actuaes e futuros, Prefeitos, officiaes, e mais auctoridades municipaes da provincia de Satary, aliás Sanquelim, faço saber que Rudragi Rane, Sar Dessay da dita provincia, está possuindo de posse estabelecida desde o tempo de Adilxaha o Sar Desmuca, Haca, Otona, Poti passodi, Inamo Dehata da aldeia Poriem, Quirim, Maulinguem, Saleli, palmares, e arecaes da aldeia Vana, palmar Narguil da aldeia Mortem, e outros palmares e vargeas com seus annexos, pensões de Bandar, ou porto de Poriem, rendas de tabaco, vinhos, boticas do Cassabé e de aldeias, vendagem meuda do sal e lenha de Penthá, botiqueiros, Tolvota, Chobinó, e mais artigos, Chorguem Xaer do Cassabé, e Lazmó das estradas de Querim e Velús, e Bagehab, com todas as

1824 pensões pertencentes a Sar Desmuca, e considerando que o dito Rudragi Rane he effectivo e fiel aos serviços do nosso Imperador. Hei por bem de fazer mercê ao dito Rudragi Rane dos ditos Hacas, Otona, Lazmó, e todas as propriedades acima referidas. Pelo que mando a vós que reconbeçaes ao dito Rudragi Rane como Sar Desmuca da dita provincia, deixando-lhe fazer o governo do povo, promovendo a prosperidade do Sarcar, e do povo, e agricultura, sem que ha precisão de novos Sonodos por cada anno; tomando a copia deste Sonodo, o proprio entregareis ao sobredito para instrumento da sua posse, e esta posse lhe deixareis fazer por si, e por seus successores consanguineos, e de affinidade. Tudo o referido assim o executareis — Mortal, ou sello pequeno — Hoje 7 de Moharamo de 1096, e de Zulús 39 — (A. D. 1696) — Registado.

As traducções marathas das Parvanas ou Sonodos a fl. 404.

Traduzidos em 6 de Outubro de 1824 — Sacarama Naraena Vaga, Lingua do Estado.

N. B. Destes Parvanás evidentemente se mostra que ficam livres para a Fazenda Real todos os foros, direitos, e mais contribuições pertencentes ao Sarcar V.º o Parvaná N.º 1.º no logar indicado — Saccarama Naraena Vaga, Lingua do Estado[1].

Recebimento do Rey de Sundem

(Arch. da India, livro de Reis visinhos, fol. 1.)

1824 Março 11 Em 11 de Março de 1824 por ordem de S. Ex.ª o Major Roncon com o Lingua do Estado apresentaram cumprimentos costumados ao Rey de Sundem Savai Bassava Linga com

[1] E veja-se igualmente sobre estes documentos o *Voto* de Vice-Rey D. Manuel de Portugal ácerca da sentença, que obtiveram os Ranes, o qual *Voto* tem a data de 30 de Agosto de 1834, e vai adiante nesta collecção.

o seu filho mais velho Sadassiva Rajá na sua casa de Bandorá, aonde recentemente chegaram de Panganor. 1824 Março 11

Em Portaria de 21 de Abril de 1824 se mandou contribuir ao dito Rey de Sundem pelo Thesouro Real a sua consignação annual de 23:000 xerafins desde 8 de Março do corrente, dia em que chegou de Panganor a Pondá.

Ceremonial com que foi recebido o Rey de Sundem pelo Governador D. Manuel da Camara

(Arch. da India, livro de Reis visinhos, n.º 31 no principio.)

O Ill.mo e Ex.mo Sr. D. Manuel da Camara, Governador deste Estado, recebeu com pompa publica a Suas Altezas o Magnifico Rey de Sundem Savai Bassava Linga, e seu filho Sadassiva Rajá no palacio de Pangim no dia 19 de Abril de 1824 ás dez horas da manhã, praticando-se com elles o mesmo ceremonial de que se usou no tempo dos Ex.mos Conde de Sarzedas, e Conde de Rio Pardo, Vice-Reys deste Estado, sendo digno de observar que Sua Alteza só nesta occasião pessoalmente apresentou a S. Ex.ª honras reservadas aos Reys, ou Testas coroadas, como representante de Sua Magestade Fidelissima, pronunciando estas palavras: «Deos abençoe a V. Ex.ª no seu governo deste Magestoso Estado da India, como nomeado por Sua Magestade Fidelissima, e como seu Vice-Gerente». 1824 Abril 19

Ceremonial das solemnidades com as quaes o Ill.mo e Ex.mo Sr. D. Manuel da Camara, Cavalleiro Professo na muito Honoravel Ordem de Christo, Moço fidalgo da casa de Sua Magestade Fidelissima, e do seu conselho d'Estado, Tenente Coronel Addido ao Estado maior de Cavallaria dos Exercitos do Reino, Governador e Capitão General destes Estados da India, recebeu a visita de Suas Altezas o Rey e Principe de Sundem no palacio de Pangim no dia 17 de Abril de 1824.

(Arch. da India, livro de Reis visinhos, fol. 127.)

1824 Abril 19 O Rey de Sundem Savai Bassava Linga com o seu filho primogenito Sadassiva Rajá, tendo chegado do Principado de Panganor, aonde haviam estado, para a sua residencia na casa de Bandorá no dia 8 de Março de 1824, S. Ex.ª ordenou que o Sargento mór Joaquim Antonio Roncon com o Lingua do Estado Sacarama Naraena Vaga fossem a Bandorá fazer cumprimentos a Sua Alteza na fórma do costume, o que fizeram no dia 11 do dito mez de Março. Depois Suas Altezas pedindo audiencia a S. Ex.ª foi assignado o dia 19 de Abril; no dia antecedente chegaram Suas Altezas a Pangim com sua comitiva de tarde em dois escaleres, que lhe foram remettidos do Real Arsenal, acompanhando a Suas Altezas o Tenente Coronel Commandante das provincias de Pondá Antonio Pedro de Mello, e o Lingua do Estado. Suas Altezas se apousaram (*sic*) na casa sobrada de Balcrusná, que lhes havia sido preparada por ordem de S. Ex.ª No dia indicado 19 de Abril ás dez horas da manhã S. Ex.ª recebeu ao Rey e Principe com as mesmas ceremonias que se praticaram nos tempos dos Ex.mos Vice-Reys Conde de Sarzedas, e Conde do Rio Pardo, sendo digno de observar que somente nesta occasião o Rey de Sundem administrou a S. Ex.ª pessoalmente, e por si as honras reservadas aos Reis e testas coroadas como representante de Sua Magestade Fidelissima, pronunciando as palavras seguintes: «Deus abençôe a V. Ex.ª no governo deste Magestoso Estado da India como nomeado por Sua Magestade, e como seu Logar Tenente». Assistiram para esta audiencia o Coronel Ajudante General D. José Maria de Castro, o Secretario do Estado Cypriano Silverio Rodrigues Nunes, Ajudantes de ordens do governo Guido José Serrão, Joaquim Antonio Roncon, e Manuel Godinho de Mira, como tambem muitos Nobres, que tinham sido avisados pelo governo. 1824 Abril 19

Traducção da Carta junta da letra persiana escripta a Sua Ex.ª o Sr. Vice Rey pelo Nababo de Surrate Hasmat Jenga Camizata Doulá

(Arch. da India, livro 3.º de Pazes, fol. 68.)

Ao favorecido sempre por Deus, generoso, nobilissimo, e Ill.mo e Ex.mo Sr. Vice-Rey e Capitão General do Estado da India, etc. 1825 Setembro 20

Depois dos cumprimentos do estylo, diz o seguinte:

Nesta cidade de Surrate pertencente ao dominio imperial existe huma Feitoria pertencente aos valerosos Portuguezes, concedida por mim com o competente Sonodo, com condição de pagarem mensalmente ao meu Sarcar certos direitos de importação, e exportação de pimenta redonda, e mais generos; na qual Feitoria se tremula a bandeira de Sua Magestade Fidelissima. Estes direitos, que pertencem ao meu Sarcar, importam em 66 rupias por mez, tendo sido pagos sempre; ultimamente por contas se me pagaram 1:586 rupias, que eu recebi; portanto V. Ex.ª se digne ordenar aos Portuguezes Feitores existentes na dita Feitoria de Surrate, que me continuem a contribuir os ditos direitos do mesmo modo como antes, na certeza de que os Feitores poderão livremente habitar, e gozar da dita Feitoria com todos os seus

1825 Setembro 20 privilegios e franquias. Espero a continuação da boa amizade, e que me dê occasiões dos serviços de V. Ex.ª a quem desejo avultadas felicidades.

No sobrescripto consta ser datada de 6 do mez Safar (20 de Setembro de 1825).

Traduzida em 18 de Outubro de 1825 pelo Lingua do Estado abaixo assignado, conforme a explicação que foi feita pelo Cagi de Pondá Foizulá — Sacarama Naraena Vaga.

Resposta do Vice Rey

(Arch. da India, livro de Reis visinhos, fol. 189 v.)

1825 Outubro 20 Ao Illustre e Grandioso Hasmat Jenga Camizata Doulá, Nababo de Surrate, cuja amizade seja perpetua.

Eu D. Manuel da Camara, do Conselho de Estado de Sua Magestade Fidelissima El-Rey do Reino Unido de Portugal, do Brazil, e Algarves, Vice-Rey e Capitão General de mar e terra do Estado da India Portugueza. Faço saber ao Illustre e Grandioso Amigo que recebi a sua estimada carta de 20 de Setembro do anno corrente, pela qual o Illustre e Grandioso Amigo me participa que tendo a Nação Portugueza nessa Cidade de Surrate huma feitoria com o competente Sonodo, e com condição de pagar mensalmente ao seu Sarcar certos direitos, que sempre lhe pertenciam, ultimamente tinha sido embolsado de 1:586 rupias, desejando o Illustre e Grandioso Amigo que se lhe continuasse a contribuir aquelles direitos como antes, e que os Feitores poderiam livremente habitar e gozar daquella Feitoria com todos os seus privilegios, na qual tremulava a bandeira de Sua Magestade Fidelissima; em consequencia do que agradecendo ao Illustre e Grandioso Amigo os bons desejos, e sincera amizade, que mostra á Nação Portugueza, e estimando muito as noticias, que por esta occasião tive da sua preciosa saude; sou por esta a certificarlhe que tenho já nomeado Director e Feitor para immediatamente hir administrar, e reger a dita Feitoria, ao qual espero o Illustre e Grandioso Amigo conceda todos aquelles favores e graças, com que sempre particularisou aos representantes da Nação Portugueza, na certeza de que o mesmo Feitor hade pagar todos os direitos, e quaesquer contribuições, que pertencerem ao Sarcar do Illustre e Grandioso Amigo, a quem por esta me offereço para tudo que possa depender deste governo. 1825 Outubro 20

Deus illumine ao Illustre e Grandioso Amigo em a sua divina graça. Goa, 20 de Outubro de 1825 — D. Manuel da Camara.

Formulario da entrada do Rey de Sunda com o seu filho no palacio do governo de Pangim quando veio visitar os Ill.mos e Ex.mos Srs. Governadores

(Arch. da India, livro de Reis visinhos, fol. 197 v.)

O Rey de Sundem Savai Bassava Lingua com o seu Infante Sadassiva Rajá pedindo licença aos Srs. Governadores para os vir cumprimentar por terem assumido o governo do Estado pelo fallecimento do Ex.mo Sr. Vice-Rey D. Manuel da Camara em virtude da via de successão, foi-lhe determinado o dia 24 de Janeiro de 1826, porque he costume sempre o governo determinar o dia, e se lhe remetteram dois escaleres, hum aceiado, outro ordinario, com o Capitão do batalhão de artilharia Francisco de Lemos, para comprimentar o dito Rey e seu Infante. E sendo com effeito vindo o dito Rey, e seu Infante a Pangim no dito dia 24 do dito Janeiro, entraram no Palacio estando todos tres Srs. Governadores, que os receberam com as mesmas ceremonias, que se praticaram em semelhantes occasiões, e logo o dito Rey com seu Infante voltou para Bandorá, acompanhando-os o dito official militar. He pratica sempre observada não entrarem, nem se sen- 1826 Janeiro 24

1826 Janeiro 24 tarem junto ás pessoas do governo mais pessoas algumas, senão o Rey de Sundem e Infante, se vier com elle, assistindo, porém, o Lingua do Estado em pé. Não se fez a continencia da bandeira ao dito Rey, porque não he de costume.

N. B. Os Srs. Governadores resolveram que daqui em diante se fizesse a este Rey a continencia da Bandeira alem das outras costumadas.

Restauração do territorio Bandire, no reino de Quiteve, sertão de Sofala [1]

(Arch. da India, livro das Monções, n.º 84, fol. 370.)

Auto de declaração do Ajudante de Milicias, Luiz Felix sobre as diligencias que fez na restauração do territorio Bandire, no reino de Quiteve

1831 Fevereiro 10 Anno do nascimento de Nosso Senhor Jesus Christo de 1831 aos 10 dias de Fevereiro do dito anno, nesta villa de Sofala, e casas da residencia do Ill.mo Coronel de Milicias Francisco Miguel Rodrigues Nunes, encarregado do governo desta mesma villa e Praça, sendo o mesmo presente, e por sua ordem se achou na dita residencia Scipriam (?) de Andrade, feitor desta real feitoria, comigo João Rodrigues Nunes, Escrivão interino da mesma real feitoria, e officiaes

[1] Estes documentos são tirados dos proprios cadernos de registo do Coronel de Milicias de Sofala Francisco Miguel Rodrigues Nunes, que a esse tempo governava aquella praça e jurisdição. Os cadernos referidos foram facultados pelo Sr. Eugenio Justiniano Pereira Nunes, official da Secretaria do Governo Geral da India, sobrinho daquelle Coronel, o qual foi por varias vezes Governador de Sofala, e ultimamente era encarregado daquelle governo por Portaria do Governador da mesma jurisdição Dionyzio Antonio da Silva, de 9 de Dezembro de 1830, pela gravidade de suas molestias lhe prohibir este exercicio. Em breves dias falleceu o dito Governador, e na sua falta continuou a governar o Coronel Francisco Miguel.

abaixo assignados, e perante todos deu conta o Ajudante de Milicias Luiz Felis, mandado pelo dito Illmo Coronel no 1.º de Maio do anno proximo passado, sendo Governador proprietario desta Capitania, á côrte do Reino de Quiteve como Procurador do Estado de Sua Magestade Fidelissima... fazer reclamação do territorio Bandire, sito na dita côrte, pertencente á Corôa do mesmo Real Senhor, que havia muitos annos estava abandonado á disposição da dita côrte, segundo a ordem que o dito Illmo Coronel recebeu do Illmo e Exmo Sr. Paulo José Miguel de Brito, Governador e Capitão General deste Estado, de 26 de Setembro de 1829, entregando-lhe fazendas, e effeitos á sua custa, visto não haver então nesta real feitoria, tudo constante da folha de contas geral, que o dito Procurador apresentou das despezas, que elle até ao presente fez com aquella dependencia, bem como de outra folha, que acompanhou sua segunda jornada, que mandou em data de 2 de Outubro do dito anno passado das que tinha feito até áquelle tempo; e logo por elle Ajudante foi relatado o seguinte:

1831 Fevereiro 10

Que na conformidade das ordens e instrucções por escripto, que recebeu do dito Illmo Coronel, se dirigiu á côrte de Quiteve com o Mouro Abdulá Goicar, que figurava de lingua, e com a tropa que o escoltou, tendo pelo caminho distribuido os saguates que levava para os Regulos Neguenze, Naparanjara, e Principe Maneneca, e não deu o do Principe Boy, por ter fallecido. Chegou a Zamne á casa do Principe Maromo, como o mais potentado, e primeiro figurante naquella côrte, e lhe entregou as ordens que levava, e lhe mandou convocar seus irmãos e parentes, que são os Principes Murivane, Inhagena, Mussengere, Mucotocasse, Gerere, e outros, e estes requereram que primeiro lhes desse, alem dos sagoates que tinham recebido, mais 137 pannos de fato, para serem por elles distribuidos, o que assim fez, entregando-os ao Moromo, como chefe delles: e depois de assim ter feito, foram elles, e os que o acompanhavam conduzidos pelos mencionados Murivane, Gerere, figurando este por Maromo com hum seu Mucuassano, e o apresentaram á Rainha Namaunga, que

1831 Fevereiro 10 só regia o Reino pelo fallecimento da Rainha Nimgomanhe, e entregando á dita Rainha os sagoates para ella destinados, e relatando-lhe individualmente tudo quanto constava na instrucção que levava, ella tirou huma enxada, e mandou ao dito Moromo para este chefe fazer entrega do referido territorio Bandire: com effeito mandou o referido Moromo a Murivane e Gerere, e o já dito Mumassano conduzir a elle Ajudante com os que o acompanhavam ao referido territorio, e com tres dentes de marfim miudos, e hum dito para os grandes, lhe entregaram aquella terra. Isto executado, elle Procurador mandou chamar Nebandire, que estava na terra e casa de Xencani, seu pae, e logo que veio lhe entregou a terra, e deu de seu mucore hum xale, e hum lenço, e a Mazarira, sua irmã, outro xale, e que suas competentes vestuarias receberiam quando se solemnisar a dita posse com as ceremonias do costume, como tudo consta da sua segunda parte. O Principe Xaringa, que estava acclamado Rey, e se tinha hido ao Quiteve Alto para se coroar, mandou reclamar aos ditos Principes que visto elle ali estar, deveriam entregar-lhe a elle Ajudante com os que lhe tinham acompanhado, e que deveria ter tambem sua vestuaria competente, o que elles Principes mandaram pelo Tatte, chefe dos grandes do Reino, entregar a elle Ajudante e os seus ao dito Xaringa, que os recebeu com hum dente de marfim miudo, e recebeu a vestuaria, que estava destinada para Nimgomanhe, de que ficou muito satisfeito, e por causa dos Cafres Mapsites o dito Xeringa se retirou para Upona, e elle para Bandire.

Disse mais que, segundo as ultimas ordens, que recebeu deste governo, mandou fazer naquelle territorio huma casa cafrial, para alli ficar, como ficou, o destacamento ordenado, que he o Furriel e dois soldados, e elle com os restantes soldados, e o já mencionado Abdulá quizeram immediatamente recolher-se a esta villa; porém aquelles Principes os entreteve até que ultimamente os despediu; a saber, a Rainha Namaunga deu huma negrinha, Murivane hum caporro, tudo em signal de terem recebido os saguates; Moromo, por não ter nada nessa occasião, prometteu mandar ao depois alguma cousa. Pelo caminho passando pela casa do Principe Maneneca, este deu-lhe huma negra, e huma negrinha, e o Regulo Neparanjara hum dente de marfim miudo; porém, Nigoenze não lhe deu cousa alguma. E como o dito Ajudante disse, e foi tudo confirmado pelo referido Abdulá, Grandes de Murivane, e Giraza ou guia, que acompanharam ao dito para esta villa, mandou o Ill.mo Coronel encarregado deste governo, ao mencionado feitor, receitasse á fazenda Real, como tambem hum bicho, e quatro maticaes de oiro, que o Principe Murivane lhe tinha mandado de lembrança em signal de sua amizade, como consta da segunda parte do dito Ajudante; assim mais que tambem receitasse á mesma Real fazenda sete maticaes de oiro, tres cafres, hum caporro, e huma negra, e hum dente de marfim grosso de peso de 2 arrobas e 1 libra, tudo producto de 120 pannos, que Murivane lhe mandou pedir particularmente, os quaes elle Coronel, lhe mandou; como tambem mais algumas cousas que o dito mandou pedir, constante na segunda parte do dito Ajudante, tudo para o contentar, e por este modo conseguir com mais brevidade o que se pretendia; e de tudo mandou fazer este auto, em que se assignou com o referido Feitor, officiaes presentes, e commigo dito Escrivão interino, que o escrevi no mesmo dia, mez, e era *retro*.—João Rodrigues Nunes—Francisco Miguel Rodrigues Nunes—Scipriam de Andrade, Feitor da Fazenda Real—Manuel Joaquim de Abreu Dorendo (?), Major graduado de infanteria, e commandante da Praça—Zacarias Herculano da Silva, Alferes de infanteria—Bento de Jesus, Alferes—Luiz Felis—Signal de Abdulá Goicar—João Julião da Silva, Tenente Coronel de Milicias—Antonio Gonçalves, Ajudante de Milicias.

1831 Fevereiro 10

Officio do Coronel de Milicias, Francisco Miguel Rodrigues Nunes, encarregado do governo de Sofala, ao Governador de Moçambique

1831 Abril 3

N.º 3. — Illmo e Exmo Sr. — Tenho munta honra, e satisfação de participar a V. Ex.ª que a 8 de Fevereiro proximo passado chegou da côrte de Quiteve a esta villa o Ajudante de Milicias Luiz Felis, e o Mouro Abdulá, e dois soldados, que eu no primeiro de Maio do anno proximo passado tinha mandado áquella côrte restaurar o territorio Bandire pertencente a El-Rey de Portugal........................ por ordens positivas, que tive de V. Ex.ª no seu veneravel officio n.º 1, 2.ª via, datado de 26 de Setembro de 1829, confirmando a parte que me tinha mandado de que pelo fallecimento da Rainha Ningomanhe a Rainha Namaunga com huma enxada mandou ao Principe Moromo entregar a elle Ajudante o territorio Bandire, e que elle mandou fazer naquelle sitio huma casa cafrial de madeira, e deixou ali ficar destacados hum Furriel e dois soldados, que o tinham acompanhado, segundo as ultimas ordens, que recebeu deste governo, e de tudo o mais que tinha praticado, segundo as instrucções que lhe dei, mandei formar auto com individuação e clareza, o qual com este offereço a V. Ex.ª para pleno conhecimento de todo o acontecido sobre este objecto; e pela folha de contas a elle junta, que me apresentou o referido Ajudante, será V. Ex.ª servido ver as despezas que elle fez constantes da mesma folha até a data della; e pelo conhecimento em fórma do feitor desta Real feitoria, que a este acompanha, tambem será presente a V. Ex.ª tudo quanto a Rainha e Principes de Quiteve entregaram ao dito Ajudante em resposta aos saguates que receberam, que tudo mandei carregar á Real fazenda, como tambem a enxada já dita, para constar a todo o tempo.

Grande sentimento me acompanha de não poder ao presente pelo encargo, em que me acho, ser eu pessoal, como prometti a V. Ex.ª para ultimar as ceremonias cafriaes, que restam, e tomar solemne posse do territorio Bandire, e suas minas de oiro, e estabelecer a feira desejada; porèm, encarreguei esta diligencia ao Tenente Coronel de Milicias João Julião da Silva, que partiu desta villa a 3 do corrente mez de Março proximo passado, e por causa das grandes chuvas, que tem havido, levantou dos limites das terras da Corôa com as terras do Quiteve para o territorio Bandire a 21 do mesmo mez; pessoa de quem faço confidencia, e que fará tudo quanto lhe tenho ordenado segundo as instrucções que lhe dei, como V. Ex.ª será servido ver pela copia do officio incluso, que lhe entreguei; e por outras copias a elle annexas será constante a V. Ex.ª o numero de tropa que mandei para ali existir, o regulamento provisorio, que lhe dei, as fazendas para estas ultimas despezas, alguns mercadores para se dar principio ao estabelecimento da feira, e continuarei a mandar alguns, que o actual estado do paiz permittir, até que V. Ex.ª se digne mandar as suas respeitaveis ordens e providencias para a progressão daquelle tão util e desejado estabelecimento. 1831 Abril 5

Devo informar a V. Ex.ª que he preciso que venham dessa capital alguns negociantes com fazendas para hirem negociar nas minas de Bandire, por quanto estes poucos habitantes, que aqui ha, quasi todos não têem credito nessa capital para que lhe venham fazendas para este fim; ou quando a V. Ex.ª lhe pareça acertado fazer-se este commercio por conta da Real fazenda, emquanto não venham negociantes, neste caso devem vir pessoas de probidade e zelosas do Real serviço encarregadas deste negocio, e fazendas proprias declaradas na relação, que incluso levo á respeitavel presença de V. Ex.ª

Devo mais informar a V. Ex.ª que da feira de Bandire á feira de Manica são dois dias de jornada; devo representar a V. Ex.ª que eu acho muito util ao estabelecimento do commercio de Quiteve que a feira de Bandire tenha communicação com a feira da Manica, tanto para respeito de huma como da outra; e que os negociantes da feira de Bandire, quando lhe seja preciso, possam mandar á feira de Manica reduzir algumas fazendas; e para este fim se precisa que V. Ex.ª

1831 Abril 5 mande as suas respeitaveis ordens ao Governador dos Rios de Senna, para este as communicar ao commandante da feira de Manica para lá serem admittidos alguns negociantes, que forem da feira de Bandire. Eu, e tambam o meu defuncto antecessor pedimos a V. Ex.ª alem dos officiaes, 12 soldados para o destacamento de Bandire; porém, reflectindo maduramente vejo que são precisos 20 soldados bem armados, e huma ou duas pecinhas de campanha bem preparadas. He o que se me offerece dizer. A Ill.ma e Ex.ma pessoa de V. Ex.ª Deus guarde muitos annos. Sofalla, 5 de Abril de 1831. — Francisco Miguel Rodrigues Nunes.

Folha de contas geral das fazendas e effeitos que recebi do Ill.mo Sr. Francisco Miguel Rodrigues Nunes, Governador e Capitão mór desta capitania, para saguates, e despezas nas dependencias do territorio Bandire, que fui encarregado pelo mesmo Senhor Governador, a 30 de Abril de 1830.

1830 Abril 30

	Para Neguenza:	
1	Dotim	12
1	Xella	10
1	Ardiam	4
	Para o pai do dito	2
	Para seus grandes	2
		30
	Para Neparanjara:	
1	Zuarte	12
7	Samater	8
1	Ardiam	4
	Para seus grandes	2
		26
	Para o Principe Mavenua:	
1	Zuarte	12
1	Xalle	4
1	Lenço fino	3
		19

	Transporte	19	1830 Abril 30
1	Rosario de coral falso	2	
1	Pão do Calaim	2	
	Em missanga	4	
1	Xalle para a mulher grande do dito	4	
	Para seus grandes	2	
		33	

Para o Principe Murivane:

1	Zuarte	13
1	Xalle	4
1	Quissambo fino	6
1	Pão de Calaim	2
	Rosario de coral falso	2
	Em missanga	4
1	Xalle para mulher grande do dito	4
	Para seus grandes	5
		39

Recebi mais para se dar em particular ao dito Murivane, que mandou pedir

3	Zuartes	36
2	Dotins	24
1	Samater	8
8	Ardians	32
10	Caputins	20

Para seus grandes:

1	Caputim	2
		122

Para o Principe Maromo:

1	Loupa	20
1	Getim de Madrasta	16
1	Lenço fino	3
1	Pão de Calaim	2
		41

		Transporte....	41
1830 Abril 30		Em missangas	4
	1	Rosario de coral falso	2
	1	Xalle para a mulher grande do dito	4
		Para seus grandes	5
			56

Pedio mais o mesmo para ser repartido por seus irmãos, o seguinte:

4	Zuartes	48
2	Dotins	24
1	Cologam	10
2	Xalles	8
1	Samater	8
2	Xellas	20
2	Ardians	8
3	Caputins	6
	Para seus grandes	5
		137

Para a Rainha Nemaunga:

1	Loupa	20
1	Quissambo fino	6
3	Ditos grossos	12
1	Pão de calaim	2
1	Rosario de coral falso	2
	Missanga	8
	Para empamba meio Samater	4
	Para seus grandes	8
		62

Para o Principe Xarenga acclamado Rey:

1	Loupa	20
1	Quissambe fino	6
3	Ditos azues	12
1	Pão de Calaim	2
		40

		Transporte....	40	1830 Abril 30
1	Rosario de coral falso		2	
	Em missanga		4	
	Para seus grandes		5	
			51	

Para Tate, chefe dos grandes de Quiteve:

1	Zuarte	12
1	Xalle	4
1	Lenço fino	3
1	Rosario de coral falso	2
1	Pão de Calaim	2
	Em missanga	4
		27

Para os Principes Gerere e Mussenguere e Mucuassanno do Principe Maromo. Dei.............. 20

	20

Para Ne Bandire:

1	Xalle de seu mucore	4
1	Lenço	2
1	Samater para empamba	8
		14

Para Mazarira, irmão do dito:

1	Xalle	4
	Em missanga	2
1	Pão de Calaim	2
	Meio Samater por empamba	4
		12

Dei por vezes ao Girana, ou caminheiro, que me acompanhou todo o tempo destas dependencias

1	Ardiam	4
1	Caputim	2
1	Quissambe	4
		10

	Transporte....	10
1830 Abril 30	1 Lenço	2
	Em Samater	1
	Em missanga	1
		14

Para vestuaria a cinco cafres, que me acompanharam:

A cinco	25
Por dito aos cafres dos Principes Moromo e Munvara que foram commigo desta villa para Quiteve, e comedorias	42
Para vestuaria aos grandes dos ditos Principes, que vieram com o soldado José Pereira com os cinco dentes de marfim miudo, e uma enxada da entrega, que mandou fazer a Rainha Nemaunga do territorio Bandire	25

Do que recebi no Quiteve pelo dito soldado a peditorio dos ditos Principes, a saber:

Para o Principe Moromo:

1 Loupa	20
1 Quissambe fino	6
1 Frasco de aguardente	4
	30

Para o Principe Murivane:

1 Loupa	20
1 Getim de Madrasta	16
1 Frasco de aguardente	4
1 Espingarda ingleza	
	40

Recebi mais pelo mesmo soldado para despezas que eu tinha mandado pedir, por ter acabado o que tinha levado:

2 Zuartes	24
2 Xalles	20
	44

	Transporte....	44	1830 Abril 30
2	Ardians..................................	8	
1	Caputim..............................	2	
1	Samater..................................	8	
2	Pannos de Chelas.......................	2	
4	Massos de missanga......................	40	
		104	

Pelo que despendi em comedorias, e mais despezas miudas.............................. 135

Pelo que dei ao Mouro Abdula Goicar, que o dito Sr. Governador lhe mandou pelo mesmo soldado 16

Despendi com o Muvia e Muenassano, e mais sete cafres do Principe Murivane, que me acompanharam para esta villa com o marfim e escravos, que apresentei, assim para suas vestuarias, como comedorias, e macuneira..................... 69

Somma total — S. E..... 1:129

Sofala, 10 de Fevereiro de 1831. — Luiz Felis.

Certifico ter sido feita toda a despeza acima a minha presença. Sofala, 10 de Fevereiro de 1831. — Scipriam de Andrade, Feitor da fazenda Real.

Conhecimento do feitor

Certifico ter-me sido entregue por officio deste governo da data de 18 de Fevereiro deste anno seis dentes de marfim miudo com o peso de 50 libras singello, hum dente grosso do peso de 2 arrobas e 1 libra, 11 meticaes e meio de oiro em pó por huma addição, e mais 1 tanga e meia por outra, e alem disso a terceira de meia tanga, sete escravos arrematados em 229 pannos, e tres escravos, que se acham presos para serem remettidos á capital por conta da Real fazenda, que tudo consta do auto que se formou sobre as dependencias do Quiteve; e como tudo se me acha receitado, como

1831 Fevereiro 10

1831 Fevereiro 10 tambem a enxada da entrega do Bandire, passei este. Sofala, 10 de Fevereiro de 1831.—Scipriam de Andrade, Feitor da Real fazenda.

Instrucções ou carta de ordens que leva o Tenente Coronel de Milicias João Julião da Silva

1831 Março 16 Visto não poder eu ser pessoal, como pretendia, pelo encarrego que tenho de Governador desta fortaleza, e villa para hir ultimar as ceremonias, e tomar solemne posse do territorio Bandire, e suas minas de ouro, pertencente a Sua Magestade Fidelissima . . . , que por ordens positivas do Ill.mo e Ex.mo Sr. Paulo José Miguel de Brito, Governador, e Capitão General destes Estados, eu mandei diligenciar com a Côrte do Quiteve, e a Rainha Namaunga, pelo fallecimento da Rainha Nimgomanha, mandou a dita Rainha Namaunga com huma enxada ao Principe Moromo entregar o dito territorio, e suas minas de ouro ao Ajudante de milicias Luiz Felix, que eu tinha mandado como Procurador do Estado fazer reclamação daquelle territorio para nelle estabelecer a Feira, que de antes nelle havia, ordeno a V. m.cê para bem do Real serviço marche para aquelle territorio com o destacamento de tropa constante de 1 official, 1 segundo sargento, 1 cabo, 7 soldados, e 1 tambor, alem do tambor todos municiados com 20 cartuchos emballados cada 1, e 400 de sobrecellente, e 50 pederneiras, e vão municiados todos de soldos até o fim de Junho do presente anno; tudo entregue ao Commandante do destacamento Zacharias Herculano da Silva, e o Ajudante de Milicias Luiz Felix, o Mouro Abdulá, o que figura Matiré, Francisco Pereira de Barros, e os Grandes das terras da Corôa, Manomambo, Mapoteira, e Fumo, e Thicoio, que são indispensaveis para a solemnidade daquella posse.

Logo que V. m.cê chegar a Bandire, precedendo as partes á Rainha Namaunga, Tatte, e Principes Moromo, e Murivane, e Grandes daquella Côrte do Quiteve, e as ceremonias cafriaes que costumam praticar-se em taes casos, que de tudo V. m.cê tem pleno conhecimento, tomará posse solemne daquelle territorio no Real nome de Sua Magestade Fidelissima..., lavrando hum Auto solemne com toda a clareza, e authenticidade, declarando nelle os limites, confrontações, e citações que tiver feito aos confrontantes, e aos mais Principes, e Grandes de que a Feira já está estabelecida, e as ceremonias da abertura das minas concluidas para poderem mandar cada hum sua gente para trabalhar nellas, etc.

1831 Março 16

Tambem lhe ordeno que mande formar no sitio da nossa antiga povoação junto ás minas, ou em outro que lhe parecer mais conveniente no mesmo territorio, huma casa de madeira, em a qual se possam com segurança, e boa conservação arrecadar fazendas, e munições de Sua Magestade, e huma terceira para o alojamento da tropa daquelle destacamento com os escravos, que daqui leva, pedindo para este fim em meu nome algum soccorro de gente aos Principes Moromo, e Murivane, e a Inhanava Zienda, por serem mais potentados, e os dois ultimos terem no mesmo territorio Bandire povoações. Tambem mandará arvorar hum mastro sufficiente, e nelle fará içar a bandeira de Armas Reaes, que lhe entreguei, mandando dar tres descargas de mosquetaria, huma pela manhã, outra pelo meio dia, e outra de tarde, e fará nesse dia com solemnidade dar os costumados vivas ao nosso Augusto Monarcha, não só pela indispensavel obrigação que temos de assim o fazer, mas para constar nessa Côrte, e Reino do Quiteve, de que aquelle territorio pertence de direito antigo ao mesmo Real Senhor. Neste mesmo acto dará a competente vestuaria a Ne Bandire, constante de huma cabaia, de hum barrete de panno encarnado, hum panno de vestir, e hum lenço encarnado, com sua competente rota; leva mais V. m.[cê] outra rota com castão de prata; podendo elle fazer uso della, se lhe deve dar; e tambem lhe deve dar hum Zuarte, e tudo será especificado no dito Auto, que acima tenho ordenado, fazendo saber a Ne Bandire que elle he vassallo, assim como nós, de El-Rey de Portugal....

Depois de passar as terras do Principe Maveneca, se entra nas terras do Inhaozo; eu por esquecimento lhe não man-

1831 Março 16 dei a sua vestuaria; V. m.^{cê} lhe deve dar hum Zuarte, e o que lhe parecer mais para sua vestuaria, como tambem para sua mulher grande, e seus grandes, pois he muito justo, e necessario que elle tambem seja contemplado como os mais foram. Ordeno-lhe mais que neste sitio do Inhaozo examine com toda a diligencia, e curiosidade as minas de ouro que alli ha, o modo como os cafres trabalham nellas, e as povoações que tem ao presente.

Recommendo-lhe com efficacia a boa harmonia entre todos, e o bom tratamento dos Grandes das terras da Corôa, que o acompanham, como tambem Francisco Pereira de Barros, que vai figurando de Matire. A minha carta de ordens de 28 de Fevereiro, que lhe entreguei em 3 de Março corrente, não tem nenhum vigor, mas sim esta, pois assim o acho util ao Real serviço, pois conheço bem o quanto são supersticiosos, e desconfiados os Quiteves.

Para ultimar estas dependencias, e para outras despezas de comedorias dos Grandes das terras da Corôa, e Cafres que o acompanham, leva V. m.^{cê} 878 pannos com fazendas de lei, e effeitos constantes da Relação inclusa, por mim assignada, e quando V. m.^{cê} se recolher a esta villa, que será com a possivel brevidade, me dará huma exacta conta de tudo, e todas as despezas que V. m.^{cê} fizer, deverão ser assignadas pelo Ajudante de Milicias Luiz Felix, e Commandante do destacamento Zacharias Herculano da Silva, desde o dia que V. m.^{cê} levantar do Buzio até á sua chegada a Bandire, e emquanto alli se demorar, por assim ser conveniente ao Real serviço, faz-se-me desnecessario notar-lhe a economia necessaria nas ditas despezas, e nem tão pouco o bom exito de tudo que por mim vai encarregado, pois que conheço o seu zelo no Real serviço, e tenho a certeza que V. m.^{cê} não ha de desmentir o bom conceito que de V. m.^{cê} faço, e de tudo terei muito que lhe agradecer, e terei a satisfação de participar os seus bons serviços ao Illmo e Exmo Sr. Governador e Capitão General destes Estados.

Durante a sua existencia naquelle territorio, o destacamento, e os mercadores, que não estão debaixo das suas ordens, como lhes tenho ordenado, e V. m.cê fará executar, e pôr em pratica tudo quanto prescrevo no Regulamento provisorio, que leva o Commandante do dito destacamento. 1831 Março 16

Deos guarde a V. m.cê Quartel do Encarregado do Governo de Sofala, 16 de Março de 1831.—Francisco Miguel Rodrigues Nunes.—Sr. João Julião da Silva, Tenente Coronel do Regimento de Milicias desta villa.

Carta de ordens do Encarregado do governo de Sofala, que leva o Alferes de infanteria e Commandante do destacamento de Bandire, Zacharias Herculano da Silva

V. m.cê com o Segundo Sargento, 1 Cabo de Esquadra, 7 soldados, e 1 tambor, todos á excepção deste armados, e municiados com 20 cartuxos, alem de 400 ditos, e 50 pederneiras de sobrecellente, e com quatro mezes de seus soldos para V. m.cê lhes hir pagando mensalmente até o fim de Junho do corrente anno, assim como tambem ao Furriel, e a dois soldados, que alli se acham, marchará para o territorio Bandire no Quiteve alto debaixo das ordens do Tenente Coronel de Milicias João Julião da Silva, por mim mandado para tomar posse solemne daquelle territorio pertencente á Real Corôa do nosso Augusto Soberano..., e alli se conservará destacado até que por este Governo lhe mande seu rendimento, e executará tudo o que lhe he ordenado no Regulamento Provisorio incluso, e passará ao Commandante que lhe for succeder, cobrando recibo de assim lhe ter entregado. O Furriel, e os dois soldados, que alli se acham, se recolheram junto com o dito Tenente Coronel para esta villa. 1831 Fevereiro 26

Quartel do Encarregado do Governo de Sofala, 26 de Fevereiro de 1831.—Francisco Miguel Rodrigues Nunes.—Sr. Zacharias Herculano da Silva, Alferes de infantaria, e Commandante do destacamento de Bandire.

Carta de ordens do Encarregado do governo de Sofala, que leva o Ajudante de Milicias Luiz Felix

1831 Março 16 Para bem do Real serviço ordeno a V. m.cê que vá em companhia do Tenente Coronel de Milicias João Julião da Silva, com o destacamento que mando para Bandire, a tomar solemne posse daquelle territorio pertencente a El-Rey de Portugal..., que por ordens positivas que tive do Ill.mo e Ex.mo Sr. Paulo José Miguel de Brito, Governador, e Capitão General destes Estados, mandei por V. m.cê diligenciar com a Rainha Namaunga, Tatte, e Principes de Quiteve, de que V. m.cê me deu boa conta; como he indispensavel a sua assistencia nesta dependencia de tanta ponderação, determino a V. m.cê que caso de algum incidente, que Deos tal não permitta, fique encarregado em supprir a falta do dito Tenente Coronel, tomando entrega de tudo que elle leva para ultimar as ceremonias da solemne posse que se vai tomar do territorio Bandire por huma Relação assignada pelo Commandante do destacamento Zacharias Herculano da Silva, e por V. m.cê, e executará tudo o que tenho ordenado na minha carta de ordens de 16 do presente mez de Março, que tenho dado ao dito Tenente Coronel acima dito. Espero que V. m.cê em tudo se ha de comportar como official honrado, e terei muito que lhe agradecer os seus bons successos, e os levarei á respeitavel presença do Ill.mo e Ex.mo Sr. Governador, e Capitão General destes Estados.

Deos guarde a V. m.cê Quartel do Governo interino de Sofala, 16 de Março de 1831.—Francisco Miguel Rodrigues Nunes.—Sr. Luiz Felix, Ajudante de milicias.

Regulamento provisorio para os senhores officiaes commandantes do territorio e feira de Bandire

1.º

1831 Fevereiro 6 Segundo o numero dos soldados, que tiver, fará metter guardas diariamente no lugar que for estabelecido, alternando os officiaes inferiores, que tiver.

2.°

Applicará com actividade de boa ordem, e grande subordinação na tropa do seu commando a que a mesma faça hum serviço exacto, e terá grande cuidado, e zelo na conservação do armamento, munições, e petrechos, que estiverem a seu cargo, e quando fizer delles entrega a outro Commandante, especificará no recibo que elle exigir o estado actual de tudo; e quando por culpa de qualquer soldado se damnificar, ou perder qualquer cousa pertencente a Sua Magestade, dará parte disto na primeira occasião a este governo. 1831 Fevereiro 6

3.°

Não dará licença a individuo algum desse destacamento para pernoitar fóra delle por qualquer pretexto que seja, salvo se for por algum caso muito preciso a bem do Real serviço.

4.°

Como em tudo a religião deve ser o nosso primeiro objecto, deve todos os dias depois do toque das Ave Marias mandar pela tropa resar o Terço, e ao de alvorada a Salve Rainha, e aos domingos a horas certas resar tambem o terço.

5.°

Receberá as partes que lhe der Ne Bandire, e aquellas que pedirem prompta decisão, não sendo casos maiores, a dará, consultando alguma pessoa mais intelligente nos estylos cafriaes, que alli se achar; tudo com prudencia, e moderação; e nos outros immediatamente dará parte a este governo circumstanciadamente para a sua decisão.

6.°

Não dará auxilio de tropa a Principe, ou individuo algum por qualquer pretexto que seja, e tão sómente protegerá Ne Bandire, quando este seja atacado por alguem; e sendo caso que admitta demora, participará a este governo.

7.º

1831 Fevereiro 6 Não permitta que individuo algum assim da tropa, como dos mercadores, ou muzambares, que alli estiverem, se entremetta por Dombos, ou Grandes, e que assistam como interessados em quaesquer julgações dos milandos dessa Cafraria, e como tambem não consentirá que os ditos negociantes, mercadores, ou muzambares habitem em outra parte senão naquelle territorio, formando suas casas proximas ao quartel do destacamento, tudo em arruamento, fazendo igualmente conservar nelles a boa ordem, e harmonia entre si.

8.º

Não permittirá que individuo algum desta villa que alli existir prenda negro algum daquellas terras por qualquer pretexto que seja, sem que primeiro dê parte ao Commandante desse destacamento para mandar as partes do estylo aos Principes, e Inhamaçangos, a quem pertencer o conhecimento do individuo que queiram prender por dividas, etc.

9.º

Fiscalisará com todo o zêlo para que nenhum dos mercadores, ou muzambares de qualquer qualidade, ou graduação que sejam, comprem oiro por pesos mais diminutos que os que hão de existir com o Commandante desse destacamento, e por elle he que devem todos aferir os seus; como tambem não consentir que haja alteração alguma nas fazendas, e generos que levarem, diminuindo-os do seu justo valor já estabelecido nessa Côrte; como tambem não haja alteração nos generos que comprarem aos cafres; e achando que tenham obrado o contrario, com certeza disto dará parte a este governo para ordenar o castigo aos culpados.

10.º

Quando algum dos individuos desta villa ahi existentes contrahir hum milando com algum Principe, Grandes, e Cafres daquellas terras, seja como A. ou R. sendo factos que alli mesmo possam acabar, o Commandante o fará junto com o Ne Bandire com seus grandes; e quando alguma das partes repugnarem allegando injustiças, neste caso mandará executar o estylo cafrial de Conha Bange, e dará circumstanciada parte a este governo para a sua inteira decisão. 1831 Fevereiro 6

11.º

Não embaraçará, nem prohibirá a pessoa alguma, que queira minar, e tirar oiro naquelle territorio, não sendo muzambares, nem mercadores, da jurisdicção deste governo, e lhe prestará todo o auxilio preciso, e não consentirá que ninguem os vexe, nem os opprima nas suas vendas, e compras naquella Feira, e nem que haja atravessamento no dito commercio.

12.º

Como os Quiteves ha annos por causa dos roubos, que lhes fazem os Cafres de Dondo, e de outras terras por onde transitam e conduzem seus effeitos para se venderem, e trocarem por sal, ningumas, etc., mando presentemente tratar com a Rainha Ningomanhe, e Principes dessa Côrte do Quiteve que ordenem aos seus mercadores dos ditos effeitos se juntem em tempos determinados, e se apresentem ao Commandante desse destacamento, e quando assim elles convenham, e sendo-lhe apresentados, fará huma relação dos nomes delles, a que repartição pertencem, e os effeitos que trazem, e os fará conduzir por dois soldados para esta villa; e os apresentarão a este governo, para elles poderem vender, e trocarem seus effeitos com segurança, e sem fallencia alguma.

Torno a recommendar por ultimo com encarecimento aos senhores officiaes, e Commandantes daquelle destacamento a boa ordem, e subordinação na tropa do seu commando, castigando-a como manda o Regulamento militar, sempre com prudencia, e moderação, fazendo cumprir tudo quanto se acha prescripto nestes doze artigos debaixo de responsabilidade, não só a este governo, mas ao Illmo e Exmo Sr. Governador, e Capitão General deste Estado de qualquer falta de execução das ditas ordens, até que o mesmo Exmo Senhor, ou este governo não mandar o contrario. Este Regu-

1831 Fevereiro 6 lamento passará de hum Commandante a outro cobrando recibo de assim o ter feito.

Quartel do Encarregado do governo de Sofala, 6 de Fevereiro de 1831.—Francisco Miguel Rodrigues Nunes.

Relação das fazendas e effeitos que leva o Tenente Coronel de Milicias João Julião da Silva para as cerimonias e despezas de Bandire

1831 Fevereiro 28 A saber:

10 Zuartes a 12	120
8 Dotins a 12	96
5 Chelas a 10	50
5 Samateres a 8	40
20 Ardians a 4	80
20 Caputins a 2	40
12 Maços de missanga a 10	120
12 Rosarios de coral falso a 2	24
20 Pães de calaim a 2	40
2 Peças de Loupa a 20	40
2 Ditas com 20 lenços a 2	40
1 Panno encarnado para Ne Bandire	8
6 Chadares	60
24 Frascos de aguardente a 4	96
Por 6 panjas de mantimento a 4	24
Somma—S. E.	878

Para Ne Bandire:

1 Cabaia de panno encarnado.

1 Barrete dito.

1 Panno encarnado.

1 Lenço dito.

1 Rota lacreada encarnada.

Sofala, 28 de Fevereiro de 1831.

Recebi o constante nesta folha, cujo teor levo commigo. Dia, mez, e era supra.—João Julião da Silva.

Relação do fato proprio e mais effeitos que se precisam para o commercio da Feira de Bandire

Zuartes. 1831 Abril 5
Dotins.
Chelas.
Caputins.
Ardians.
Choles.
Loupas.
Missanga branca, preta, e verde.
Calaim.
Coral falso.
Peças de lenços de Dio, riscados, ou encarnados.
Manilhas de latão.
Deve ser fato bom como o que vai para Senna.
Sofala, 5 de Abril de 1831.

Officio do Coronel de Milicias Francisco Miguel Rodrigues Nunes encarregado do governo de Sofala ao Governador de Moçambique

N.º 9.—Ill.mo e Ex.mo Sr.—Participo a V. Ex.ª que a 15 de Abril proximo passado partio desta villa para o territorio Bandire, mandado por mim, o Major de milicias Antonio Rodrigues Nunes, e hum Cabo e dois soldados, e hum carpinteiro com sua ferramenta, e alguns cafres para no territorio Bandire ajudar a fazer o estabelecimento, que mandei fazer para o destacamento, como tambem portaes, e portas, e tudo o mais que for necessario, como tambem pedir ás Rainhas, e Grandes de Quiteve que nomeiem hum Principe capaz para ser Rey do Quiteve, por assim ser preciso, como já participei a V. Ex.ª por meu officio n.º 3, datado de 5 de Abril proximo passado. 1831 Maio 10

Tambem participo a V. Ex.ª que a Divina Providencia tem soccorrido esta villa, pois tanto os habitantes como a tropa se tem remediado com algum pouco mantimento para sua subsistencia das terras de Quiteve, e dos Prasos de Sua Ma-

1831 Maio 10 gestade Chironde, Impara, e tambem os cultivadores desta villa alguns tiveram algum arroz para se remedíarem, e a não estarem desertas as terras da jurisdicção deste governo, e a não estarem tambem despovoados seis Prasos da Corôa, já este anno haveria mantimento para supprir esta villa; assim ainda se precisa mantimento dessa capital para a tropa. He o quanto se me offerece dizer por este.

A Ill.ma e Ex.ma Pessoa de V. Ex.ª Deos guarde muitos annos. Sofala, 10 de Maio de 1831.—Francisco Miguel Rodrigues Nunes.

Carta do encarregado do Governo de Sofala a Joaquim Xavier Diniz da Costa

Ill.mo Sr. Joaquim Xavier Diniz da Costa. Senhor da minha veneração e respeito.—Chegou a occasião de eu communicar a V. S.ª que a 21 de Março proximo passado mandei hum destacamento tomar solemne posse do territorio Bandire, e suas minas de oiro, pertencente ao..., como tambem mandei fazer naquelle territorio commodidade para o mesmo destacamento, adonde mandei alvorar huma bandeira de Armas Reaes; e eu estou bem persuadido que V. S.ª ficará satisfeito pela informação que de mim deu. Devo dizer a V. S.ª que em 1766 vieram positivas ordens da Côrte para se diligenciar o territorio Bandire, e fazer-se lá huma fortaleza, e nada se conseguio, não sei por que motivo, pois me persuado que Sua Magestade mandou da Côrte despezas precisas para este fim. Emfim tinha-me a providencia a mim destinado... estes tão desejados serviços ao..., e ao Estado do mesmo Rey, e Senhor, de que estou muito satisfeito. O que he preciso para a conservação da feira de Bandire he tropa portugueza, e officiaes, como tambem para a conservação desta villa, e prasos da Real Corôa. Não me tenho descuidado das encommendas de V. S.ª já me vieram algumas, e espero outras quando se recolher a expedição de Bandire. Estimarei que V. S.ª logre perfeita saude, e que na posse deste bem me permitta muitas occasiões do seu serviço para na prompta execução de suas respeitaveis ordens mostrar que sou—

Da Illma Pessoa de V. S.^{a} muito attento venerador, e obrigado creado.—Francisco Miguel Rodrigues Nunes.

Officio do Tenente Coronel João Julião da Silva ao Coronel Francisco Miguel Rodrigues Nunes, Governador interino de Sofala

1831 Junho 15

Illmo Sr. Governador, e Capitão mór.—Depois da conclusão do Tendo de Bandire disse aos ditos Principes, e Grandes, que V. S.^{a} mandava estranhar muito a elles Quiteves de se terem deixado esquecer os antigos costumes de participarem ao governo de Sofala quando morriam os Reis, e Rainhas do Quiteve, e da exaltação de outras ao throno; responderam que a falta desta pratica foi tão sómente succedida com a proxima fallecida Ningamanhe, e com a exaltação da actual Nimaunga, porque não houve Principe capaz para reinar para poder cumprir com estes, e outros deveres annexos áquella dignidade; e logo que houvesse Rey, não faltariam com esta obrigação. Propuz tambem a eleição de hum Rey (visto ter fallecido Xaringa) para poder rebater a insolencia dos chamados Mataos, e poderem elles viver tranquillos; deram por resposta que não tinham outra eleição a fazer, por quanto o Principe Maromo, que presente estava, já se achava de posse do governo de todo o reino, e todas as insignias reaes constituidas, e dadas pelo Principe Xeringa quando se ausentou desta Côrte, approvado pela Rainha Namaunga, Tatte, Principes, e por elles Grandes do Reino, e todos os Quiteves o desejam, e respeitam, assim pelo dito motivo, como por ser chefe da grande familia de Mucangua, e ser elle merecedor pela sua prudencia, affabilidade, e sobretudo pela sua liberalidade, caracter essencial de hum Rey. Emquanto aos votos da dita Rainha, e do Tatte, elles estão certos que ella ha de interessar muito nisto, por ser da mesma familia, e este não se ha de oppor visto a vontade geral de todos, e logo disseram a Maromo que apromptasse alguma cousa para por mim mandar seus Grandes com este Mutango a V. S.^{a}, visto prometter soccorro para conseguir hum fim tão desejado de todos.

1831 Junho 15 Devo informar a V. S.ª segundo tenho observado do caracter de Maromo, que he sincero, verdadeiro, muito prudente, e liberal (como dizem os cafres), e com effeito todos o respeitam, e o desejam para Rey, e ainda que velho, he forte e teso, e V. S.ª não ignora o poder dos filhos de Mucangua neste Quiteve, e sem o consentimento delles ninguem póde ser coroado Rey, etc.

Igualmente lhes fiz sciente que V. S.ª lhes mandava dizer que visto haverem roubos por todos os caminhos, assim de Paranjara, como de Ussoma, e inda mesmo da Mavaia, praticados positivamente contra os Quiteves, que elles Principes, e Grandes das terras se ajuntassem para em tempos certos enviarem seus mercadores a Sofala, e que se apresentassem ao Commandante do destacamento de Bandire para os mandar escoltar por dois soldados até Sofala, e de lá trazel-os até Bandire. A isto ficaram todos muito satisfeitos, e agradecidos muito a V. S.ª deste beneficio que lhes faz, pois se vêem privados de terem o sal, e outros effeitos que precisam, e que assim hão de fazer executar.

A Ill.ma Pessoa de V. S.ª Deos guarde muitos annos. Bandire, 15 de Junho de 1831.—João Julião da Silva.

Officio do Tenente Coronel João Julião da Silva ao Coronel Francisco Miguel Rodrigues Nunes, Governador interino de Sofala

1831 Junho 16 Ill.mo Sr. Governador, e Capitão mór.—Dou parte a V. S.ª que a 21 de Março do presente anno sahi do Prazo Xirondo com todos os que dessa Villa me acompanharam para esta expedição de Quiteve, e me demorei dois dias no Guinze, por assim ser obrigado, e levantando dali, no segundo dia cheguei a Paranjara, aonde me demorei cinco dias, assim por causa de dois dias de chuva, como para recobrar o dente de marfim, e quatro escravos, que hum colono daquella terra roubou a hum irmão do Principe Murivane, que se dirigia a casa de Mapoteira Ne Paranjara: promptamente fez entregar tudo, pagando o dito Mapoteira o valor de hum pequeno Milando, que hum dos ditos escravos contrahio com o cafre roubador, protestando o mesmo Ne Paranjara não consentir roubo, nem violencia alguma a qualquer que fosse acompanhado por pessoas conhecidas dessa Villa, e sim aos Quiteves quando transitarem sem este salvo conducto por causa de muitos roubos e mortes, que elles fiznram nos parentes de Paranjara, que foram procurar asylo no Quiteve alto em tempo de maior fome, matando os homens para roubarem suas mulheres, e filhos, e os venderem. 1831 Junho 16

A 31 sahi de Paranjara, e por errar o caminho o guia, cheguei no seguinte dia a casa do Principe Maveneca: este com muita satisfação me recebeo, e deo sua Maconeira de hum boi, duas cabras, etc., e ali estive dois dias á espera da resposta de Ne Muvumbi, que mandei avisar que me dirigia a sua povoação. Não estava elle nella, por ter hido a Muda, e os seus filhos me mandaram dizer que fosse para casa de hum Grande seu por nome Mocanguisse, o que assim fiz no dia 4 de abril, e esperei dois dias por elles, e trazendo-me sua pequena Macuneira, se desculparão de não estar presente seu pae: entreguei-lhe a vestuaria que V. S.ª destinou para o dito Ne Muvumbi; elles a receberam, e me disseram que de volta passasse por ali para receber resposta de seu pae, o que assim pertendo fazer, e me despedi delles.

No dia 9 tendo passado o Rubeve em cascas, e querendo dirigir-me para Bandire, o Mouro Abdulá Matire, e os Grandes me representaram que devia primeiro ir a casa do Principe Maromo, Regente do Reino constituido pelo Principe Xaringa, acclamado Rey de Quiteve, quando daquella Côrte se retirou por causa dos Mataos, e presentemente pela morte do dito Xaringa elle Maromo governava absolutamente, e que ficava seu primeiro Zumboé no caminho, e tambem porque o Ajudante de Milicias Luiz Felix, e o Mouro Abdulá Goicar quando daquella Côrte sairam para Sofalla, entregaram a inspecção do Bandire, e destacamento, que ali ficava, ao dito Maromo. Convencido destas justas razões me dirigi ao referido Zumboé a 10 do dito mez, tendo adiantado Parte do costume ao dito Principe. Festejou muito a minha chegada, e depois de descançar da viagem, elle e seus Grandes me per-

1831 Junho 16 guntaram se trazia o Tendo da recepção do Bandire, que elle e seus parentes tinham pedido, e os Muzumgos a elles promettido: respondi que Tendo de Bandire já os Alferes Ignacio Manuel de Athaide, e Joaquim Reginaldo Pereira, quando vieram mandados pelo Ill.mo Governador José Joaquim de Araujo Aranha a reclamar o dito Bandire, tinham dado ás Rainhas Ningomanhe e Nemaunga, e a Tatte, quando estes lhe entregaram o dito territorio, com quinze enchadas, que existem na Fortaleza dessa villa. Disse Maromo que muito se admirava receberem as ditas Rainhas hum Mutango ou negocio de tanta consequencia, sem elle Maromo, como chefe dos Principes de Zamoe ser sabedor, e fazer entrega de hum territorio encravado nas possessões d'elles, e não serem ouvidos por causa dos limites e confrontações das mesmas terras; e caso que assim fizerem, quaes foram os Grandes de Quiteve que assistiram á recepção daquelle fatto: a isto não lhe pude responder nada, porque V. S.ª não ignora que todos os que vieram áquella negociação falleceram, e não ha documento algum por onde conste isto. Finalmente disse Maromo que não duvidava de todo o dispendio, que tivessem feito os Muzungos nessa occasião, porém que a entrega feita pelas Rainhas fôra fantastica a fim de satisfazerem de alguma sorte o fatto que receberam, porque não houve formalidade alguma cafrial praticada em taes casos. Á vista disto lhe disse que eu trazia o Tendo, porém havia entregal-o á vista de todos os Principes e principaes Grandes do Reino; a isto conveio Manomo, e despedio gente para os convocar; entretanto deu-lhe hum dente de marfim miudo para casa, e fez sua Macuneira de huma vacca e cabra, etc. O Principe Murivane tambem mandou sua vacca, e o Principe Inhagena huma vacca com filho, e huma cabra, etc. Os Principes hum apoz outro se congregaram, mas os Grandes mandaram dizer a Maromo que assim como elle, e seus Principes trataram antecedentemente este negocio, e repartiram o Xiputo de fatto, que receberam, entre si, que agora poderiam fazer o mesmo sem assistencia delles Grandes. Maromo caiu em si, e vendo que elles tinham rasão, mandou-lhes fato, dizendo era Xibingue, ou condemnação de os não ter contemplado no principio. Nisto se gastaram dias (segundo a fleuma, e morosidade dos Quiteves, que V. S.ª sabe), e finalmente da mesma sorte hum depois de outros chegaram, e se congregaram com os Principes, e novamente xibingaram Maromo, por me ter dado casa e Macuneira sem estarem presentes, e tendo-lhes satisfeito, logo no dia 22 deram principio aos Mutangos constantes do Termo junto, que mandei lavrar para constar todos manejos, que houveram a este respeito, etc. 1831 Junho 16

Emquanto estava á espera da convocação dos Grandes do Reino, chegou no dia 2 de Maio o Major de Milicias, Antonio Rodrigues Nunes, mandado por V. S.ª para com sua escravatura, e hum carpinteiro que trazia ajudar ao fabrico das casas no Bandire. Depois de descançar alguns dias da fadiga da jornada, o mandei para o dito Bandire com o Alferes Zacharias Herculano da Silva, Commandante do destacamento, e metade dos soldados do dito destacamento, cafraria delle Major, e a que veiu na minha conducta, como tambem o meu carpinteiro para com o outro irem apromptando madeira, e portaes para portas e janellas, o que assim executaram com bastante trabalho por causa de falta de mattas para extrahirem madeiras proprias para huma casa de quatro aguas, e inda faltaram Lourenços e Palupalus, que pertende mandar buscar a Mussapa; e já tambem mandei procurar Polue, que dizem ha algum.

No dia 27 cheguei a Bandire tendo sahido do Zimboé de Marono no dia antecedente; e porque nesta manhã hum tigre matou a mulher grande de Murivane, foi bastante obstaculo para elle, e outros deputados não apparecerem, como tinhamos assentado, senão no dia 4 do corrente mez o Principe Gerere, e o Mucuassano, e estiveram á espera do referido Murivane até o dia 9, que mandou o Mucuassano á procura delle, o qual aqui chegou no dia 14, e no seguinte veiu o Principe Xeucassi, trazendo em sua companhia Ne Bandire, e fez delle entrega aos referidos deputados, e recebeu doze pannos, que lhe dei segundo o estylo cafrial de ter protegido aquelle Inhamaçungo na sua desgraça: com effeito Ne

1831 Junho 16 Bandire até o presente tem vivido debaixo da tutella do dito Xeucassi com o receio de que Murivane o matasse, ou pelo menos o saqueasse, como fez da outra vez, pois elle não estava reconhecido nosso Inhamaçungo pelos colonos, porque Murivane quando delle fez entrega ao dito Ajudante e Abdulá, usou de huma grande cavillação com sinistras intenções constantes no já dito Termo, porque a pequena vestiaria para elle Ne Bandire, para sua Tettiage, e Impamba, recebeu tudo das mãos do dito Murivane, e por ordem deste he que juntou Maconeira para os Muzungos, como tambem a gente da terra para fabricar a casa, etc., estes os motivos porque Ne Bandire não fez sua povoação neste territorio, e até o presente ainda não tem comprido com os seus deveres, e sim tem vindo como particular visitar-me, e trazer-me seus sagoates: agora he que está inteiramente satisfeito por estar senhor de suas acções, e em nada sugeito ao dominio dos Quiteves, senão ao do nosso augusto Soberano, e seus Delegados, e da mesma sorte os Colonos, por se virem livres das oppressões dos Principes e potentados deste Reiro. O mais que executei constará a V. S.ª do Auto, que mandei lavrar da nova posse deste dito territorio, que a este acompanha.

Como a maior parte da madeira para casa, e portaes para ella estão promptos, expeço o dito Major de Milicias não só com a escravatura que trouxe, mas tambem mando o que figura de Matire com os Grandes das mesmas terras, Giraxa, e suas comitivas, visto não serem aqui precisos, e tambem para alliviar as diarias despezas que são onerosas, deixando ficar Abdulá, e o cafre Jacureverua, e ficam por tudo vinte e dois escravos dessa villa para o serviço da casa, etc.

Fica no numeroso deste destacamento o soldado Bruno de Lima, que V. S.ª mandou para elle em companhia do dito Major, e vem pago dos soldos até fim de junho presente. Ao referido Major entreguei hum feixo para V. S.ª, dentro do qual vae este, e outro respectivo ao Maromo, o Termo dos actos de Tendo, e o já dito Auto de nova posse deste territorio, por ser via segura, e serem papeis originaes, e de consequencia. Tambem entreguei ao mesmo Major hum dente de marfim miudó, hum caporro, e duas negras, e ha de receber de Maromo huma negrinha pertencentes a estes Intangas, e o mais que receber darei de tudo conta com a minha chegada. 1831 Junho 16

Como as fazendas de Lei se acabaram nesta dependencia, e sustentação de tanta gente, que de necessidade me acompanhavam, tomei com José Gonçalves 120 pannos sorteados das fazendas, que elle tem para negocio, e passei-lhe hum consto ao pé do officio, que lhe dirigi, para elle poder haver as mesmas fazendas nessa villa. Com ellas continuei outras despezas, como noto separadamente nas minhas contas, que tenho a dar, e deliberei-me a isto para não ficar parado o mais essencial, qual he a posse deste territorio.

No dia da referida posse se despenderão noventa e tres cartuchos de mosquetaria sem ballas, como consta do mesmo dito Auto, como tambem mais seis ditos constantes do Termo do Tendo. A ill.ma Pessoa de V. S.a Deus guarde muitos annos. Bandire, 16 de junho de 1831.—João Julião da Silva.

Termo dos actos praticados no Zimboé do Principe Maromo Regente deste Reino de Quiteve, respectivo á entrega e acceitação de fato do Tendo do territorio Bandire

Anno do nascimento de Nosso Senhor Jesus Christo de 1831, aos 21 dias do mez de Maio do dito anno neste Reino, e Côrte do Quiteve, territorio Bandire, pertencente a Sua Magestade..., sendo presente o Tenente Coronel do Regimento de milicias de Sofala João Julião da Silva, Commandante da presente expedição, e Commissario subdelegado do Ill.mo Governador interino da mesma villa de Sofala Francisco Miguel Rodrigues Nunes, Coronel do mesmo regimento, a quem o Ill.mo e Ex.mo Sr. Governador, e Capitão General destes Estados Paulo José Miguel de Brito commetteu o negocio da restauração do mencionado territorio Bandire em nome do mesmo Real Senhor..., e pelo embaraço que houve na successão daquelle governo, e não podendo elle ser pessoal, como pretendia, mandou em seu lugar ao dito Tenente Coronel com o Ajudante do mesmo regimento Luiz 1831 Maio 21

1831 Maio 21 Felix, que tinha dado principio á dita negociação com os Quiteves, o Alferes de infantaria Zacharias Herculano da Silva, Commandante do destacamento, que veio para existir no mencionado territorio, o Alferes de milicias José Gonçalves, o Mouro Abdula Goicar, que servio de Lingoa do Estado desde o principio desta negociação, Francisco Pereira de Barros, que figura Matire, os Grandes das terras da Corôa Manamambo, Fumo, Mapateiro, Xicoio, com os seus dois immediatos Inbaranga, e Vuvuca, como tambem estando presentes o Major de milicias da mesma villa Antonio Rodrigues Nunes, que ao depois veio mandado com sua escravatura para auxiliar o novo estabelecimento neste dito territorio, e perante todos mandou o dito Tenente Coronel a Cuamue Atutume, ou solicitador, que assistio em todos os actos da dita negociação, relatasse officialmente segundo o estylo cafreal tudo quanto se tratou, e concertou nos adjuntos que houveram no Zimboe do Principe Maromo, Regente do Reino de Quiteve, constituido pelo Principe Xaringa acclamado Rey do mesmo Reino, antes de sua morte, quando se ausentou desta Côrte pelo não poder ser coroado, por causa dos negros inimigos Matavas (Matáos), que o tinha invadido quando elle estava para ser coroado, perante elles Tenente Coronel, Ajudante, Abdula Matire, e ditos Grandes, e de todos os Principes potentados de Zamvé, e Grandes do mesmo Reino respectivo á conclusão, e nova posse do referido territorio Bandire, para os ditos officiaes que se tinham adiantado para Bandire serem scientes de tudo, ao que o dito Mutume relatou o seguinte.

Que durante as prolixas, e fastidiosas contestações que houveram entre o dito Tenente Coronel com alguns dos ditos Principes sobre o fato de Tendo, ou recepção do dito territorio, especialmente com o Principe Murivane, e as contestações do Principe Moromo com os Grandes do Reino sobre os seus Xibingues, ou condemnações entre si; elle vai relatar tão sómente os factos publicos que houveram, a saber: No dia 22 do corrente mez, e anno, estando juntos perante o Principe Moromo os Principes Muizire, Mucoticassire, Inhagura, Mussinguire, ou Namerengoa, Boi segundo, Oputto de Samacuanda, Nhenge Samaito, Xeri, Mussuse, Magugesta, Murivane, ou Mautta, Gerere, Xingurire, e Marega, os principaes grandes do Reino Ne Rucau, Nenive, Bocarume, Inhamitta, Sessatte, Massomo, Muronge, e Xinda, á excepção de Tatte, que só os Reys he que o podem mandar chamar; servindo de Mutumes delle o Mucazamo Cumpunga, e o Mucarambo Dandamera, e estes pediram que lhes fizesse entrega do Matire, e dos nossos grandes das terras, o que o dito Tenente Coronel assim executou entregando-os com quatro pannos. No dia seguinte 23 congregaram-se novamente os ditos, e deram huma negra de hospedagem, ou casa para Matire, e outra negra para a recepção dos ditos Grandes, e deram a estes sua Macuneira de cabra e farinha. O dito Tenente Coronel respondeu segundo a pratica cafreal á recepção daquellas negras doze pannos cada huma. No terceiro dia 24, depois de estarem todos juntos, mandaram pedir o fato de Tendo, ao que satisfez o dito Tenente Coronel mandando-lhes hum Xiputo, ou cento e vinte pannos, constante de quatro Zuartes, quatro Dotins, hum Samater, hum Ardian, hum Xander, e dois pães de Calaim, assim mais doze pannos para os Grandes, dois para Momberire, e mandaram pedir mais dois pannos para se estender, e contar sobre elles o dito fato, e tudo foi apresentado pelos ditos nossos Grandes, e elle Matume, Matire, e Abdula; houve grandes contestações de parte a parte; pois pediram tres Xiputos, ou trezentos e sessenta pannos de Tendo, e por ultimo decidio o Principe Maromo que se recebesse aquelle Xiputo de fato, pois era quanto elles Principes tinham pedido; convieram todos os Principes, e Grandes do Reino, na decisão do Morome, porém Murivane permaneceu firme dizendo que podiam elles Principes, e Grandes, repartir entre si aquelle fato, mas elle não queria cousa alguma, e sómente cedia que os Muzungos, ou Portuguezes podiam ter sua Feira em Bandire para a compra de oiro, porém elle teria sempre dominio na terra para cobrar tributo, e governal-a independente de outra auctoridade, assim como tem feito até o pre-

1831 Maio 21

1831 Maio 21 sente, pois que herdára de seu pai Gonzo o direito senhorio della, por ter cedido Nemurange, que a possuia desde que os Muzungos a desampararam; a estas asserções rebateram vigorosamente todos os Principes dizendo que todos os actos praticados entre o Gonzo, e Nemurange eram nullos, e de nenhum vigor por terem sido extorquidos com violencia, e que Nemurange não podia doar o que não era seu, e outras mais razões de justiça, que tudo approvava Maromo; e como vissem que Murivane não queria dar-se por convencido, retiraram-se a maior parte delles por hum modo que indicava ruptura contra Murivane, e os Grandes tambem se calaram. O Principe Maromo vendo a formal desobediencia de Murivane, disse ao Matire, e nossos Grandes que recolhessem aquelle fato, ao que Matire já instruido pelo dito Tenente Coronel recebeu o fato, e protestou que assim como elles rejeitaram o Xiputo, que tinham pedido de Tendo, que tambem restituissem todo o mais fato e sagoate, que tinham recebido os Quiteves do dito Ajudante, e Abdulá desde principio destas negociações, e quando não inteirassem, que os Muzungos cobrariam por suas mãos; a este disse Maromo a Murivane que visto elle não querer acceder á decisão delle Maromo, neste caso elle Marivane era Rei de Quiteve, e como tal elle Maromo desde já entregava aquelles Muzungos para elle Murivane responder por tudo ao governo de Sofala, e que em presença de todos elle Maromo por si, e pelos Principes, e grandes protestava não ser culpado em cousa alguma. Vendo Murivane atacado por todos os lados, se humilhou, e pediu a Maromo mandasse recolher os Principes todos; o que assim executado disse Murivane que elle desistia desde já toda a pretenção que tinha sobre aquelle territorio, e que se sujeitava a tudo quanto Maromo determinasse sem restricção alguma; e logo Maromo mandou receber os ditos cento e vinte pannos, e os que eram para grandes, e fez a distribuição delles todos aos Principes acima mencionados, á excepção do dito Murivane, que não quiz aceitar nada, e todos ficaram satisfeitos, e Maromo, para demonstração do seu contentamento, e firmeza de tudo pedio ao dito

Tenente Coronel mandasse atirar alguns tiros, tocar caixa e tambor para maior publicidade daquelle acto, o que assim se fez ordenando aos Principes, e grandes que tornassem no seguinte dia para assentarem a hida a Bandire, a entregar os limites, e confrontações delle. 1831 Maio 21

No seguinte dia depois de se ajuntarem todos os acima nomeados, houve novo debate entre os Principes, e grandes contra Murivane, por não querer receber nada daquelle Xiputo, e que nisto mostrava sinistras intenções para o futuro; e depois de varias contestações mandou Maromo pedir ao dito Tenente Coronel huma peça de Zuarte, e obrigou Murivane que o recebesse, o que elle assim executou. E finalmente pelas representações que lhe fizeram os Principes, e grandes que elles todos não podiam ser pessoal no Bandire, como requeria o dito Tenente Coronel, por quanto havia noticias que os Mataos queriam passar Mussapa para os hostilisar novamente, careciam estar presentes nas suas povoações para cuidarem de suas familias, foram attendidos pelo Maromo, e lhes disse que nomeassem os seus Deputados para acompanharem o dito Maromo, que era Principe Gerere, que sempre por elle tem figurado desde o principio desta negociação de Bandire; a isto Murivane se offereceo para Deputado dos Principes, visto ter povoação proxima a Bandire, e os grandes do réino deputaram ao Mucassano Cumpunga para representante dos outros pequenos que o devem acompanhar, e nisto se assentou; e sendo pelo dito Tenente Coronel pedido que tambem mandasse alguem da parte da Rainha Nimaunga, lhe respondeu Maromo que nelle se encerrava tudo como Regente do Reino, e que a dita Rainha quando lhe mandou a enxada da entrega de Randire a elle deu todos os seus poderes, e que nesta parte não havia duvida, nem embaraço algum.

Sendo perguntado pelo dito Tenente Coronel aos que foram apresentar aos ditos actos se aquelle relatorio de Mutumo era verdadeiro, responderam que nada omittio o dito Mutumo o essencial do que se praticaram naquelles actos. E para a todo o tempo constar, mandou o dito Tenente Co-

1831 Maio 21 ronel a mim Zacharias Herculano da Silva acima nomeado lavrar este termo, em que todos se assignaram no mesmo dia, mez, e era *retro.*—Zacharias Herculano da Silva—João Julião da Silva—Antonio Rodrigues Nunes—Luiz Felix—José Gonçalves—Signal de Abdulá Goicar—Signal de Francisco Pereira.

Termo da posse de Bandire

1831 Junho 16 Anno do nascimento de Nosso Senhor Jesus Christo de 1831, aos 16 dias do mez de Junho do dito anno neste Reino e Côrte de Quiteve, territorio Bandire, pertencente a Sua Magestade Fidelissima..., sendo presente o Tenente Coronel do regimento de milicias de Sofala João Julião da Silva, Commandante da presente expedição, e Commissario subdelegado do Illmo Governador interino da mesma villa de Sofala Francisco Miguel Rodrigues Nunes, Coronel do mesmo regimento, a quem o Illmo e Exmo Paulo José Miguel de Brito, Governador e Capitão General destes Estados, commetteu o negocio da restauração do mencionado territorio Bandire em nome do mesmo Real Senhor..., e pelo embaraço que houve da successão naquelle governo, e não podendo elle ser pessoal como pretendia, mandou em seu logar o dito Tenente Coronel com os abaixo nomeados para a conclusão da dita negociação, e tomar nova, e solemne posse do dito territorio; o que tudo ficou concluido, como consta do termo a este junto, datado em 28 de Maio do mesmo anno [1], e pelo impedimento do Principe Murivane não se pôde concluir senão no dia antecedente 15 do corrente mez a solemne entrega dos limites, e confrontações do mencionado territorio feita pelos Deputados adiante nomeados com as competentes notificações aos confrontantes, destinou o dito Tenente Coronel o dia de hoje para a solemnidade da dita posse, que foi executada pela maneira seguinte.

Logo pela manhã ao nascer do sol mandou arvorar a bandeira de Armas Reaes da Corôa de Portugal no mastro para

[1] Aqui diz *vinte e oito;* mas na copia do termo diz *vinte e hum.*

este fim preparado, annunciando-a com huma salva real dada com mosquetaria (por não haver artilharia), e pelas onze horas do mesmo dia, sendo congregados pelo dito Tenente Coronel no lugar para isto destinado ao pé da mesma bandeira, o Major de milicias Antonio Rodrigues Nunes, com seu Ajudante Luiz Felix, eu Zacharias Herculano da Silva, Alferes de infantaria, Commandante do destacamento aqui existente, o Alferes de milicias José Gonçalves, o Mouro Abdulá Goìcar figurando Lingua do Estado, Francisco Pereira figurando Matire, os grandes das terras da Corôa Mahamumbo, Fumo, Mapoteira, Chicoio, Inharangue, e Vuvuca; o Principe Gerere com seus grandes como Deputado do Principe Maromo, Regente deste Reino do Quiteve, o Principe Murivane com seus grandes Deputado pelos Principes potentados de Zamve, o Mucuassano Cupunga, e seus grandes Deputado pelos principaes grandes do dito Reino; o Principe Xeucani, protector de Ne Bandire Curovoraxi quando o Murivane o expulsou do dito territorio, o qual sahio por pai ou fiador delle Ne Bandire, a irmã deste, ou Tetteagi, a Maxurira Muttontojua, e seu immediato, ou Maquirazuro Samangondo; os Principes irmãos de Murivane, e de Xeucane, Mucazambo do mesmo Murivane, grandes, e colonos do mencionado territorio; estando a tropa do destacamento em armas, se fez as ceremonias de constituir o referido cafre Curovoraxe Inhamaçango, ou Regulo do mencionado territorio, assim como tinham sido seus antepassados, com todos os poderes, que os ditos tiveram nelle, dando primeiro que tudo ao pai do dito Ne Bandire dois pannos de fato, á dita Tettiagi hum chale, tudo de suas vestuarias, segundo os estylos cafreaes, e por fim ao referido Ne Bandire deu-se-lhe huma cabaia, e barrete de panno encarnado, hum panno, hum lenço, tambem encarnado, huma rota de canna da India com castão de prata, tudo remettido de Moçambique por ordem do dito Illmo e Exmo Sr. Governador e Capitão General para o dito fim, ajuntando a esta vestuaria mais hum Mucumi, e hum panno para se cobrir de Loupa, e outra rota lacreada de encarnado para as suas deprecações, que mandou o dito

1831 Junho 16

1831 Junho 16 Illmo Governador interino; e depois de o fazerem vestir, mandou o referido Tenente Coronel por Abdulá Goicar explicar-lhe o seguinte: «Que de hoje em diante elle Ne Bandire fica sendo subdito de Sua Magestade Fidelissima..., e seus legitimos descendentes, e como tal deve obedecer ás ordens que lhe forem mandadas pelos Delegados do mesmo Real Senhor, ser-lhe fiel, zeloso, e recto em administrar aquelle territorio, e seus colonos, e fazer as cobranças dos devidos tributos annuaes; respeitar, e tratar bem a todos os vassallos do mesmo Real Senhor, que ali estiverem, especialmente aos individuos deste destacamento, executando promptamente as ordens do Commandante delle, e quando haja algum caso, ou facto, que elle Ne Bandire não possa decidir, nem resolver, como tambem se for atacado por qualquer inimigo, recorrer ao dito Commandante para sua decisão ou soccorro; e ultimamente cumprir exactamente com tudo que he obrigado as outras Inhamaçangas das terras da Corôa; e faltando á execução de qualquer destes artigos, será castigado, ou deposto, conforme as culpas commettidas». E como Ne Bandire, seu pai, e Teteagi prometteram assim executar fielmente, mandou o dito Tenente Coronel pelo que figura Matire, e pelos grandes das ditas terras da Corôa fazer-lhe solemne entrega do mencionado territorio com todos os seus limites, confrontações, e minas de ouro antigas, e modernas, assim como tinham feito os Deputados acima nomeados, que Ne Bandire, e seus grandes disseram serem os mesmos de antiguidade, que seus pais administraram; e saber, de Norte ao Oeste até o Sul com o Rio Namaquiso, fazendo limites de Norte até Oeste com a terra Xanja, e de Oeste ao Sul com as terras de Nexivuma, e Nexitandue; de Sul para Leste he o Rio Mutengabunde, ficando de outro lado a terra Nemussimbé; de Leste para o Norte corre o Rio Dangua, que desagua no dito Namaquiso, ficando de outro lado a terra Nemuvuo.

Isto acabado fez o dito Tenente Coronel acclamação de Nosso Augusto Monarcha..., dando os vivas do costume, rematando estes com tres descargas de mosquetaria; e depois mandou que Ne Bandire, grandes, os mais cafrarias presentes armados ao toque de tambores penuberassem segundo o estylo cafreal praticado em taes casos, o que assim todos executaram; e mandou Ne Bandire aos cafres, negros, e colonos do dito territorio que festejassem este remarcavel dia com cantos e danças até á noite, que tudo foi executado com jubilo e satisfação. 1831 Junho 16

Ao meio dia se repetio a mesma salva como a primeira, ficando a terceira para a tarde; e como tudo assim foi praticado, mandou o mesmo Tenente Coronel lavrar o presente auto, em o qual se assignou com os ditos officiaes, Matire, Lingua do Estado, e commigo dito Commandante do destacamento, que escrevi por não haver Escrivão proprio, no mesmo dia, mez, e era *supra.* — Zacharias Herculano da Silva — João Julião da Silva — Antonio Rodrigues Nunes — Luiz Felix — José Gonçalves — Signal de Abdulá Goicar — Signal de Francisco Pereira.

Memoria sobre a doação do territorio Bandire, e as epochas do seu abandono

Tendo conversado com a Inhacuava Muxungujua, ou Tamisso, filha primogenita do Principe Mucangua, e he venerada por todos os Principes e Grandes de Zumve, e segundo o meu ver pelos factos, que me relatou de vista, e a idade que me disse então tinha no reinado de Binderanhe, e Xupanda, calculo ter ella mais de cento e trinta annos, e *respective* á doação de Bandire me disse sabia por tradição que aquelle territorio foi dado pelo Imperador Manamutapa, que elles chamam Nembire, quando tambem deu Manica aos Muzungos de Sofalla, mandando positivamente seus Grandes fazer aquella entrega tirando aquella terra de Xicanga, e esta de Nemurange, e que os ditos Muzungos de Sofalla povoaram nellas; ella chegou a conhecer os Muzungos seguintes: Maioleça, que he João Peres; Maponda, que teve huma filha, que se chamou Maria, e a levou para Sofalla; Madanda, que he Filippe da Costa Barreto; Padre Fr. José; e ultimamente Inhamujor, que he José Caetano Dias, de quem ella era Inha- 1831 Junho 1

1831 Junho 1 cuava; e outros cujos nomes cafriaes eu não tenho noticia; e que estes Muzungos, e outros tinham suas povoações no Zamve em varios sitios.

Que os Muzungos desampararam Bandire pelo receio que tiveram dos Principes do Quiteve, que se colligaram para expulsal-os, pelo facto seguinte: O Rei Bendiranhe tinha por seu concorrente hum Principe, que se habilitava para ser Rei, e expulsar o do Quiteve. Procurou Bendiranhe todos os meios para matar aquelle seu rival, e não o podendo conseguir, se valeu de hum mercador, que veio dos Rios de Senna negociar no dito Quiteve, e se denominava Muxuamavue, cujo nome christão he João de Pinho Soares, e era amigo do dito Marajua, tirando sua Vuprina, promettendo-lhe dar huma terra. Com effeito o dito Pinho matou a Murajua, e por este facto revoltaram-se todos os Principes, assim os da familia do morto para o vingarem, com os da de Bendiranhe, por este não lhes ter communicado cousa alguma *respective* a dita morte. Muxuamavue fugiu para Senna, os Muzungos de Bandire para Sofalla, e Bendiranhe para Ussama. O mencionado Pinho depois se veio estabelecer a Sofalla vindo de Moçambique, e foi ter com Bendiranhe a pedir-lhe sua Vuprina, e então foi que o dito Rei lhe deu a terra Zamoa, tirando-a de Nemundeve.

Pouco antes deste acontecimento o mesmo Bendiranhe já tinha dado o Puni ou Xironde a Dambatambua (Maria da Maia) pela morte de seu marido João Peres, cujo facto já nós sabemos que aconteceu no anno de 1735, e ella Inhamava já tinha tres filhos.

Que os Muzungos povoarão novamente Bandire alcançando do Rei Tica no tempo do Governador Portugal, haverá sessenta annos pouco mais ou menos. Os Muzungos eram Andrade, Capote, e João da Costa, e outros Muzungos e cafres Mucambazes, que hum destes Muzungos foi apanhado por hum Principe dentro de casa de huma sua Imbonga, e o Principe por prudencia se callou, e o tal Muzungo lhe deu algum fato, rogando-lhe que tudo ficasse em silencio; o que o dito Principe lhe prometteu; porém, o Muzungo foi o primeiro que o publicou, dizendo que o Principe por fato, que lhe deu, era consentidor disto; e logo que chegou á noticia delle, se armou, e veio á procura do tal Muzungo, que immediatamente fugiu, e se omiziou em casa de hum seu amigo, parente do dito Principe, que ao depois lhe deu fuga. Os outros que estavam no Bandire tambem fugiram para Sofalla, e então he que queimaram a Macassa, e roubaram o que os outros não poderam levar. Passados tempos Nemurange se appossou do dito Bandire, visto o Ne Bandire ser sobrinho delle, e o possuir como cousa sua, etc.

1831 Junho 1

Este mesmo Murange hum seu parente poderoso lhe devia hum grande Milando, que elle o não podia cobrar, e cupicou o Principe Gonzo, hum dos filhos de Mucangua, e pai de Murivane, para fazer aquella cobrança, o que assim se fez, e como não tinha com que podesse pagar a Vuprina, e vendo-se ameaçado pelo dito Gonzo de o matar, tomou huma pouca de terra de Bandire, e com ella entregou a mesma terra ao mesmo Gonzo sem nenhuma formalidade, e ficou o dito Principe possuindo como cousa sua, e pela sua morte o dito seu filho Murivane, conservando sempre o mesmo Inhamuçango, e sua descendencia. O actual Ne Bandire, por não ser exacto nas cobranças das terras, e outras intrigas, Murivane com mão armada o expulsou da terra, e elle se foi acoitar em casa do Principe Xaucanhe, onde tem estado até o presente.

Nota. He certo o dizer a Inhacuaia que os antigos Muzungos tinham as suas povoações no Zamve, porque me certificam que nas Maxambas, que coloniam as Imbongas do Principe Xeucanhe em Matira, se tem apanhado pedaços de ferro de gargalheira muito ferrugento, alguns pingos de oiro, etc. O Padre hade ser Fr. José da Trindade, aquelle que por escrupulos de consciencia quiz hir a Manica para se desobrigar.

Viagem para Manica. — De Zamve com huma marcha regular vai dormir a Xironga, de lá a Diriri, e depois a Massequessa, que he muito perto dos Xuambos do nosso estabelecimento, hum está daquem de Ruvue, e outro dalem do dito

1831 Junho 1 rio, e este rio tem sua nascente nas terras de Gumbimucumbi, e vai desaguar no Buzi.

Estas são as importantes e desejadas acclarações, que por casualidade, e minha curiosidade pude obter da Inhacuava sobre as cousas de Bandire, que Moromo, e outros nunca me souberam dar, senão vagas, e escuras narrações dos ditos factos, não sei se por ignorancia, ou malicia. A actual Mazarira de Bandire, que he irmã da outra que aqui estava, conta do segundo estabelecimento, isto com pouca differença do que acima fica dito. Bandire, 1.º de Junho de 1831.

Accrescentamento

Quando fui a casa de Murivane encontrei hum Marambe, que diz ser captivo de Xangamire, e tendo-lhe perguntado sobre Xangamire, seu Reino, etc. me disse que tem tres Cungomes, que julgo são casas de pedra grandes, e tem quatro peças de artilharia grandes, postas no chão, e muito ferrugentas; tem dentro separações, que julgo serem quartos, todas com suas portas, e que servem para Xangamire guardar fazendas, etc. Á roda das ditas casas tem Chuambos de dentes de marfim. O Xangamire tem muitas espingardas, que lhe fornecem gentes de Senna, como tambem porcos e cães finos, e ha criação delles. Xangamire não come alimento novo, e sim velho, e seu Pambe o bebe só. Certos dias sáe á caça com seus cortezãos, e outras vezes manda seus caçadores. Quando morre, he enterrado dentro de sua casa, e não ha duração de choro e luto, porque as mulheres logo no dia seguinte apresentam aos Grandes outro Xangamire, que ellas tiverem escolhido, e a mulher grande he que o corôa com dois barretes, hum de Calaim, e outro guarnecido de Mugumas, o mesmo se pratica com outros cafres quando morrem.

Os bois são mui grandes, todos com o nariz furado, porque levam cargas, e tambem servem para nelles se montarem, e custa cada hum dois pannos, e carneiros a meio panno, e ha muita criação. Oiro se vende em canudos de bambum, ou de canna; hum canudo, que terá 4 dogodos, por 1 zuarte, e o mais á proporção. Sustentam-se de arroz e Mixoeira; ha pouco Naxini, que serve só para mistura no Pambe. Diz que a côrte dista deste Quiteve hum mez de viagem, e quinze dias de Quissanga, e pelos caminhos não ha embaraços e ladrões. O terreno he plano, sem montes, nem outeiros; ha pedreiras. Os negros se vestem de pelles como os nossos cafres de Mugova. As negras, seus Gupos são da mesma sorte pequenos, e trazem manilhas nas pernas; usam de Tonas; estimam muito Mugumas e Caruris. Ha cobre e ferro; as enxadas são mui grandes, e trabalham com ambas as mãos. Em dois dias de jornada para o Norte está Manhangire, que tambem ha muito oiro. Os costumes pouco differem dos de Xangamire. 1831 Junho 1

Hum cafre do Quiteve Muzambar, que tinha hido duas vezes a Xangamire, que presente estava, me disse ser tudo verdade, e que qualquer Muzambar que vai, e que tenha despendido todo o fato, restando hum chiputo pagava todo o fato que tivesse levado.

Hum dos dois cafres de Barbosa, que alli estava á espera dos callotes de Murivane, me disse que elle tinha ouvido contar a hum cafre, que tinha acompanhado o Ferrão a Xangamire, o mesmo.

A terra dos Vaguras fica muito para cá de Xangamire em distancia de dois dias de Manica.

As terras de Xangamire fazem limites com as da Quissanga pelo Save, e que este rio he muito largo, tanto assim que de hum lado não se póde divisar o outro lado, faz limites com Duma a outra parte.

Os tanques, que disse Luiz Felis, são poças cavadas por aguas nas rochas, pois elle me mostrou algumas dispersas, que ha no rio que fica ao pé da povoação de Murivane, e por isso não fui ver as outras que elle disse.

De Inhaoxo para Nhamaneja dormem no caminho, e chegam no seguinte dia, e de alli a Doverove hum dia de jornada; de Doverove a Manica são dois dias. As Minas assim de Doverove, como de Inhamaneja, como de Inhaoxo, são como

1831 Junho 1 de Bandire, e mui perto dos rios; e Nemuvumbi em outra occasião pediu a Ne Bandire para deitar Impamba para haver oiro.

No Bandire ao presente ninguem tira oiro desde que Matáo entrou no Quiteve, e a fome os tem flagellado, como tambem porque Murivane os roubava, de sórte que as antigas minas estão entulhadas; agora com a posse de Ne Bandire querem desentulhar as ditas minas para dar principio á sua antiga tarefa.

O terreno de Bandire está mudado, pois produz bem milho, grossas batatas, Iugo, amendoões, etc., tem presentemente 21 povoações pequenas; espero que muitas hão de vir povoal-o para se livrarem das oppressões dos Principes.

A povoação de Murivane não está no Bandire, mas em Xanja, distante do limite de Bandire hum quarto de hora; para o diante farei com Maromo para o fazer mudar, porque Maromo deseja isto mesmo.

As informações, que eu podér adquirir de quaesquer objectos de curiosidade, farei lembranças para apresental-as a V. S.ª, e por isso fico com as memorias de Cruz (*sic*).

Serie dos Reys de Quiteve:

Bandahuma conjunctamente com Xinave, e fizeram grandes guerras.

Iacumana.

Zinanga.

Murajua conjunctamente com Bendiranhe, e este o mandou matar por João de Pinho Soares.

Ximbia.

Xupanda.

Marangue, fica conjunctamente com Xijunguriuva.

Rios que se encontram desde o Buzio até Quiteve:

Guenze.

Mavava.

Vura, limites com Paranjara. 1831 Junho 1
Paranjara.
Inhaaca.
Binbere, passa-se cinco vezes.
Inhaoxo.
Inhampena de Mavinheca.
Gave.
Murricavu.
Manua.
Tova.
Inhamavare, terra de Ximbia.
Mussuzana.
Mussangagi.
Ruvue.

Para Bandire:

Sande de Zororo.
Tuxira.
Inhassuio.
Inhazicari.

Montanhas remarcaveis:

Xirojo, pela sua altura.
Inhavurambe, e Gembe, rochedos pela sua configuração, e ter este hum torno de agua no cume. — João Julião da Silva.

Officio do Tenente Coronel de Milicias João Julião da Silva ao Governador interino de Sofala

Illmo Sr. Governador, e Capitão mór. — Pelo Major Antonio Rodrigues Nunes, que sahiu deste Bandire a 17 do mez de Junho proximo passado, dei circumstanciada parte a V. S.ª de todo o acontecido respectivo a este territorio; e como prometti a V. S.ª de me recolher a essa villa logo que 1831 Julho 31

1831 Julho 31 acabasse de construir a casa, que pertendia fazer, e V. S.ª hade estar nessa expectação, esta he a rasão porque envio esta pelo cafre Jacureverua, por saber caminhos, acompanhado de mais dois, recommendando-lhe a possivel brevidade da entrega della, visto não poder mandar hum soldado pelo motivo, que abaixo declaro.

Tendo com bastante custo apromptado os lourenços, e paluspalus para a casa, que pertendia fabricar, e mandando examinar o porue, que mandei dizer a V. S.ª aqui havia, achou-se que era huma raiz quebradiça, que assemelhava o dito porue, e não podia servir para o fim que pertendia; e querendo ver com certas cordas de cascas de arvores se podia supprir, não serve para madeiras grossas; resolvi mandar pedir porue ou algum cairo a essa villa pelo dito Jacureverua, e como mandei a este com o Mouro Abdula, e o soldado João Fernandes com Impere do Princepe Maromo do roubo que á Mapatira fez hum filho do fallecido Inhagena, que V. S.ª já estará sciente pelo mesmo; estive á espera delle; eis que no dia 4 do corrente á tarde, alem do rumor publico, Ne Bandire positivamente me avisou que os chamados Mataos, com muita cafraria, que tinham convocado, estavam acampados da banda d'alem do rio Mussapa para passar este rio no dia seguinte, e vir em direitura atacar a nossa Macassa, e roubarem as muitas fazendas e effeitos, que tinham noticia nós tinhamos nella, e se animaram mais para isto porque o seu correspondente deste Quiteve, que he o Princepe Murivane, mandou dizer que a nossa maior força se tinha retirado para Sofalla. Logo no dia seguinte mandei arranjar huma forte estacada com as madeiras, que tinha para a casa, enterrando forquilhas em pequenas distancias, entremeiando outras madeiras por ellas, tudo muito bem ligado, ficando a tercena no centro com intervallo de duas braças de cada lado para poder rodar por ella, e fechei a estacada com huma porta de Engave, e por não haver tempo pertendia no seguinte dia formar á roda da dita estacada huma trincheira com ramos de arvores, etc. e nesse mesmo dia fiz passar a nossa pequena bagagem, e tropa, e a escravatura para dentro da dita estacada, para alli esperar o inimigo, e como a dita escravatura estava desarmada, queria armal-a com zagaias, que tinhamos, e chuços, para repellir os que quizessem approximar a dita estacada. Como soubesse que alguns dos nossos cafres temerosos pertendiam fugir logo que avistassem o inimigo, e para que assim não acontecesse, e fossem a essa villa fazer huma triste e fabulosa narração, como elles costumam, e causar desassocego na mesma, com disfarce mandei os ditos no seguinte dia levassem as cousas do Alferes de Milicias José Gonçalves a elle, que lá estava com licença minha, para compra de hum dente de marfim, e as que eram do Ajudante Luiz Felis, que tambem tinha hido com licença minha comprar dois Muleques, para as mandar arrecadar, e elles recolhessem para este Macassa, como tambem o Mouro Abdula, e o soldado João Fernandes, que eu tinha mandado, como acima fica dito, deixando ficar os que eram mais resolutos. Com effeito se recolheram no dia 9 do corrente, e Abdula me participou que o dito Maromo mandou aquelle Impere ao actual Inhagena, e outros Princepes seus parentes, para que fizessem restituir tudo quanto tinham roubado, e levassem a elle Maromo. Como no dia 6 tivesse a certeza de que o inimigo se tinha retirado, por não poder passar a seu salvo, por estarem o Manassado (?) da parte da quem do dito rio, os Quiteves que se tinham juntado para lhes embaraçar a dita passagem; e porque tinha obras a fazer, assim na dita tercena, como na casa redonda, que tinha feito para alojamento dos officiaes e soldados deste destacamento, visto não poder fazer a casa que pertendia, fiz passar tudo para esta povoação, onde tinhamos sahido, que não dista muito da Macassa, para no caso que tenhamos noticia do inimigo, recolhermos immediatamente á dita estacada, e logo que acabe os ditos arranjos fazer recolher tudo para a mesma. Como os ditos Mataos disseram na sua retirada que haviam tornar quando queimassem as palhas em ordem a enganar os Quiteves para poderem passar a seu salvo, por isso todos os dias estou á espera delles, e ando com vigilancia, e cautellas necessarias, e estou á espera do

1831 Julho 31

1831 Julho 31 Principe Gerere e Mucuanano Capunga, que o Moromo me prometteu mandar para hir com Ne Bandire com dois pannos e meio a cada Grande das terras circumvisinhas a este territorio, para logo nos dar aviso de qualquer movimento do inimigo.

He constante neste Quiteve, e os Princepes Namupemura e Mucangua disseram a Abdula, para que me participasse, que o Princepe Murivane he o auctor e seductor dos referidos Mataos para nos roubar, e deitar-nos fóra deste Bandire, que são as meninas dos seus olhos, para elle ficar de posse delle como de antes, e que eu me pozesse forte, só para não dar gosto ao dito Murivane, e não só pelas intrigas que elle armou para se não effectuar esta entrega, como se vê da minha parte antecedente, mas tambem elle teve o desaforo de dizer proximamente ao dito Abdula que havia mandar frechar de noite a nossa sentinella, e deitar fogo á nossa Macassa. Igualmente se mostra que tendo os Quiteves da banda daquem do rio Mussapa, juntado como fica dito, para embaraçar a passagem dos ditos Mataos, a gente delle desta provincia, que tem proximo a este territorio, hum só para lá não foi, e por outras muitas cousas mostra elle que he o auctor disto.

O Princepe Maromo está sentidissimo do mau comportamento do dito Murivane a nosso respeito, como tambem o que elle tem proferido em publico contra o mesmo Maromo, insultando sua auctoridade e reputação, e me mandou dizer pelo dito José Gonçalves que mandava chamar o referido Murivane para lhe dar huma forte reprehensão, e desenganal-o que os Mataos, se nos atacassem, depois de desembaraçarmo-nos delles, voltariamos as nossas armas contra elle Murivane, e que não esperasse ajuda, nem protecção delle Maromo, ou de qualquer Princepe, e que tambem mandava a Xigorogodo que não obedecesse ás ordens de Murivane respectivo á conducção dos Mataos para nos atacar, e que se assim acontecer, elle Maromo lhe havia mandar cortar a cabeça, como a seu subdito que era. Tambem me mandou dizer pelo mesmo em segredo que elle hia para Xijoco para o pé de seus irmãos, e ali com disfarces de Mutangos para ser Rey quer ver se dá cabo de Murivane. Veja V. S.ª o quanto he este Princepe apaixonado por nós sem affectação, e quão util será para nós, sendo elle Rey. 1831 Julho 31

Á vista de todo o relatado não posso recolher presentemente a essa villa, e espero as respeitaveis ordens de V. S.ª com aquellas providencias, que julgar sejam necessarias; devendo advertir que algumas armas não são boas, principalmente as do primeiro destacamento. He o quanto por esta dou parte. A Ill.ᵐᵃ pessoa de V. S.ª Deus guarde muitos annos. Bandire, 31 de Julho de 1831. — João Julião da Silva.

Officio do Coronel de Milicias Francisco Miguel Rodrigues Nunes, Governador de Sofala, ao Governador de Moçambique [1]

Ill.ᵐᵒ e Ex.ᵐᵒ Sr. — He do meu dever, não obstante já o meu antecessor o ter feito, representar a V. Ex.ª que esta Real feitoria precisa de hum Feitor capaz, e de probidade, vindo dessa cidade, e hum Escrivão para a mesma Real feitoria, e que estes sejam casados, ou capazes de aqui casarem, porquanto aqui não faltam meninas brancas, e honestas, supposto serem pobres, pois esta villa está muito falta de habitantes, e o presente Feitor não serve para este emprego pelo seu grande desmazelo, e pessima conducta, e tambem não serve para morador, e não me tem custado pouco a atural-o. He o que se me offerece dizer por este. 1831 Abril 5

A Ill.ᵐᵃ e Ex.ᵐᵃ Pessoa de V. Ex.ª Deos guarde por muitos annos. Sofala, 5 de Abril de 1831. — Francisco Miguel Rodrigues Nunes.

[1] Este documento, e o seguinte, posto que não sejam relativos a Quiteve, são comtudo curiosos pelas noticias que dão de Sofala, e sua jurisdicção.

Conta que o Coronel de Milicias Francisco Miguel Rodrigues Nunes, encarregado do governo de Sofala, dá do estado da sua jurisdicção ao Governador de Moçambique

1831 Maio 10

Illmo e Exmo Sr. — He do meu dever informar a V. Ex.ª do estado actual desta villa, e dos prazos da Real Corôa. Em 1813 tinha Sua Magestade Fidelissima na jurisdicção deste governo o Prazo *Chirondo* da parte do Norte desta fortaleza, e da parte do Sul o Prazo *Ilha de Chiluane*, e Prazos *Mambone*, *Vevoca*, e *Dope*; estes dois já ha muitos annos que estavam em poder dos Landins. Neste mesmo anno o meu successor Antonio José de Ruxleben[1] conquistou ao Quiteve para Sua Magestade Fidelissima da parte do Norte desta fortaleza os Prazos *Mandevo*, *Mezuva Chingo*, e da parte do Sul o Prazo *Impara*, o que tudo consta da proposta, e adjunto de 18 de Dezembro de 1812, e do officio de 4 de Março de 1813 dirigido ao Illmo e Exmo Sr. Marcos Caetano de Abreu e Menezes; como tambem conquistou a terra *Machanga*, e como não podesse tratar mais que com o Regulo della por nome Chirungo, e o principal grande por nome Nevoaga, e o Principe Mareve, por todos os mais grandes terem fugido, e não apparecerem para se lhe dar as suas competentes vestuarias, e elles *inhamatarem*, ou renderem obediencia ao conquistador, como he de costume. Entregou o dito meu successor esta conquista para a ficarem governando ao mesmo Regulo Chirungo, e Nevoaga, e se retirou para esta villa doente, de que veio a fallecer. Depois de seu fallecimento foram conquistados para o Estado de Sua Magestade os Prazos *Tusse*, *Matondonho*, e *Bandoa*. Falleceo o Regulo Chirungo da terra *Machanga* deixando os Arcos, tanto o delle como dos Regulos seus antecessores, entregues a dois irmãos, o Principe Chapungo, e Massassane. Mandou-me o Principe Mareve parte de ter fallecido o Regulo Chirungo;

[1] Governou desde 1810 até 1814, em que lhe succedeu o auctor deste officio, quando pela primeira vez governou Sofala.

ao mesmo tempo apparece-me outra segunda parte mandada 1831
pelo Principe Mupine, huma conduzida por hum irmão de Maio
Nevoaga, e outra por hum filho do mesmo Nevoaga, ambos 10
os Principes pretendentes a ser Regulos da *Machanga*; como tambem me mandou representar o Principe Chapungo os ameaços, e pretenções do Mareve.

Mandei convocar as pessoas graduadas, que se achavam nesta villa, e em adjunto assentaram todos unanimemente o que consta da copia do termo incluso, que tenho a honra de levar á respeitavel presença, e conhecimento de V. Ex.ª Em consequencia da representação, e do que se assentou em adjunto, mandei huma escolta de seis soldados, e hum cabo de esquadra para a povoação do Principe Chapungo para segurança dos Arcos já ditos.

E sendo eu rendido por Pedro de Castro Correia e Sá [1], depois de lhe entregar o governo na conformidade das ordens, e informal-o de tudo relativo aos Prazos de Sua Magestade, e das terras da jurisdicção deste governo, mandou o dito meu successor retirar o destacamento, que estava na *Machanga* na povoação de Chapungo em guarda dos referidos Arcos, e falleceo tambem o Principe Chapungo, e deixou os Arcos entregues a seu irmão Massassane. E sendo rendido o dito Pedro de Castro Correia e Sá neste governo por Theodoro Augusto Rodrigues de Cardinas [2], este participou ao Illmo e Exmo Sr. João Manuel da Silva, predecessor de V. Ex.ª por seu officio n.º 10, datado de 15 de novembro de 1821, o estado em que se achavam os prazos de Sua Magestade, e a necessidade que havia de reconquistar a terra *Machanga* pelos motivos que expoz no mesmo officio.

Tendo vindo representar-me o Principe Massassane que o Principe Mareve o perseguia para que lhe entregasse os Arcos, e que elle já estava cançado de o aturar, eu lhe disse

[1] Francisco Miguel Rodrigues Nunes governou da primeira vez desde 1816 até 1820, anno em que lhe succedeu Pedro da Costa Correia e Sá, que no de 1821 foi deposto pela acclamação da constituição.

[2] Theodoro Augusto Rodrigues de Cardinas, de 1821 até 1825.

1831 Maio 10 que me trouxesse os Arcos, e que depois de elles estarem entregues nesta fortaleza, que elle ficaria descançado; porém não me foi possivel poderem-me ser os Arcos entregues; e vindo a fallecer o dito Principe Massassane, não se sabendo aonde tinha deixado os Arcos, o Principe Mareve me mandou hum dente de marfim grosso, do peso de huma arroba e 16 libras, e hum dente miudo, do peso de 7 libras, por hum seu filho, por nome Coebanhe, e me mandou dizer que lhe mandasse entregar os Arcos para o fim de elle ser Regulo da *Machanga*, que elle se obrigava a pagar-me cinco fumbas de fato, que me tinha ficado devendo o Regulo da *Machanga* Zimbiro; mandei dizer ao dito Principe Mareve que não lhe podia dar resposta, porque me era impóssivel convocar os Grandes de *Mambone*, e mais prazos de Sua Magestade por causa da grande fome que laborava por toda a parte, e que em tempo proprio lhe mandaria a resposta; e estes dois dentes de marfim estão em meu poder. Presentemente tive noticia que o cafre, a quem o Principe Massassane deixou os Arcos entregues, devendo entregal-os nesta fortaleza, os fôra entregar ao Principe Mareve por vinte vaccas, e huma negra, que este lhe deu de premio, e que se fez Regulo da terra *Machanga* com consentimento de alguns de seu partido.

Devo mais informar a V. Ex.ª com toda a clareza. Tendo eu dado a hum Principe da terra *Machanga*, por nome Zimbiro, por varias vezes fazenda da importancia de dois mil pannos para repartir aos Principes seus parentes, e grandes da mesma terra para o fim de o fazerem Regulo, como com effeito o fizeram, o grande da mesma terra Nevoaga era que tomava este fato, e tirou duas flexas, e huma machadinha de signal, dizendo que caso viesse a fallecer o dito Zimbiro sem pagar aquelle fato, elle se obrigava como grande da terra a pagar com os rendimentos da mesma; passado pouco tempo falleceo o Regulo Zambiro sem ter pago, nem tambem Nevoaga nada pagou, ficou o Principe Xirungo em lugar do Regulo Zimbiro, e logo foi conquistada a dita terra *Machanga* para Sua Magestade pelo meu successor Ruxleben, por cujo motivo não me ficou direito de mais fallar em tal divida, e mesmo quando o tivesse, de boa vontade o offereço a Sua Magestade em beneficio do Estado; e quando seja preciso entrar em julgação, tambem darei as flexas, e machadinha. Eu estava na capital de Moçambique, e quando cheguei a esta villa ouvi dizer que dispendera Sua Magestade na conquista da terra *Machanga* seis mil e duzentos pannos, e presentemente poderá gastar para a reconquistar, e pôr o prazo *Mambone* em obediencia, a terça parte pouco mais ou menos do que se gastou para a conquistar. O Principe Mareve, intruso Regulo da *Machanga*, he revoltoso, soberbo; em tempo de Zimbiro pretendia tambem ser Regulo; falleceu Zimbiro, introduzio-se em Regulo, porém foi deitado fóra pelos grandes da mesma terra, e fizeram Chirungo Regulo; depois do fallecimento deste sempre andou em desordens com os irmãos, até que falleceram. Eu acho ser de grande utilidade para Sua Magestade, e valioso ao commercio, e commodidades de seus vassallos, que a terra *Machanga* seja do mesmo Augusto Senhor pelos motivos já ditos pelo meu successor Ruxleben em o seu citado officio de 4 de Março de 1813 sobre a terra *Machanga*.

1831 Maio 10

Devo mais participar a V. Ex.ª que mandei recolher a esta villa o destacamento de *Mambone* pela cruel fome que alli havia, e mortandade, e os soldados não terem nada de que se sustentar. O destacamento do prazo *Tusse* tambem o mandei recolher pelo mesmo motivo, e não fica neste prazo huma só povoação. No prazo *Mambo* se precisa de hum destacamento de dez soldados, e hum cabo, sendo seis Portuguezes, e cinco filhos deste paiz, e hum official de patente portuguez, ou hum bom sargento, porquanto este prazo faz limites com os do prazo *Vovoco* e *Dope*. Outro semelhante destacamento se precisa no prazo *Tusse* logo que se principie a povoar, porque este prazo tambem faz limites com as terras do Quiteve. Tambem esta fortaleza precisa de alguma tropa e officiaes Portuguezes; porque não ha senão o Major da Praça, o Capitão Commandante da companhia de infantaria, e hum alferes aggregado de idade de sessenta e oito annos,

1831 Maio 10 coxo de huma perna, e quebrado, já quasi incapaz. He o quanto se me offerece informar por este.

A Ill.ma e Ex.ma Pessoa de V. Ex.a Deos guarde muitos annos. Sofala, 10 de Maio de 1831.—Francisco Miguel Rodrigues Nunes.

Provisão do Conselho Ultramarino ao Vice Rey da India sobre a doação de Quiteve á corôa de Portugal[1]

1748 Abril 9 Dom João, por graça de Deos Rey de Portugal, e dos Algarves, daquem e dalem mar em Africa, Senhor de Guiné, etc. Faço saber a vós Dom Luiz de Menezes, Conde de Ericeira, Vice-Rey, e Capitão General do Estado da India, que se teve noticia que o Rey defunto de Monomotapa Dom Pedro, pae de Frey Constantino do Rosario, Religioso de S. Domingos nesse Estado, me fizera doação para a Corôa deste Reino das minas de prata da Quiteva, e que se fizera escriptura desta doação, que está em Senna, segundo se affirma, e que o mesmo Frey Constantino me fizera doação daquelle Reino, como herdeiro legitimo delle: Me pareceo ordenar-vos examineis a verdade destas noticias, e achando serem certas, mandeis vir de Senna a doação original, ordenando que fique alli treslado authentico della, e façaes guardar este original na Torre no Tombo, e mandareis tirar treslados della, e os remettereis ao meu Conselho Ultramarino, e o mesmo executareis a respeito da doação de Frey Constantino. El-Rey Nosso Senhor o mandou por João Telles da Silva, e Antonio Rodrigues da Costa, Conselheiros do seu Conselho Ultramarino, e se passou por duas vias.—Theotonio Pereira de Castro o fez em Lisboa Occidental, a 9 de Abril de 1718.—O Secretario André Lopes de Lavre a fez escrever.—João Telles da Silva—Antonio Rodrigues da Costa.

1 Ainda que antigo, pomos este documento, por pertencer ao mesmo Quiteve.

Resposta do Vice-Rey

Senhor.—Informando-me do que se passou sobre a doação feita a Vossa Magestade pelo defunto Dom Pedro, Rey de Monomotapa, e confirmada por seu filho Frey Constantino do Rosario, assistente nesta cidade, achei ser arbitrio de hum Frade da sua Religião, para assim conseguir lhe mandasse Vossa Magestade assignar maior tença. Aquelle vastissimo imperio se vê hoje tão destruido, que não tem ninguem nelle dominio, porque o tem todos, e ainda que ha sempre no throno hum Principe descendente dos antigos Monomotapas, lhe não vale nem este direito, nem haver chegado a esta preeminencia, porque o Changamira, e huma innumeravel quantidade de outros Regulos quasi sempre lhe tiram a vida tanto que empunham o sceptro, não podendo nunca Vossa Magestade ainda com muitas mais forças das que tem nos Rios, conservar a posse daquelles Reinos, cujos Soberanos não tem mais defensa que a de huma guarda de vinte e quatro Portuguezes com hum Capitão, e hum Vigario da Ordem de S. Domingos, que sempre seguem o Zimbavé, ou Côrte, que muitas vezes se vêem obrigados a abandonar por força, não podendo ser coroados aquelles Principes sem serem baptizados, ainda que logo prevaricam; pelo que me parece que as mais solidas utilidades que se podem tirar do dito Imperio, he pelo meio do resgate do oiro, e marfim, e demais generos que produz. 1719 Janeiro 7

Deos guarde a muito alta, e muito poderosa Pessoa de Vossa Magestade felizes annos. Goa, 7 de Janeiro de 1719.—Rubrica do Vice-Rey.

Relação metrica do Quiteve e suas guerras[1]

1

Tendo no Quiteve quatro vezes estado
mandado por este Governo em commissão
nos serviços e bem do Estado,
para obter delles boa solução.

2

Como meu genio he investigador
de tudo quanto deva eu saber,
procurei com todo o ardor
as antigas tradições delle obter.

3

Todo aquelle paiz he saudavel,
abundante de aguas crystalinas,
e os cafres o costume tem louvavel
de habitarem nos cumes das collinas.

4

Sendo simples a sua comida,
o seu Pombe he nutriente,
gosam elles de larga vida,
muito passam de cento e vinte.

(a) Esta relação he obra de hum official, que esteve quatro veses no sertão do Quiteve, e se applicou com serio exame a saber as antigas tradições daquelle paiz. Foi composta no anno de 1813, e publicada pelo Secretario Rivara em seguida aos documentos antecedentes pela identidade do assumpto, e ser em parte continuação da mesma historia que elles contém.

As notas marcadas por algarismo são do auctor.

5

Visto escripturação não possuirem
para conservarem as antiguidades,
procuram a seus filhos instruirem
de bôca no que foi n'outras idades.

6

Com serio exame adquiri
a tradição nelles constante
do primeiro individuo que alli
ficou sendo o Imperante.

7

Manamutapa, o grande Imperador,
que a Oeste desta villa tem a Côrte,
destas terras africanas foi senhor,
e de seus subditos, de vida e morte;

8

Huma filha primogenita tinha
de sua maior predilecção;
queria dar-lhe, como convinha,
consorte de grande distincção.

9

Hum valido de maior estimação,
que tinha na Côrte o primeiro lugar,
dê-o á filha com recommendação
para com elle em seu rito se cazar.

10

Deo-lhe tambem insignia real
com officiaes proprios de sua caza,
gente armada com chefe principal,
que ninguem lhe podia fazer vasa.

11

Mandou hum Reino estabelecer,
a que de Changamire o titulo deo,
conferindo-lhe todo o poder
como tributario, e Vice-Rey seu.

12

Estando já no throno firmado,
de toda a cafraria obedecido,
Changamire, como sagaz, e ousado,
se fez violento, e mui temido.

13

Mais tres filhos que o Amo tinha,
e que eram delle mui estimados,
mandou-os a Changamire, que convinha
dar a cada hum seus Estados.

14

Deu-lhes gente propria e officiaes,
para cada hum Reino estabelecer,
sendo todos tres iguaes,
e Changamire chefe delles ser.

15

A Manhamganheire tocou Quiteve,
sendo dentre elles o maior,
tendo o titulo Saxiteve,
por ser de todo territorio o melhor.

16

Em Quissanga, terras montanhosas,
o immediato se foi estabelecer,
e por haver pedreiras monstruosas,
o titulo de Sadomboge quiz ter.

17

O ultimo foi para Madanda,
terras de matos, e arvoredos,
por isso se denominou Sadanda,
por não haver outeiros, nem rochedos.

18

O do Quiteve tinha sete filhas;
a todas bons Estados deu,
fazendo entre ellas as partilhas,
cada huma ficou com o seu.

19

Deu titulos a todas ellas,
como tambem insignias reaes,
nenhuma differença havia entre ellas,
sómente nas idades desiguaes.

20

Ningomanhe foi a primeira,
sua immediata Nemaunga,
depois Nexigenda, e Nemarura,
Nenhantande, e Nevucaranga.

21

A ultima foi posta na Ussoma,
provincia do baixo Quiteve,
com o titulo de Neussoma,
e alli seu Zimboé teve.

22

Desta sorte todas condecoradas,
o grande preceito o pai lhes deu
de não poderem ser casadas,
nem terem homem algum por seu.

23

Para na coroação funccionarem
como sacrificadoras, ou hyerophantas,
e obrigadas em celibato viverem,
para que as suas preces sejám santas.

24

Igualmente ordenou por lei
a successão por primogenitura,
nenhum outro póde ser Rey,
sómente os daquella extirpatura.

25

A confirmação deixou-a ao pai
Manamutapa, como Suzerano,
ficando Xangamire, como mãi,
por ser Teteagi [1], e delle mano.

26

Devem sem quebra observar
o do Imperio costume antigo,
ter o sagrado fogo em bom lugar,
para se livrar de qualquer inimigo.

27

O Baramoriro [2] não deve faltar,
duas enxadas em pau encavadas
para as cinzas desse fogo alimpar,
e não deixar muito amontoadas.

[1] Teteagi he a irmã mais velha na familia entre estes cafres, representa, e funcciona de sacrificadora; na falta della, seus filhos supprem.

[2] Baramoriro. He insignia dos Reys, ou de algum Principe, a quem aquelles tenham feito mercê delle. Consiste em duas enxadas encavadas nas extremidades de hum pau roliço de dois palmos de comprido, serve para raspar as cinzas da fogueira do fogo sagrado, que os Reys devem conservar em caza deputada para este fim, com guarda permanente para o não deixar apagar.

Esta superstição julgo ser nascida de que nas antigas eras elles não

28

Annualmente será renovado
pelo que Manamutapa mandar,
os Reys devem ter o cuidado
deste elemento na terra não faltar.

29

Os Reys, e Rainhas devem ter
por insignia touca branca na cabeça,
os Grandes do Reino devem trazer
de lenço, ou panno de côr igual peça.

30

Fungo [1], insignia indispensavel,
que todos os Reys devem usar,
que he de branco panno perduravel
para a comida de maça cobertar.

31

Quette [2], insignia principal,
que os Reys devem possuir,
para se pôr sobre a pelle do animal,
que faz tremer quando rugir.

sabiam o modo de reproduzir este elemento, e temiam que lhe faltasse para o uso dos homens. Presentemente já se não observa este rito, julgo igualmente que os Arabios, com quem elles tiveram suas relações antes dos Europeus, teriam ensinado (como outras muitas cousas) o modo de extrahir o fogo; roçando dois paus como ao presente praticam; o tal Baramoriro só serve para raspar as cinzas do fogo, que todas as noites se accende nas cazas dos que o tem para as allumiar.

[1] Fungo. He tambem insignia real, ou do que tiver mercê delle. Consiste de hum pequeno guardanapo de panno branco para cobrir a comida ordinaria delles chamada caja, ou maça.

[2] Quette. He a principal insignia real, como tambem a pelle de leão. He hum madeiro redondo com palmo e meio até dois de diametro, e de altura palmo e meio, tendo varios lavores grosseiramente esculpidos em roda. Colloca-se em cima da pelle de leão; em dias publicos o Rey se senta nelle.

32

O Xicumo[1] he continencia
prestada ás pessoas Reaes,
e todo cafre sem fallencia
deve saudar a pessoas taes.

33

Nenhum outro individuo mais
poderá gosar destes predicados,
inda que seja dos mais principaes,
deverão ser com rigor castigados.

34

Annualmente em solemnidade
antes de Bugi[2] na lua nova;
praticaram o acto de piedade,
pedindo aos Vagimos boa renova.

[1] Xicumo. He continencia, ou saudação aos Reys, ou quem tiver mercê delle. Senta-se o individuo no chão, bate as palmas, e no fim repete certa phrase, que cada familia tem adoptado, como v. g. os musicos *(sic)* pedem carne, e pombe, e os outros outra cousa, que engrandece ao Rey, e abate a si; e quando forem muitos repete hum depois de outro; isto mesmo se executa todas as vezes que finda qualquer relatorio.

[2] Bugi. He huma solemnidade, que annualmente devem praticar antes da lua nova de novembro, que chamam Bugi (cabra), não sómente os Reys, e Principes Potentados, mas os Regulos de cada terra, para pedirem aos fallecidos seus antepassados tudo quanto he necessario para a vida.

Para este fim faz-se pombe (bebida fermentada de milho, ou qualquer grão que embriaga), e no dia da lua mata-se boi, ou cabra, etc., cozinha-se carne, massa, em dobradas gamellas, cobertas com outras, bem aceiadas, que levam para o lugar destinado para as deprecações, como tambem pombe, e até tabaco. A sacrificadora offerece aos fallecidos antepassados daquelle Chefe, que faz a funcção, nomeando-os pelos seus nomes, e derrama no chão o pombe; todos os assistentes, homens e mulheres, estão prostrados, batendo as palmas de vez em quando, com silencio, e attenção, até acabar a arenga da Hyerophanta; tiram tudo para fóra os sobrinhos do Chefe dito, o comem, e ninguem mais. Á noite todos se ajuntam, e bebem o pombe, cantam, e bailam a som dos tambores a maior parte da noite.

35

Cada Rey, e Rainha na sua casa
perante todos da sua Côrte
offereçam carne, pombe, e casa [1]
aos Reys que lhes roubou a morte.

36

Não se poderão aos Reys amortalhar
senão em Samater de Sofala [2],
e nas Pambas não poderão usar
outras fazendas se não daquella.

37

Todos os annos infallivelmente
o Binzo [3] a Sofala devem mandar
com o da Quissanga juntamente
por Manamutapa assim o ordenar.

38

Das fazendas, que do Governo receberem,
mandarão da melhor ao Imperador,
o restante entre si distribuirem,
igualmente entre boa, e a peior.

[3] Casa he massa.

[2] A mortalha dos Reys, e Principes Potentados infallivelmente deve ser samater, fazenda branca, grossoira, e deve ser de Sofala.

[3] Binzo. He como hum annual tributo, que Manamutapa, em reconhecimento das grandes mercês, e bom tratamento da parte de nosso Monarcha (que até lhe deu huma companhia de soldados com seus respectivos officiaes para sua guarda, alem dos grandes sagoates) ordenou aos Reys de Quiteve, Quissanga, e Madanda, que remettessem para esta villa todos os annos o marfim que produzirem aquelles Reinos para Sua Magestade, recebendo deste governo fazendas para vestuarias, e despezas delle.

Este preceito observaram até o anno de... Segundo consta dos papeis antigos foram oito arrobas do marfim sómente do Quiteve, que os outros não mandaram.

39

Observaram esta pragmatica
muitos annos no Quiteve;
e Guevera annullou esta pratica,
por varios motivos que elle teve.

40

Como os ramos se multiplicaram
da regia familia por polygamia,
os Chefes delles disputaram
o throno com ardor e valentia.

41

Desde essa epocha descahio
o Reino de seu esplendor
faltando nelles lealdade, e brio,
todos o dominaram como senhor.

42

Procurando cada hum ter partido
para ao seu rival se oppor,
e todo commercio ficou perdido
por não trabalharem com vigor.

43

Nas minas de oiro que tiravam
quasi duzentas pastas annual,
alguns dos antigos me certificaram
de vista este rendimento commercial.

44

As duzentas pastas reputadas
em peso regular, que se pratica,
sommam sete arrobas bem pesadas,
dez libras, quatro onças, e nada fica.

45

Em quatro ramos principaes
foi a estirpe Regia dividida
sendo hum dos outros rivaes,
batendo-se como fera enraivecida.

46

Os Chefes dos ramos já finados,
foram Reys pela sua vez,
cada hum fez para si Estados,
qu'os filhos defendem com avidez.

47

Os ramos se tem subdividido
em outros menos principaes,
tendo cada qual Chefe escolhido,
de hum, e outro sendo rivaes.

48

Mutiva ao Norte, ao Sul Mucanga,
ferteis provincias no alto Quiteve,
no baixo, Xanava, desde Nhamanga,
Bendiranhe principia em Mandeve.

49

Desde Tica da familia de Xinava
Rey em mil setecentos setenta e tres,
e se foi habitar ao pé de Ruvava [1],
falleceu alli em oitocentos e tres.

50

Nenhum outro ao throno subio
pois muitos pretendentes houveram,
e nenhum delles o conseguio
pela opposição que encontraram.

[1] Ruvava he hum rio de agua doce na terra Muda no baixo Quiteve, terra patrimonial do Rey Tica.

51

Sómente Murivane por sua astucia,
está agora disto tratando,
e pelo seu orgulho, e filaucia,
conseguirá, fazendas gastando.

52

Para se poder isto concluir
se fez cruel, e traidor.
Abaixo com verdade vou referir
as abominações deste Senhor.

53

Os Principes, e Magnates se vestem
d'um panno na cintura enrolado
com huma grande manta se cobrem
á maneira de capote disfarçado.

54

No restante da plebe o vestuario
são duas pelles de cabras ciradas *(sic)*
huma atrás, outra diante, de ordinario
com cordão na cintura encaixadas.

55

Todas as mulheres sem distincção
se vestem de Gupas [1] por ellas tecidas
tintas em preto d'ante mão,
sómente as nadegas ficam cobridas.

[1] Gupo. He hum tecido feito á mão de fio de casca de certa arvore. O comprimento he quanto possa abranger as cadeiras, amarrando por diante a largura de hum palmo, ou palmo e meio, franjado por baixo; estes as Quiteves trazem compridos, e chegam á curva das pernas, e os outros só de quatro dedos. São tintos em preto com certo lodo.

Ornam-nos com varios lavores feitos em contas de cobre por ellas trabalhadas.

56

Hum pequeno panno por diante trazem
hum palmo de largo, tres de comprido [1]
dando sempre boa passagem
ao ar livre sem ser combatido.

57

Igualmente nas pernas trazem
manilhas de cobre alli vazadas,
contas do mesmo metal tambem fazem
para Gupos, e cabeças serem ornadas.

58

Nos beiços de cima, que são furados,
encaixam barrinhas de calaim,
nos Gupos lavores persemeados,
missanga de cores, e coral tambem.

59

As armas que todos usam,
e nesta cafraria são geraes
com pouca differença ou alteração;
só no tamanho desiguaes.

60

O arco, a flexa, e o punhal;
alguns trazem lanças, ou zagaia,
seja plebe, ou principal,
todos se servem da mesma laia.

[1] As mulheres do Quiteve encaixam no cordão da cintura adiante hum trapinho de tres palmos de comprimento, e hum de largo, e desta sorte cobrem a nudez. As de Quissanga os Gupos são mui estreitos; de sorte como as casas são baixas, entram nellas como Bertoldo em palacio quando lhe abaixaram a porta; aquellas que tiverem algum panno, o trazem pendurado ao pescoço, ou lhe cobrem as costas.

61

Todo Quiteve baixo e alto
tem minas de oiro já sabidas,
e mananciaes d'agua, que de salto
cahem das montanhas desabridas.

62

Tem pedras finas igualmente
de rubis, e topazios, analysadas
por pessoa perita, e intelligente,
que d'aqui á capital foram mandadas [1].

63

Minas de ferro com aço, e de cobre
nas provincias altas se abundam,
tambem finissimo gesso, e almagre,
antimonio, que Xizero denominam.

64

Finos jaspes, grandes crystaes,
marmore de veios azues, e encarnados,
seixos transparentes de cores taes,
que entendimento, e olhos ficam encantados

65

Muitas plantas medicinaes,
raizes, que servem para aquelle fim,
e se descobriram muitas mais
esquadrinhando tim tim por tim tim.

[1] Mandaram d'aqui algumas pedrinhas diaphanas de varias cores a Moçambique ao Dr. Thomás Antonio Gonzaga, natural das Minas Geraes; este qualificou as encarnadas por rubim, e as amarellas topazios, as brancas faceadas por pingos de agua.

N. B. Thomás Antonio Gonzaga he, como todos sabem, o auctor da *Marilia de Dirceo,* que foi morrer degradado a Moçambique. *(O Editor.)*

66

O grande rio Ruvue, e caudaloso
que principia nos sertões de Oeste
atravessa Manica e Quiteve estrondoso
corre com rapidez para Leste.

67

Muitas provincias rega, e fertilisa
o Buzio, que tendo na Quissanga nascente,
e na costa do mar a Leste finalisa,
corre para o mesmo fim diligente.

68

Não fallando de muitos rios, e regatos,
de que o alto Quiteve he cortado,
havendo nelle poucos matos,
o cultivo das terras he facilitado.

69

Tem altas montanhas, e grandes serras
Kurie, Ungueme, e Gembe escalvado,
Xitavatonga, que d'antes dividia as terras
Quissanga do Quiteve, hoje está mudado.

70

Servindo de limites ao presente
Mussapa, que entre Zamve, e Kurie passa,
pois os Regulos subditos antigamente
negaram obediencia juntos em massa.

71

Madeiras grossas, e de boas qualidades
abundam no Quiteve baixo,
o Ebano, Salaz, Mutondo com especialidade,
Muvara, Mutongaro, e groço baixo.

72

Muitas de boas cores, e malharias *(sic)*
humas rijas, boas para embarcações,
outras obras finas, e marcenerias,
e são faceis suas conducções.

73

Todo o sensato que para alli vigiar
vendo o que depositou a natureza
com abundancia, e largueza naquelle lar
Sensibilisados se cobriram de tristeza.

74

Por não sabermos aproveitar
o que a nosso alcance poz a providencia
podendo com commodidade, e folgar,
e não supportar tanta indigencia.

75

Estas são as cousas, e costumes principaes,
entre os Quiteves praticados.
Passemos a Quissanga, e seus naturaes
que em muitos são desencontrados.

76

A successão no primogenito se conserva
até ao presente sem alteração,
abolindo sómente a reserva
de Xangamire a apresentação [1].

[1] Manamutapa ordenou quando mandou os filhos estabelecer seus Reinos, que o do Quiteve fosse á sua confirmação, e o da Quissanga a Xangamire. Pelo decurso do tempo ficou em esquecimento esta execução.

77

No grande serralho dos Reys
entre mulheres que heroes são,
entram filhas, e netas, que por lei
concede o incesto sem reprovação.

78

Os cadaveres são enterrados
dentro das casas dos finados,
os do Quiteve são sepultados
em certos mattos, e determinados.

79

Os homens tem todos os dentes limados:
os Quiteves os tem naturaes:
aquelles em rudez demasiados,
estes civilisados, e não brutaes.

80

As mulheres andam quasi nuas,
as Quiteves são mais compostas
com os Gupos, e murizas suas,
aquellas o panno só lhe cobre as costas.

81

Os homens se cobrem de capote
de pelle inteira de vacca cirada,
e passa de pai ao filho em dote
como prenda a mais estimada.

82

No idioma ha pouca differença
como o do Hespanhol, e Portuguez,
nas superstições ha mesma crença
entre os dois povos, e na escacez.

83

Tem minas de ferro, e de cobre,
pois que os cafres trabalham nelles,
de mais mineraes, e oiro não he pobre,
se se procurasse por elles.

84

Altas montanhas, e rios tem igualmente,
principalmente o Save, que por elle passa,
a lagoa de Salobragua, que toda gente
della faz sal para conducto da massa.

85

Tem huma pequena casa arruinada
de pedra, feita em setecentos setenta e tres
pelo pedreiro, e cal que daqui foi mandada
a Mutema por este governo de huma vez.

86

Demos fim dos dois Reinos á noticia,
vamos entrar com a do terceiro,
relataremos sem paixão nem malicia
tudo quanto ha de verdadeiro.

Voto do Vice Rey D. Manuel de Portugal e Castro sobre a sentença relativa ás rendas dos Ranes de Sanquelim

(Arch. da India, livro 7.º de Serviço, fol. 15.)

1834 Setembro 10 N.º 451.—O Secretario do Estado faça registar no livro competente o meu *voto* datado de 30 do mez proximo passado, que apresentei em sessão de hoje em Junta da Fazenda Publica como Presidente della, para se não entregarem aos

Sar Dessays Ranes da provincia de Satari ou Sanquelim, os impostos, e contribuições publicas da dita provincia, em consequencia da Sentença; que para isso obtiveram no Juizo da Corôa em 30 de Agosto do anno proximo findo, e isto não só pelos fundamentos de ser proferida por falsas provas, e contra direito expresso, mas porque por documentos authenticos, e indubitaveis, que por muitas diligencias minhas eu descobri, e apresentei na supramencionada sessão, se tornava evidente, e incontestavel o direito da Corôa aos referidos impostos, e contribuições. 1834 Setembro 10

Palacio do Governo em Pangim, 10 de Setembro de 1834.— Portugal.

Voto a que se refere a portaria supra

Voto do Vice-Rey, e Capitão General, Presidente da Junta da Fazenda sobre a entrega dos impostos, e contribuições publicas da provincia de Satari aos Ranes, como abaixo se declara: 1834 Agosto 30

1.º Se a Sentença proferida no Juizo da Corôa em 30 de Agosto do anno proximo findo a favor dos Sar Dessays Ranes de Sanquelim, e Gulalem, cuja carta está presente, se limitasse unicamente a mandar-lhes entregar os rendimentos do seu Dessayado da dita provincia, que existissem em deposito no thesouro publico, como á primeira vista parece ser o que foi julgado na mesma Sentença na sua parte final (documento A), nenhuma prudente duvida podia occorrer sobre este julgado. Porém observando que todas as contribuições, e tributos da dita provincia se julgáram proprios dos Ranes, e estando eu persuadido que huma cousa são os rendimentos do dito Dessayado, e outra os impostos, e contribuições publicas da referida provincia, as quaes sendo essencialmente destinadas para as despezas publicas, não podem fazer o patrimonio de alguma corporação, ou individuo de qualquer jerarchia que seja, me parece se não deve cumprir nesta parte, e que os rendimentos provenientes de taes contribuições, e tributos se conservem em deposito até Sua Magestade resolver o que sobre esta importante materia for

1834 Agosto 30 mais acertado, muito principalmente porque á vista do que se vai expender, se conhecerá facilmente que a referida sentença, como fundada em documentos suspeitos de falsos, criminosos, e inconcludentes, não póde produzir effeito, já porque he proferida com falsas provas, já porque julgando os bens nacionaes proprios dos Ranes, he contra direito expresso, e não constitue cousa julgada, nem tem execução, como em taes casos dispõe a Ordenação do Reino, liv. 3.°, tit. 75.° *in principio*, e com ella conformes o Alvará de 22 de Junho, Decreto do 1.° de Outubro de 1766, Carta de Lei de 9 de Setembro de 1769, § 5.°, e Alvará de 26 de Novembro de 1774.

2.° A provincia de Sanquelim, e Gululem, de que se trata, foi conquistada em 1746, e levantando-se com os Ranes á testa em abril de 1758 (documento B e M), foi restaurada pelas armas portuguezas em 24 de Agosto de 1781. Não se póde duvidar que as terras da dita provincia, e os tributos, e contribuições publicas, que nellas estavam estabelecidas, ficaram por aquelle direito de conquista pertencendo ao patrimonio da Corôa. Estas contribuições consistem nas rendas territoriaes, a que no paiz chamam fóros, na renda, ou monopolio do tabaco, e nos direitos chamados de Bagibabo, de que a Instrucção, que acompanhou a Provisão do Erario de 25 de Abril de 1771, dirigida a esta Junta, dá alguma noção, o qual Bagibabo comprehende não só alguns direitos miudos de importação, e exportação, mas outros impostos já sobre portagens, e consumo de varios artigos, já sobre certos officios, e profissões, sem que a corôa receba algum dos ditos impostos, nem outro algum, que não sejam os direitos da alfandega situada nos limites da provincia de Bicholim, e de Sanquelim, e não havendo nesta ultima outro algum imposto, ou contribuição publica, segue-se que a conquista della foi inteiramente inutil para a Corôa, e só proveitosa para os Ranes, que arrecadam todas aquellas contribuições, e tributos, ficando o Estado, que os não percebe, com o encargo, e despezas da força militar, que a guarnece, e dos lugares fortificados alli estabelecidos para sua defeza, e segurança, e com a despeza das mais dependencias da administração pu- blica. 1834 Agosto 30

3.º Segundo a doutrina dos melhores jurisconsultos os tributos, e contribuições publicas, por isso que constituem o Erario publico, e nacional, de que depende não só o estabelecimento, conservação, augmento, segurança, defensa, e esplendor dos Estados, mas o diario alimento de cada hum dos tribunaes, estabelecimentos, empregados, e tropa de mar, e terra, que a elles pertencem, não podem transferir-se por doações perpetuas para hum particular, e por isso não podem prescrever-se em tempo algum. Veja-se Grotius, *de Jure Belli et Pacis*, liv. 2.º, cap. 6.º, § 11.º; Puffendorf, *de Jure Nat. et Gent*, liv. 3.º, cap. 5.º, § 11.º; Wolfio, *de Jure Nat.*, part. 3.ª, cap. 4.º, *de Juribus majestaticis*, § 925.º, tratando da materia, especialmente Heinecio nas suas *Prelecções academicas* sobre o mesmo Grotius no lugar citado, a pag. 236 e 237 da edição de Napoles de 1775. No fôro portuguez foi sempre muito controverso se a prescripção immemorial poderia ter lugar nos direitos magestaticos de semelhante natureza. Veja-se o nosso grave jurisconsulto Portugal de *Donationibus Regiis*, liv. 3.º, cap. 2.º, n.º 60.º, e prevalecendo a opinião negativa, já hoje em dia depois da Carta constitucional se acha inteiramente adoptada a mesma opinião, e abolida semelhante prescripção.

4.º Dizer-se na Sentença que na fórma do Bando do Governo do Estado de 25 de Agosto de 1781, devendo provar-se por certidão extrahida dos livros gentilicos dos tempos da conquista, que os Ranes por si, ou por seus progenitores pagavam ao Dominante Bounsuló aquellas rendas, e contribuições; não se apresentaram taes certidões, e que portanto não merecia fé o esclarecimento, a que o governo tinha mandado proceder em 1824, por não estar reportado a livro algum de fé publica, he huma asserção, e fundamento irrelevante, e insubsistente, porque he da mais constante notoriedade, que nas provincias da Nova Conquista nunca houve semelhantes livros, e muito menos na de Satari, ou Sanquelim, aonde na maior parte das suas aldeias não se encontra

1834 Agosto 30 hum unico individuo, que saiba ler, e escrever. O Governo do Estado quiz estabelecer estes livros na provincia de Pondá, mas só o conseguio tres annos em 1766, 1767, e 1768, e desde este ultimo cessaram inteiramente até 1817, que foram restabelecidos (documento C). Donde pois se extrahiriam taes certidões? E nestas circumstancias as declarações dos Narcornis, Gancares, e Dessays da provincia seriam sem duvida aquellas que deviam supprir esta falta, como se fez em Pondá, e Zambaulim em 1772, quando se fixaram os fóros de rendas territoriaes, que essas provincias agora pagam, declarações que deveriam rectificar a pouca exacção, e conhecimento da materia com que naquelle Bando se exarou aquella expressão. Mas nelle não se disse que os Ranes, e povos de Sanquelim não pagariam direitos alguns; disse-se sim muito expressamente (documento D) que não pagariam os Dessays, e povo mais direitos, e tributos do que dos livros gentilicos constasse pagavam ao Bounsuló, acrescentando-se que a respeito do tabaco de folha teria lugar o mesmo que o Bounsuló observava, ou o costume da provincia de Pondá; e comtudo até esta renda ficou na posse dos Ranes, sem que o Estado a aproveitasse por nenhuma daquellas duas maneiras. He evidente que a referencia áquelles livros, enserida no Bando, não foi taxativa, mas demonstrativamente, e portanto esta inexacta referencia, nem a omissão das respectivas auctoridades destroe, nem póde destruir o direito da Corôa á percepção daquelles tributos, cuja existencia aliás constava por monumentos publicos, constantes, e irrefragaveis, como ao diante se verá.

5.° Mas se as averiguações, a que o Governo do Estado mandou proceder por hum empregado de consideração, para isto mesmo nomeado, bem versado nos usos, estylos, costumes, na lingua, e na escriptura gentilica, se as declarações feitas pelos seis individuos, que são Narcornis, e Dessays da provincia, que a sentença diz (mas não por que motivo) serem inimigos dos Ranes, não provam o direito da Corôa sobre aquellas contribuições, e tributos, como podem deixar de o provar os differentes Tratados (documento E) feitos em diversos tempos com o Bounsuló, em que essas mesmas contribuições, já generica, já especifiamente, pelos seus proprios nomes foram cedidas ao Estado? 1834 Agosto 30

6.° O direito pois da Corôa ás ditas contribuições funda-se em primeiro lugar na natureza dellas, e nos usos, costumes, e estylos geraes do Concão, em que está dita provincia; em segundo lugar nos usos, costumes, e estylos das provincias das Novas Conquistas, entre as quaes a de que se trata está encravada; em terceiro lugar nas expressas estipulações dos §§ 3.° e 4.° do Tratado com o Bounsuló de 25 de Outubro de 1754, em que se cedem nomeadamente ao Estado; em quarto lugar no Tratado de 1788, com referencia ao dito de 1754; em quinto lugar ainda mais decisiva, e terminantemente na 12.ª das condições (documento F), com que na occasião da conquista pelo Sr. Vice-Rey Marquez de Alorna em 1746 foram admittidos a vassallos de Sua Magestade Fidelissima; e finalmente na imprescriptibilidade, de que gosa a Corôa, e Fazenda Publica dos tributos, e contribuições publicas; não podendo negar-se que aquelles Tratados, e condições são monumentos muito mais authenticos que os livros gentilicos das aldeias, se nellas os houvesse [1].

7.° O mesmo direito da Corôa está energicamente deduzido na resposta do Procurador Regio a fl. 186 v., e na declaração do Administrador da dita provincia a fl. 189, que se deve cotejar com as estipulações dos referidos Tratados, e da 12.ª condição, que fica lembrada.

8.° O segundo fundamento da Sentença consiste em que os ditos Ranes mostram por documentos authenticos que por si, e seus progenitores, e por doações, e mercês dos antigos Dominantes sempre tem possuido os ditos tributos, e contribuições, e que os differentes Governos do Estado nas condições que apresentaram, e Bando referido prometteram fielmente conservar, sem nunca lhe exigir direito algum, o qual

[1] Nas de Satari não os podia haver, por se acharem alli extinctas as communidades desde tempo immemorial na occasião da conquista.

(Nota do Editor.)

1834 Agosto 30 se fosse devido, não he de presumir que se deixasse de arrecadar ha perto de dois seculos que passam a primeira conquista. Estes fundamentos nada convencem, porque os documentos, que elles suppõem authenticos, e decisivos, trazem comsigo mesmo o cunho da sua falsidade, e irrelevancia. Seja por exemplo o celebre Sonodo (documento G) attribuido ao Bounsuló, datado de 6 de Fevereiro de 1758, o mais principal dos documentos, com que instruiram a sua defeza, e contrariedade, e com que quizeram fazer ver que todas as rendas publicas da dita provincia lhe pertenciam. Este Sonodo, como fica dito, he da data de 6 de Fevereiro de 1758; nesse tempo aquella provincia era do Estado, porque ella não se levantou senão em Abril desse mesmo anno, em que o Bounsuló a invadio, tendo-se os Ranes já bandeado com elles (documento B e M). Como pois poderia o Bounsuló fazer mercê do que não era seu, e os vassallos do Estado receberem graças, e favores de hum seu inimigo? Mas ainda mesmo que este irrelevante, e criminoso documento fosse verdadeiro, por elle mesmo se mostraria o direito da Corôa aos tributos de que se trata, porquanto naquelle Sonodo se diz que «em consequencia da representação, que os Ranes fizeram ao Bounsuló para lhe conceder a provincia de Sanquelim por certa convenção, e ajuste, elles a fariam povoar, e cultivar, e pagariam os seus fóros; e que o Bounsuló attendendo a esta representação, lhes concedêra a dita provincia por 3:000 rupias por anno, entrando nellas a quantia de proprios fóros, e mais contribuições». Como pois póde hum semelhante documento provar o imaginario direito dos Ranes? He certo que pelo mesmo Sonodo se applicam 706 rupias debaixo de differentes pretextos aos mesmos Ranes; e restando 2:294, se lhes concede mais desta importancia a quarta parte; e porque ainda com deducção desta restavam 1:720 rupias, e dois terços, tambem se escreveu no tal Sonodo que seriam para paga delles Ranes, e de seus Sipaes. Ainda se declarou mais no fim do dito documento que ficariam separadas 250 rupias, sem se dizer para quem, nem porque; talvez pela pressa com que se urdio aquelle Sonodo já na proximidade do levantamento, que dois mezes depois se verificou. Ora aquella paga não podia ser outra senão a do soldo, ou estipendio dado áquelles Sipaes, e Ranes como seus Cabos durante algum serviço militar, o qual acabado, devia reverter para o thesouro daquelle Dominante, ou do Estado, que lhe succedeu em todos os seus direitos. Tal he o documento mais principal, em que se fundou a contrariedade, e defeza dos Ranes, e a sentença, que a julgou provada. 1834 Agosto 30

9.º Outro documento, que tem o n.º 2, e data do anno mourisco de 1096, correspondente a 1696 da era christã (documento H), he hum titulo, que não tem o nome, nem a dignidade, ou o officio de quem o passou, e apesar da phrase equivoca, e mysteriosa em que está concebido, póde perceber-se que alguma auctoridade, ou pessoa o passasse em nome do respectivo Soberano, porque nelle se diz que «os impetrantes estavam trabalhando nas dependencias do Imperador em utilidade de sua fazènda, e socego dos seus habitantes»; mas este mesmo documento não lhes concede todas as rendas, e contribuições publicas, mas sim apenas huma parte, como delle mesmo se vê.

10.º Outro documento (documento I) com o n.º 1, tambem não se sabe quem o passou. He hum papel de 1703, que contém certas pretenções para serem deferidas, se hum certo negocio se conseguisse, demolindo-se o forte ou a praça edificada no sitio do Pagode, e que então se devia *continuar o arrendamento dos tributos da dita provincia por 2:000 rupias por tempo de seis annos.* No fim deste papel está a palavra «confirmo», que talvez na lingua de que foi traduzida, não tenha a mesma força que na lingua portugueza, antes hum sentido bastante differente daquelle, que o traductor lhe queria dar. Esta confirmação, ou mais antes a promessa dos Ranes serem premiados pela premeditada traição de se levantarem contra o Estado a favor do Bounsuló, contra o qual por isso effectivamente as tropas portuguezas pegaram em armas em 1705, não lhe póde conferir o direito de serem senhores, como pretendem, de todos os tributos

1834 Agosto 30 da dita provincia, e só apenas o de arrendatarios temporarios delles, como o foram, ou pretenderam ser, como se mostra dos seus mesmos documentos *contra producentem.* Dizer-se na mesma sentença que os Governos do Estado nas condições, que os Ranes apresentaram, e Bando referido prometteram conservar-lhes os ditos tributos, e contribuições sem nunca lhes exigir direito algum, não he exacto, porque o Bando suppõe pelo contrario a exigencia delles; e pela 12.ª das ditas condições impostas pelo Sr. Vice-Rey Marquez de Alorna (documento F), elles são expressamente obrigados áquelles tributos, e o mesmo Vice-Rey lhes exigio por hum Bando, ou Edital, que deve andar por copia nos respectivos autos, o pagamento dos fóros territoriaes antes de cortarem as suas vargeas (documento L). E muito menos exacto ainda dizer-se que se aquelles direitos fossem devidos, não ficariam por arrecadar ha perto de dois seculos, que passam á primeira conquista; tanto porque esta sendo feita em 1746, ainda falta muito para cem annos, como porque a omissão, que nesta arrecadação tiveram as competentes auctoridades, talvez devidas ás considerações politicas, e muito graves, não legitima a usurpação dos ditos Ranes, porque em materia de tributos já não póde ter lugar posse alguma, ainda a immemorial, como antes da Carta Constitucional podia acontecer naquelles direitos reaes, que se denominavam concessiveis, mas com reversão para a Corôe.

11.º Da analyse, que deixo succintamente esboçada dos referidos documentos, omittindo a de outros menos significantes, bem se vê que com elles se não podia provar a legitimidade de huma posse contra a Corôa e Fazenda publica, que tinha, e tem o seu direito fundado em tantos monumentos indestructiveis, como o são os que deixo substanciados nos §§ 5.º e 6.º; e n'huma materia de tanta transcendencia, como he a de tributos, e impostos, sem os quaes se não póde manter a independencia das Nações, nem o decoro, e dignidade dos Soberanos que as regem.

12.º Se os autographos daquellas traducções fossem examinados por pessoas intelligentes, de probidade, e bem escolhidas, talvez se descobrissem nos originaes mais alguns argumentos contra os Ranes, que os produziram; pois não se percebendo nos auditorios de Goa a escriptura gentilica, e não se achando bons traductores, era facil apresentar papeis fabricados, e mesmo fazel-os fabricar na Côrte do Bounsuló para o intento que se quizesse. 1834 Agosto 30

13.° Finalmente a sentença referindo-se aos documentos produzidos pelos Ranes, diz que estes mostram que por si, e por seus progenitores sempre foram fieis ao Estado, o que não he absolutamente certo, como he da mais constante notoriedade neste Estado, e o provam o levantamento em 1814, e muitos monumentos lançados nos registos publícos, e mesmo a Instrucção 5.ª de 10 de Fevereiro de 1774 no § 31.° do cap. 3.° que a Magestade do Senhor D. José I mandou dar ao Governo deste Estado (documento M).

14.° Concluo de tudo quanto fica referido que, sendo a Sentença, de que se trata, proferida por falsa causa, e contra direito expresso, em quanto julgou proprios dos Ranes os bens nacionaes, se não deve executar no que respeita á entrega dos rendimentos provenientes dos tributos, e contribuições publicas, sem que primeiro se dê parte a Sua Magestade pela competente Repartição, e se espere a sua Regia resolução.

Pangim, 30 de Agosto de 1834.—D. Manoel de Portugal e Castro.

Documentos accusados no voto supra

DOCUMENTO A

Accordão em Relação, etc. Que vistos estes autos, libello fl. 215, offerecido por parte da Real Corôa, e Fazenda, contrariedade a fl. 225 dos Réus Zaibá Ranes, e Zalbá Ranes, Sar Dessays da provincia de Sanquelim, e Gululem, documentos produzidos desde fl. 21 até 45, desde fl. 47 até 110, desde fl. 161 até 213, desde fl. 231 até 264, averiguações judiciaes desde fl. 114 até 163, inquirição desde fl. 268 até 287, e auto de exame desde fl. 312 até 314, pretende a 1833 Agosto 30

1833 Agosto 30 Real Corôa, e Fazenda, que os Réus larguem a posse das rendas, fóros, pensões, direitos de alfandega, e outras contribuições da provincia de Sanquelim, e Gululem, e das suas aldeias; e que outrosim paguem as mesmas contribuições desde o anno de 1746, que foi da primeira conquista, allegando que aquellas rendas, e contribuições sendo de direito real, e pertencendo á Real Corôa e Fazenda, da mesma fórma como pertencia ao ex-Dominante Sar Dessay Bounsuló, e eram por este arrecadadas, e percebidas, estão os réus de posse das mesmas indevidamente; defendem-se os réus com a materia da sua contrariedade. O que tudo visto, e o mais dos autos, não se mostra da parte da Real Corôa, e Fazenda provada em fórma legal, e concludente a sua acção, e o fundamento da sua intenção, pois que na fórma do Bando do Governo do Estado, por copia fl. 56, devendo-se provar por certidões extrahidas dos livros gentilicos dos tempos da conquista, e reconquista que os réus por si, ou por seus progenitores pagavam ao ex-Dominante Bounsuló aquellas rendas, e contribuições pedidas pelo libello fl. 215, não se apresentam taes certidões, mas tão sómente o esclarecimento fl. 93, que por ser colhido avulsamente, e composto de informações particulares, e arbitrarias, não se reportando a livro algum de fé publica, não póde constituir prova legitima, e sufficiente para condemnação, como se reconhece nas respostas fiscaes fl. 4 e 13, e a declaração fl. 171, que igualmente he destituida de credito judicial, por ser dada por huns seis individuos, que da mesma declaração se conhecem apaixonados, e inimigos dos réus, figurando-se camara geral da provincia de Sanquelim, sem que nesta haja camara geral, como depõem as testemunhas da inquirição fl. 268, e até ganhando o tempo de tres mezes para fabricarem os papeis fl. 187, que se presumem fabricados falsamente, da mesma maneira que nos livros da Secretaria do Estado foram feitos os acrescentamentos posthumos, e falsos sobre o objecto de que se trata, como se conheceu pelo exame fl. 312; pelo contrario os réus provam concludentemente sua defeza, mostrando por documentos authenticos que as rendas, fóros, pensões, e outras contribuições das aldeias, que elles por si, e seus progenitores possuem na provincia de Sanquelim, e Gululem, são por legitimo titulo de doações, e mercês que lhes fizeram os antigos Dominantes desde o Rey Usaquir, e Idalxá até o Sar Dessay Bounsuló, em attenção á sua distincta qualidade, e em remuneração de seus serviços, como consta dos Sonodos fl. 26 até 33, e fl. 40 até 41, doações, e mercês estas, que os Governos do Estado nas condições fl. 34 v., e Bando fl. 57, prometteram fielmente conservar, como conservaram, sem nunca lhe exigirem direito algum; que elles reus depois das ditas doações, e mercês não pagaram, nem áquelles antigos Dominantes, nem ao Estado, como se vê da informação da Contadoria Geral a fl. 13, e das averiguações judiciaes fl. 111 até 163, e depõem contestemente as testemunhas da inquirição fl. 268, pois que se algum direito fosse devido, não he de presumir que se deixasse de cobrar, e arrecadar hoje, ha perto de dois seculos, que passam á primeira conquista, tendo-se cobrado de mais habitantes obrigados ao pagamento, formalisando-se o mappa fl. 260 á face dos livros, e papeis gentilicos, no qual não foram recenseados os réus, por isso que não constava fossem obrigados a contribuição alguma, mostrando mais que elles réus por si, e por seus progenitores sempre foram fieis ao Estado, prestando em todas as occasiões de guerra, e necessidade, serviços importantes, como consta dos documentos fl. 36, 37, 45, 231, até 257, do que tudo se conclue que a sua posse he justa, e fundada em legitimos titulos, não podendo por isso serem privados da mesma; pelo que, e pelo de mais dos autos absolvem os réus do pedido no libello fl. 215, e mandam lhes sejam entregues os rendimentos do Dessayado da dita provincia de Sanquelim, e Gululem, que se acham em deposito no Real Thesouro, e paguem os mesmos as custas *ex causa*. 1833 Agosto 30

Pangim, 30 de Agosto de 1833. — Miranda Henriques — Lousada de Araujo — Teixeira. — Fui presente. — Moreira de Carvalho.

Extrahida da Carta de sentença remettida á Junta da Fa-

1833 Agosto 30 zenda nesta data. — Secretaria do Estado, 18 de Julho de 1834. — Cypriano Silverio Rodrigues Nunes.

DOCUMENTO B

Relatorio do que consta do livro do registo das ordens do Ex.mo Governo do Estado do anno de 1758, ácerca da invasão das provincias de Pernem, Bicholim, e Sanquelim pelo Bounsuló

Fl. do reg. do livro n.º 50

1758 1758 Abril 20 — Respondendo ao Commandante de Sanquelim Antonio Xavier dos Reis, que communicou estar invadida a dita provincia de Sanquelim pelo dito inimigo Bounsuló .... fl. 33

1758 Abril 22 — O mesmo Bounsuló fez sortida no districto de Bicholim...... fl. 34

1758 Abril 25 — Remetteu-se soccorro ao Commandante de Sanquelim para defender a Casa Forte de Sanquelim.................... fl. 37

Seguem os progressos do inimigo na invasão.

1758 Julho 2 — Concedeu-se seguro aos Dessays Ranes, e Cabos para tornarem ao serviço do Estado........ fl. 60

1758 Julho 5 — O General de Salcete João Manoel Correia, portou-se louvavelmente em rechaçar o grande numero de Bounsulós, que tinham sitiado a fortaleza de Bicholim................ fl. 73 v.

1759 Fev. 1 — Presume-se estar atacada a provincia de Pernem, pelo que houve alli tiros de artilharia de nova invenção........... fl. 141 v.

Fl. do reg. do livro n.º 50 — 1758

1759 Abril 28 — Ordem para o General de Bardez mandar fazer tiros á retaguarda dos Bounsulós sitiantes de Bicholim, a fim de os pôr em confusão........... fl. 170 v.

Secretaria do Estado, 23 de Agosto de 1834. — Cypriano Silverio Rodrigues Nunes.

(Para maior clareza pomos aqui por extenso as ordens citadas no Relatorio ou Synopse antecedente.)

Para Antonio Xavier dos Reis, Commandante de Sanquelim

Recebemos a carta de 19 do corrente do Commandante 1758
Antonio Xavier dos Reis, com a noticia de estar invadida Abril
essa provincia, e atacada a fachina do bazar, o que nos he 20
sensivel, ainda que confiamos no valor dos seus defensores não deixem por nenhum caso senhorear aos inimigos dos lugares que guarnecem, tendo munições, e mantimento, como nos participou o Commandante Antonio Xavier dos Reis, e quando os Sipaes da fachina se possam encorporar com os dessa Casa Forte, será util, assim porque o maior numero facilitará a defensa, como para que as acertadas ordens do Commandante Antonio Xavier dos Reis os anime ás occasiões de que se lhe seguirá beneficio com tanto credito das nossas armas, para o que deve o Commandante Antonio Xavier dos Reis ordenar ás duas Companhias da fachina se retirem, unindo-se na fórma sobredita com o meio de alguma sortida de noite, ou aquelle que ao Commandante parecer menos arriscado, e unidas as Companhias cuidará tambem em fazer sortidas que possam ser prejudiciaes ao inimigo, tomando as medidas que forem necessarias para se retirarem a seu salvo, e para arruinar a fachina sem damno das ditas Companhias.

As ballas, e granadas, que o Commandante pede se lhe remettam, faremos toda a diligencia possivel para as fazer

1758 Abril 20 enviar, ainda que o Sipai portador da Carta nos não informa do caminho certo para hirem com segurança a campanha dominada pelo inimigo, nem o Commandante nos informa do modo para a dita remessa.

Tendo nós resolvido fazer hum novo acampamento de donde se retirasse o soccorro de que avisámos ao Commandante, se não pôde até agora executar por circumstancias que sobrevieram; ficamos porém na effectiva diligencia de o praticar, e logo que se podér dispor, será o Commandante Antonio Xavier soccorrido com o empenho de que se conserve esse lugar, e não padeça perigo o Commandante Antonio Xavier dos Reis, e mais Companhias que ahi se acham, que he o nosso principal objecto, recommendando-lhe sempre se aproveite conforme o tempo, e a occasião para as vantagens contra os inimigos.

Nosso Senhor, etc. Panelim, 20 de Abril de 1758.—Arcebispo Primaz—João de Mesquita Matos Teixeira—Filippe de Valladares Souto Maior.

Para o Senhor Governador João de Mesquita Mattos Teixeira

1758 Abril 22 Ill.mo Sr.—A carta que recebemos agora de V. S.ª nos deixa summamente cuidadosos pela sensivel noticia de ter padecido nestes dias febres, e dôres de cabeça, de que o desejamos inteiramente livre.

Vemos o que o inimigo tem obrado na jurisdicção de Bicholim defronte desse Paço, como sempre costuma em semelhantes occasiões, e ainda que se retirou com a mudança das nossas tropas Portuguezas, nos parece que estas em nenhum caso devem pernoitar da outra parte, por serem expostas a serem atacadas de noite, e lhe ser tão difficil a sua retirada, principalmente havendo a confusão, que necessariamente se seguirá com qualquer movimento, ainda sómente apprehendido. Isso nos move rogar a V. S.ª que sem demora as mande retirar para esta parte, porque entendemos ser assim conveniente ao serviço.

Os begarins, em que V. S.ª nos falla, foram destinados

para o acampamento, e como este por ora se desvaneceu, nos parece que devem ser remettidos ás suas aldeias, ficando só os necessarios para o serviço das Companhias que ahi se acham, e os Capitães dellas lhe assistirão com o sustento para serem pagos pela Fazenda na fórma costumada. 1758 Abril 22

Deos guarde a V. S.ª muitos annos. Panelim, 22 de Abril de 1758.—Arcebispo Primaz—Filippe de Valladares Souto Maior.

Para o Capitão Antonio Xavier dos Reis, Commandante de Sanquelim

A Carta do Commandante de Sanquelim Antonio Xavier dos Reis, de 24 do presente, nos foi entregue, e com ella as noticias do estado em que se acha a defensa dessa Casa Forte, e nos he estimavel que o Commandante Antonio Xavier se tenha havido com tão boa direcção, a qual esperamos continue não só pelo seu zêlo, e actividade, mas tambem na confiança de que dentro em poucos dias lhe remetteremos soccorro de tropas Portuguezas, e o mais que for necessario para evacuar essa provincia, de que avisaremos ao Commandante, advertindo-lhe que deve animar em tudo as tropas, que estão debaixo da sua ordem. 1758 Abril 25

Estimamos se retirasse a guarnição da fachina do Bazar salva, visto não haver providencia para a sua conservação, nem tambem ser de consequencia.

Nosso Senhor, etc. Panelim, 25 de Abril de 1758.—Arcebispo Primaz—João de Mesquita Mattos Teixeira—Filippe de Valladares Souto Maior.

Para o Senhor Governador João de Mesquita Matos Teixeira

Illmo Sr.—Fomos entregues da carta de V. S.ª com o desprazer da sua molestia, em que desejamos o maior allivio. Parece-nos muito bem a recepção dos Dessays, Ranes, e Cabos para tornarem ao serviço do Estado, que procuram pela intervenção de V. S.ª, e não lhe enviamos com esta o seguro, porque na carta não expõe V. S.ª a proposta dos sobreditos com a instrucção que para este effeito nos era necessa- 1758 Junho 2

1758 Junho 2 ria, não obstante porém poderá V. S.ª dar-lhe seguro para virem a esta cidade sem receio, e poderem entrar no serviço do Estado com as condições, e soldos que antes tinham, ainda que deste parecer se afastou o Sr. Governador Filippe de Valladares Souto Maior, pelo que respeita tão sómente á addição de Zalbá Rane, e seus filhos, por haverem reincidido muitas vezes na rebellião contra o Estado, e pelo prejuizo que resulta a Satrogi Rane, a quem se tem concedido levantar os Sipaes, que se pagavam ao dito Zalbá Rane, visto que desta sorte se poderão evitar alguns prejuizos futuros [1].

Para Bicholim se continuará em mandar o que o Commandante novamente pede.

Remettemos a V. S.ª as cartas do Salcete, e como o Ouvidor da provincia pede nova resolução sobre continuar a re-

[1] Sobre a fidelidade de Satrogi Rane, e de seu filho na presente guerra, achamos entre outras, as seguintes cartas dos Governadores:

Para Satrogi Rane, Dessay de Sanquelim

(Arch. da India, livro de Cartas e ordens, fol. 37 v.)

Recebemos a carta do Dessay Satrogi Rane, que nos chegou em 24 do presente, e por ella ficámos inteirados de tudo o que se tem passado nessa provincia, e tambem as disposições que tem feito para a defensa, e lhe agradecemos muito o valor, e fidelidade com que se tem portado, o que sempre esperámos do Dessay Satrogi Rane, e que da mesma sorte continue conservando tudo o que pertence ao seu partido em boa ordem.

Pelo que respeita ao soccorro que Satrogi Rane nos pede, e de que antes lhe haviamos dado esperanças, temos resolvido dentro de poucos dias, e a demora delle foi nascida de o querer acrescentar com o maior numero da gente que chegou da armada, e com elle determinámos fosse tambem o irmão do Dessay Subá Rane por lhe fazermos este gosto, e tambem iria seu filho Zoitobá Rane sem duvida, a não estar em tanta distancia, mas comtudo se fará a diligencia, e do dia em que houver de chegar o soccorro faremos aviso ao Dessay Satrogi Rane com as mais ordens que parecerem necessarias.

A noticia de os inimigos haverem tomado o lugar de pagode nos he sensivel, posto que com o tempo se poderão tomar as medidas necessa-

messa de mais bigarins, e o Capitão propõe os prejuizos que desta recluta se seguem á cultura das terras, V. S.ª nos diga se lhe parece remetter nova ordem para remetter mais bi- 1758 Junho 2

rias para a melhor disposição, sobre o que resolveremos o que julgarmos mais conveniente.

Nosso Senhor, etc. Panelim, 25 de Abril de 1758. — Arcebispo Primaz — João de Mesquita Mattos Teixeira — Filippe de Valladares Souto Maior.

Para Satrogi Rane Dessay de Sanquelim

(Arch. da India, livro de Cartas e ordens, fol. 40 v.)

Recebemos as cartas do Dessay Satrogi Rane de 23 e 24 do corrente com as noticias de estar o inimigo Bounsuló afachinado ao redor da Casa Forte combatendo com a sua guarnição, e de estarem rendidos a fachina, e o pagode de Sanquelim, e de ter sido prisioneiro do dito inimigo Candobá Rane, filho do Dessay Satrogi Rane, o que nos he muito sensivel.

O soccorro das tropas, que o Dessay nos pede, brevemente lhe havemos de mandar, e nisto póde estar certo Satrogi Rane, não se desanimando de modo algum pela demora que houver em quanto se promptifiquem as ditas tropas para o effeito de se pôr em marcha, e alguns dias antes desta faremos aviso ao Dessay Satrogi Rane, a quem agradecemos a especial fidelidade, e constancia com que se tem havido na presente guerra, por ser muito conforme ao juramento que prestou de vassallagem a Sua Magestade, a quem não deixaremos de informar deste honrado, e brioso procedimento do Dessay, de sorte que o mesmo Senhor lhe mande agradecer, e premiar este bom serviço com largueza como costuma.

Nosso Senhor, etc. Panelim, 27 de Abril de 1758. — Arcebispo Primaz — João de Mesquita Mattos Teixeira — Filippe de Valladares Souto Maior.

Para o Dessay Candogi (ou Candobá) Rane, filho de Satrogi Rane

(Arch. da India, livro de Cartas e ordens, fol. 31 v.)

Recebemos a carta do Dessay Candogi Rane com as noticias de ter o inimigo entrado nessa provincia, e dos progressos que nella tem feito, como tambem do valor com que se tem portado Candogi Rane, o que estimamos muito, e agradecemos a fidelidade da sua pessoa, esperando continue com o mesmo esforço em rebater os assaltos do inimigo, de

1758 Junho 2 garins, e se hão de conservar-re os que estão em Santo Estevão.

Deos guarde a V. S.ª muitos annos. Panelim, 2 de Junho de 1758. — Arcebispo Primaz — Filippe de Valladares Souto Maior.

Para João Manuel Correia de Lacerda, General da Provincia de Salcete

1758 Julho 5 Como a marcha que fez o corpo de tropas, de que V. m.ᶜᵉ he Commandante, á fortaleza de Bicholim, e a sua retirada para a praia de Peligão se praticou com tanto esforço, e constancia em rechaçar o grande numero de inimigos Bounsulós soffrendo o incessante fogo das suas armas, e o vigor com que foi atacado, sem que as ditas tropas faltassem ao seu justo desempenho, o que se deve não só ao valor dos officiaes, e soldados, mas particularmente ao acordo, e acertada direcção, que V. m.ᶜᵉ observou na distribuição das suas ordens; e este beneficio do necessario restabelecimento do credito das armas Portuguezas nos tem merecido a maior attenção; participamos esta a V. m.ᶜᵉ, e lhe agradecemos muito o louvavel procedimento de tão acertada conducta, o que informaremos a Sua Magestade, para que V. m.ᶜᵉ receba da sua Real grandeza o premio correspondente.

Deos guarde a V. m.ᶜᵉ, etc. Panelim, 5 de Julho de 1758. — Arcebispo Primaz — João de Mesquita Mattos Teixeira.

sorte que se conservem os lugares que se acham defendidos por Candogi Rane, na confiança de que com a possivel brevidade determinamos mandar-lhe soccorro, e tambem aos mais postos, em que se acham as nossas tropas nessa provincia, porque nos devem o maior cuidado, assim pela conservação delles, como das pessoas que os guarnecem, e em toda a occasião attenderemos o Candogi Rane este serviço para a satisfação, e premio.

Toda a occasião que Candogi Rane tiver com o inimigo, nos mandará della noticia, como tambem a sua, e dos mais postos com toda a individuação.

Nosso Senhor, etc. Panelim, 20 de Abril de 1758. — Arcebispo Primaz — João de Mesquita Mattos Teixeira — Filippe de Valladares Souto Maior.

Para o General de Bardez Jeronymo Lobo de Magalhães

A carta que V. m.cê me escreveu hoje pelas sete horas da manhã recebi hoje pela huma hora da tarde, e vejo as noticias que nella me dá dos tiros que houve, e ainda se continuam em Pernem, da artilharia da nova invenção, e todas as mais noticias que V. m.cê tiver respectivè ao nosso campo, me participará sem desprezar nenhuma. 1759 Fevereiro 1

. . . .

Deos guarde a V. m.cê Panelim, 1.º de Fevereiro de 1759.—Conde da Ega.

Para o General de Bardez Jeronymo Lobo de Magalhães

Como o Bounsuló tem bloqueado de alguma sorte a fortaleza de Bicholim, e o adiantamento da estação não dá lugar a embaraçar o projecto com a necessaria formalidade, tem S. Ex.ª determinado de o praticar pelo modo que as circumstancias o permittem, e para se conseguir, será de muita utilidade o inquietar aos inimigos nas suas metas, picando-os em diversos lugares, me ordenou o mesmo Senhor avise a V. m.cê que dos sitios dessa provincia confinantes, e mais proximos á dita fortaleza mande todas as noites effectivamente sahir algumas pequenas partidas de Sipaes praticos do paiz nas distancias convenientes, e que estes façam alguns tiros contra as metas dos sobreditos em ordem a intimidal-os, e os pôr em confusão, pois nenhuma origina maior que o fogo que se faz pela retaguarda dos sitiantes, e não só terá este effeito, mas tambem o de animar a guarnição da fortaleza, com declaração porém que V. m.cê lhes instrua as cautelas que devem preceder, e que eleja para a occasião os intelligentes, e de valor, o que ficará no arbitrio de V. m.cê, como tambem a brevidade que he muito precisa, e quando tenha impossibilidade, dará V. m.cê conta a S. Ex.ª com motivos para se não executar a diligencia que a V. m.cê ha por muito recommendada pelas circumstancias, o que participo 1759 Abril 28

1759 Abril 28 a V. m.cê para a sua observancia. Ha muitos dias que V. m.cê me avisou de que sem dilação remettia o mappa da gente, e fórma de defeza dessa provincia para o apresentar a S. Ex.ª que me ordenou dissesse a V. m.cê que estranhava muito a sua falta, esperando que a não houvesse na remessa quanto antes.

Deos guarde a V. m.cê Secretaria, 28 de Abril de 1759.— Belchior José Vaz de Carvalho.

DOCUMENTO C

Copia do § 2.º do Bando, que mandou publicar o Senhor Vice Rey Conde do Rio Pardo na data de 6 de Maio de 1817

1817 Maio 6 Nestas circumstancias a beneficio dos Povos das Novas Conquistas, segurança, e mais prompta arrecadação dos Fóros Reaes, devidos, e a vencer, remediando os males antecedentes, e precavendo de futuro a sua continuação, e crescimento: ordeno a literal execução dos §§ 4.º, 5.º, 6.º e 7.º das Providencias de 23 de Dezembro de 1766, e do Edital do desembargador Juiz Intendente de 18 de Janeiro de 1800, e providenciando de novo estabeleço o seguinte:

Paragraphos acima mencionados.

Que com a mesma numeração, e rubrica se tenham tambem tres livros, e que delles sirvam nella dois, para em hum só lançar a receita, e em outro a despeza, e o terceiro o registo das ordens, portarias, e mais disposições attinentes á Parpotecaria, assim ao methodo economico, civil, e militar da mesma, como ao das provincias.

Que nelle haja outro com a mesma formalidade, aonde impreterivelmente se escrevam por especificos termos todas as condemnações, ou mussallós, que se fizerem, e aquellas a que os pleitantes se sujeitam; e quando algumas dellas por justa razão, ou causa venham a não ter effeito, as poderá mandar averbar o Parpotecar por verba á margem por elle rubricada, que declare os motivos por que a não tiveram.

E porque sabemos que de não haver em cada aldeia livro, que sirva para se lançarem as contas das suas respectivas receitas, e despezas, os nemos, e pottós, os titulos dos foreiros, e cultivadores, a lista das propriedades, e vargeas, e as ordens, e decisões de quem as domina, se seguem gravissimos prejuizos á Fazenda Real, ao commum das mesmas aldeias, e aos particulares de cada huma; abolimos a pratica, e uso de se descrever tudo em papeis avulsos de facil mutação, e introducção de outros, e determinamos: 1817 Maio 6

Que da data deste em diante haja em cada huma das aldeias hum livro numerado, e rubricado pelo Parpotecar; que nelle lancem, e descrevam os seus respectivos Escrivães o referido, e tudo o mais que costumavam escrever em papeis avulsos; que finalisado o anno se recolham na Parpotecaria todos estes livros, e principiem a descripção em novos; e que o recolhel-os, e principial-os no principio, e fim de cada anno seja successivo, emquanto se não ordenar o contrario.

Secretaria do Estado, 23 de Agosto de 1833.—Cypriano Silverio Rodrigues Nunes.

DOCUMENTO D

Dom Frederico Guilherme de Sousa, do Conselho de Sua Magestade Fidelissima, Capitão da Guarda da Companhia Allemã, Commendador de Santa Maria de Belmonte, e de S. Salvador da Infesta na Ordem de Christo, Governador, e Capitão General da India, etc. 1781 Agosto 25

Faço saber a todos os Dessays, moradores, e mais povo das provincias de Bicholim, e Sanquelim, e seus districtos, que havendo-me senhoreado por força das armas da fortaleza de Bicholim, e da fortificação de Sanquelim, e não sendo da minha intenção que elles largando os lugares patrios, vivam como feras nos mattos, mas antes fazer-lhes honras, e mercês, em quanto aquellas terras se conservarem debaixo do dominio do Magestoso Estado: Hei por bem de lhes declarar a todos, e a cada hum em particular, que morando nas mesmas provincias, e seus districtos, lhes concedo o in-

1781 Agosto 25 dulto de gosarem de todos os privilegios, e isenções, e immunidades, que lhes mantinha o Sar Dessay Bounsuló, alliviando-os de todas as extorsões, e outros onus, que soffriam na sua dominação, e aos Dessays das ditas provincias de poderem possuir livremente os seus Dessayados, tenças, pertenças, inamas, ou de serem attendidos nas suas pretenções, que tiverem para os possuir, especialmente aquelles que se distinguirem na sua fidelidade ao mesmo Magestoso Estado, e de não pagarem assim os mesmos Dessays, como os mais moradores, e povo mais direitos, e tributos, que aquelles que constar dos livros gentilicos de cada aldeia das referidas provincias, praticando-se tambem a respeito do tabaco de folha o que observa o Sar Dessay Bounsuló, ou o costume da provincia de Pondá, e todas as mais cousas tocantes aos referidos privilegios, ficando no mesmo pé, e estado, em que dantes estava, e de serem inteiramente reputados como vassallos de Sua Magestade Fidelissima, protegidos, e favorecidos como taes, declarando-lhes outrosim, assim ás Camaras, como Communidades, rendeiros das rendas das sobreditas provincias, e quaesquer outras pessoas, que pagavam as suas importancias, e fóros ao Sar Dessay Bounsuló, satisfação daqui por diante ao Magestoso Estado, com comminação de que, não o fazendo, se procederá contra elles executivamente para a arrecadação dos mesmos pagamentos; e todas as pessoas que em virtude deste indulto se recolherem aos seus domicilios, se apresentarão ao Commandante da dita fortaleza de Bicholim, para se lhes passarem os seguros necessarios; e para que venha á noticia de todos, se publicará este a som de caixas nos lugares publicos, e acostumados das referidas provincias de Bicholim, e Sanquelim, e nos seus districtos, e aldeias, traduzido na lingua do paiz.

Goa, 25 de Agosto de 1781. — D. Frederico Guilherme de Sousa.

Secretaria do Estado, 23 de Agosto de 1834. — Cypriano Silverio Rodrigues Nunes.

DOCUMENTO E

Copia dos §§ 3.º e 4.º do Tratado de Paz
celebrado entre o Ill.mo e Ex.mo Sr. Vice Rey Conde de Alva, e o Sar Dessay Bounsuló,
em data de 25 de Outubro de 1754

3.º Que os Dessays de Queri, Sanquelim, Morli, e os mais que em Goa juraram fidelidade ao Estado, desde hoje em diante serão reputados por vassallos de Sua Magestade Fidelissima, protegidos, e defendidos pelo dito Senhor, sem dependencia alguma dos Grandiosos Sar Dessays, ou de seus successores, que por si, e pelos mesmos successores cedem desde logo para todo sempre todos os direitos, que nos ditos Dessayados lhe tocavam, ou sejam fóros das terras, ou da alfandega de Sanquelim, renda de tabaco, cambolins, ou outro qualquer direito, porque desde o juramento de fidelidade, que prestaram os ditos Dessays, fica tudo pertencendo ao Magestoso Estado. 1754 Outubro 25

4.º Que os Grandiosos Sar Dessays da Praganã Cuddale cedem desde logo, e para todo sempre, e demittem de si todo e qualquer direito, que podessem pretender por si, e por seus successores, ao Magestoso Estado as praças de Alorna, e Bicholim, a provincia de Pernem, os Goddos de Marli, e Satará com todas as suas jurisdicções, districtos, aldeias, vargeas, palmares, e todos os direitos que a cada huma destas partes pertenciam antes, e assim tambem o forte de Tiracol com districto, e logradouros para suas serventias, incluindo-se nesta demissão que fazem os Grandiosos Sar Dessays os districtos dos Dessays Ranes, e todo o referido de hoje em diante ficará pertencendo inteiramente ao muito alto, e muito poderoso Senhor Rey de Portugal, por ter sido tudo conquista de suas armas, á custa do sangue dos seus vassallos.

Copia do § 2.º do Tratado de paz ajustado entre o Ill.mo e Ex.mo Sr. Francisco da Cunha e Menezes, e o sobredito Bounsuló, em 29 de Janeiro de 1788

1834 Agosto 23 2.º Serviram de base a este presente Tratado os que foram feitos entre o Magestoso Estado, e o Grandioso Rajá Bahadar em 7 de Abril de 1712, em 25 de Outubro de 1754, em 29 de Julho de 1759, e em 24 de Dezembro de 1761, os quaes por este se ratificam, e renovam, exceptuando a parte em que por este forem moderadas, ou alteradas as clausulas estabelecidas nos mesmos Tratados.

Secretaria do Estado, 23 de Agosto de 1834. — Cypriano Silverio Rodrigues Nunes.

DOCUMENTO F

Copia da 12.ª condição, com que na occasião da conquista pelo Sr. Vice Rey Marquez de Alorna em 1746, foram admittidos os Dessays Ranes a Vassallos de Sua Magestade

De todas as terras dos Dessays, e Ranes se pagaram ao Estado os fóros, pensões, direitos da alfandega, rendas do tabaco, passoris, direito das boiadas de Ballagate, e os demais, que de direito competia ao Bounsuló.

Secretaria do Estado, 23 de Agosto de 1834. — Cypriano Silverio Rodrigues Nunes.

DOCUMENTO G

Traducção. — Feliz. — Aos ordenados da perpetua felici-
1758 Fevereiro 6 dade, e honrados Parisrama Rane, e Satrogi Rane, Dessays da provincia de Sanquelim. Eu amigo Quema Saunto Bounsuló, Sar Dessay do Praganã Cuddale, e mais provincias, depois da cortezia de Ramaramo declaro no anno Mourisco de 1158, que pela representação que V. m.cês fizeram de como concedendo-lhes a provincia de Sanquelim por certa convenção, e ajuste a fariam povoar, e cultivar, e pagariam

os seus fóros; hei por bem (Sêllo) conceder a V. m.[cês] a dita provincia desde o anno proximo seguinte por certo ajuste de 3:000 rupias por anno, entrando a quantia de proprios fóros, e de todas as mais contribuições, na qual quantia de 3:000 rupias, descontadas 706 rupias, a saber, 481 rupias provenientes das aldeias, pertencentes ao honrado Zalba Rane, e 225 rupias das aldeias da mercê inama, Zormum, e Eddodollem, restam 2:294 rupias, das quaes separada a quarta parte, que concedo a V. m.[cês] por novo Votono, para ser descontada na quantia de proprios fóros o dinheiro que sobejar; hei por bem concedido a V. m.[cês] e aos seus Sipaes pela sua paga. Da sobredita provincia separadas 250 rupias, todo o restante producto tenho concedido a V. m.[cês] annualmente para paga; pois na fórma do Sonodo farão escripturar nominalmente as despezas; e faço esta concessão annualmente pelo ajuste acima referido. 1758 Fevereiro 6

Expedido em 6 de Fevereiro de 1758.—Sêllo pequeno.—Registado.

Traduzido em 20 de Junho de 1829.—S. E.

Deste 300 réis.—Vassudeo Ramachandra Vaga—Cypriano Silverio Rodrigues Nunes.

DOCUMENTO H

N.º 2. Sêllo grande

Faço saber aos Ministros actuaes, e seus successores, Dessays, Escrivães Geraes, Recebedores, e mais habitantes da provincia de Satari, vulgo Sanquelim, no anno Mourisco de 1096 (1696), e no de 39 aclamação, que por quanto Rudragi Rane, Sar Dessay da dita provincia, representou que elle se achava de posse de Desmuqui, ou Sar-Dessayado desde o tempo do Idalxá, com as suas tenças, e pertenças de Accas, Votono, distribuições da pensão Bassodi, aldeias de Inama Pariem, Querim, Maulinguem, e Salleli, palmar, e arecaes sitos na aldeia Vunna, palmár Narguil de Moitem, e mais palmares de outras aldeias, pensões do desembarcador de Poriem, de tabaco de folha, tabernas, boticas do Cassabé, e de mais aldeias, córte de madeira, e mais pensões, Chorguem do Cassabé, lagimas de estradas de Querim, e Veluz, e mais pensões, e contribuições, segundo a posse de Desmuque concedido, e confirmado ao dito Rudragi Rane, e porque se estivesse actualmente trabalhando nas dependencias do Imperador, promovendo diligencia em utilidade da sua fazenda, em attenção a isso concedo a elle a Acca, lagimas, inamas da provincia, e todas as pensões, e contribuições acima referidas; portanto determino que lhe reconheçam por Desmuca, ou Sar Dessay da dita provincia, e pela intervenção deste façam a utilidade da fazenda imperial, e socego dos habitantes, sendo o mesmo Sar Dessay obrigado a melhorar a provincia na cultura, consolando, e animando os habitantes, e não lhe requeiram novo Sonodo, e tomando a copia deste, lhe tornem o proprio. Parvana, conservando a posse a successão masculina, e feminina maior, e cumpram o relatado segundo ordeno.

Sêllo pequeno. — Hoje, 7 de Moharamo, anno 1105, mez Moharamo. — Registado.

Traduzido em 20 de Junho de 1829. — S. E.

Destes 600 réis. — Vassudeo Ramachandra Vaga — Cypriano Silverio Rodrigues Nunes.

DOCUMENTO I

N.º 1. Feliz Vitol

1703 Pretenções providencias do honrado Rudragi Rane, Sar Dessay da provincia de Sanquelim. Anno de 1703, que se lhe deve expedir Sonodo com declaração de que segundo a posse successiva, que tem desde o tempo de Idalxá, tem-se concedido a elle, e que se lhe entregue os artigos seguintes: Da pratica de Tainata tresentos e dezeseis pagodes, hum quarto, tres davalós, e hum bill, aldeias de Inama Poriem, Querim, Salleli, e Maulinguem, pensões do porto, ou desembarcador, Durga, Paroci, medidores, Danguis. Tompreiros, lenha do Bazar, ou Pintta, fardos de carvão, pasto do gado, Bôr, venda miuda de sal, Serafos, botiqueiros de Cassabé, e outros roupeiros, mercadores de sal, pendari, manteigueiros, avenças do tabaco de folha do Cassabé, e das mais aldeias, córte de madeira, postores de matto do Pinte de Cudnem sete pagodes e meio, do pasto de Gangem vinte pagodes, pescadores do Cassabé, e outros, Chorguem de bangaçala, dito de Cassabé por quinta parte, Tambodcares de Morlem, Chorguem da estrada de Querim, lagimas da estrada de Borondum, dito da de Veluz, Posque do Bazar, distribuição do passodi das aldeias, passodi da aldeia Onda em duzentos pagodes nixanis, passodi da aldeia Sonaci em vinte pagodes, dito da alfandega do Cassabé em duzentos pagodes, Chinaval miudo, palmares, e vargeas. 1703

Que a respeito dos direitos de Sanquelim deve-se-lhe mandar cumprir a quarta parte, que elle costumava perceber dos direitos, que se augmentassem pela nova tarifa excessiva á costumada, que está em observancia.

Que pela gloria, e graça do feliz Vittol conseguindo-se o negocio, deve-se mandar demolir o forte, ou praça, que se tem fabricado no sitio do Pagode, e edifical-a no lugar da antiga, e mandando fabricar o pagode, fazer continuar o exercicio do seu culto.

Que deve-se mandar expedir Sonodo, e deixar perceber a Bascará Caci, Carcumo delle Dessay, a pensão do mirás de Nivisidangui, e vinte e quatro pagodes nixanis de Passori, que elle percebe na alfandega de Sanquelim. Que se deve mandar expedir Sonodo a respeito de cinco pagodes nixanis por cento, que elle se achava vencendo a titulo de Sar Desmuqui da dita provincia. Que se deve mandar expedir Sonodo a respeito dos que tinha do Senhor Rey de Calapor, e do honrado Panta Amatri, e são do que se segue.

Aldeias de Mócassó

Na sobredita provincia Selleloli — 1 Aghita.
Na de Embarbacem — 1 Onda.

1703 Estas estando possuindo divertiram-se os seus Sonodos, e por isso pede que se mande dar novo, e fazer correr a posse.

De Passori se contribuia da dita provincia, segundo o numero geral que importasse de pagodes nixanis da mesma, hum Chavolo por pagode, hum duvol, e hum bill a elle Sar Dessay, e hum bill a Bascará Caci, com que se faz hum Chovolo.

Por se divertirem os Sonodos, que tinha de sua posse, pede se mande expedir novo, e deixar correr a posse.

Que visto elle estar de posse das aldeias Advor, e Gululi do Inama, e de Votono, pertencente aos Melecares em razão de estas estarem em seu poder, pede se mande observar a mesma posse que elle tem de Votono delles, e das aldeias.

Que se lhe deve continuar o arrendamento do tributo da dita provincia á razão de 2:000 rupias por anno por tempo de seis annos, e ao depois deve-se-lhe conceder o mesmo arrendamento com arbitração de soluções annuaes.

Que se deve mandar cumprir ao pagode do feliz Senhor Vittol dezoito pagodes, e hum quarto, e chovelo, que elle vence de Acca na aldeia Cumarcona, e lagimas na alfandega de Sanquelim, e a pensão Naogonde nas aldeias da provincia, passando o dito Sonodo.

Que o honrado Panta Amatri por Sonodo havia concedido o cargo de Masaneria a Madu Sinay Orticar nas tres estradas da alfandega de Sanquelim, Chorlem, e Ramagate, e elle o possuia, e existe ainda o Sonodo, em cuja consequencia pelo Sonodo expedido deve mandar continuar aos mais Dessays, e Narcornis o seu costumado.

Estas são as providencias que pede se lhe conceda.

Confirmo. Hoje, 16 do mez Zamadilacar com o sêllo.— Cypriano Silverio Rodrigues Nunes.

DOCUMENTO L

Dom Pedro Miguel de Almeida e Portugal, Marquez de Castello Novo, Conde de Assumar, dos Conselhos de Estado, e Guerra de El-Rey meu Senhor, Veedor da Sua Real Casa, Mestre de Campo General dos seus exercitos, Director General da cavallaria do Reino, Vice-Rey, e Capitão General da India, etc. 1746 Outubro 26

Faço saber a todos que reconhecendo os Dessays Sotrogi Rane, Dessay de Sanquelim, Zalbá Rane, Vautobá Rane, Essobá Rane, Gonessa Rane, Rodrogi Rane, todos Dessays tambem de Sanquelim, primos, e parentes da mesma familia, e caza do dito Satrogi Rane, Haria Gaunço, Dessay da provincia de Maneri, Custam Gaunço, Dessay de Maneri, Rogunata Porobo, Dessay de Bicholim, e Malle Porobo, seu parente, Ramagi, Dessay de Rivem, Rama Saunto, Dessay de Sanvordem, Fattoba, Dessay de Carambolim, da mesma provincia de Sanquelim, Custambá, Dessay de Haddavoi, da dita provincia de Sanquelim, Tucú Sinay, Ambú Sinay, e Rama Chondra Sinay, Narcornis de Sanquelim, e mais seus officiaes militares, Datú Sinay, Escrivão proprietario do juncão, ou alfandega de Sanquelim, e Narbá Malbá Ráo, antigo vassallo do Estado, os inconvenientes que padeciam com a guerra depois de declarada contra os Sar Dessays de Cuddale, na qual não tinham outra parte mais que os damnos que experimentavam, podendo-se-lhe originar della a maior ruina, e cahirem na ultima miseria, não podendo acudir á cultura das suas terras, e privar-se das suas rendas com a falta do commercio; por todos estes motivos, e outros muitos, como tambem por reconhecerem que debaixo da protecção do Estado poderiam evitar estes damnos, se resolveram a vir jurar fidelidade a El-Rey meu Senhor, e implorar a sua Real protecção, o que feito solemnemente na fórma costumada, concedo seguro amplo, e geral a todos os Dessays, Gancares, Culacharins, e mais moradores das aldeias dos sobreditos Dessays, que vieram render obediencia, para que pos-

1746 Outubro 26 sam voltar, e habitar as suas aldeias, e cultivar as suas terras, assim a vangana presente, como o sorodio, contribuindo sómente ao Estado aquella mesma porção, que dantes eram obrigados a pagar aos Sar Dessays de Cuddale, com declaração porém que a vangana a não poderam colher sem licença do Estado, e assistencia de pessoa sua; o que supposto, ordeno, e mando a todos os Generaes, Governadores das praças, officiaes militares, e de Sipaes, e moradores do Estado não façam de hoje em diante damno algum aos sobreditos Dessays, Gancares, Culacharins, e mais moradores das suas aldeias, e os deixem livremente cultivar as suas terras, habitar as aldeias, e continuar o seu commercio, sob pena de rigoroso castigo a todo aquelle que o contrario fizer, por quanto em nome de El-Rey meu Senhor os tomo a todos os sobreditos debaixo da sua Real protecção, e para que venha á noticia de todos, mandei publicar este Edital a som de caixas, para que se não allegue ignorancia, e fixar nas partes publicas deste Governo, o qual se registará na Secretaria do Estado, e na Ouvidoria geral do crime, e se passarão copias delle traduzidas em lingua gentilica, e selladas com o sêllo das Armas Reaes, para se remetterem as ditas copias aos sobreditos Dessays, para que assim o façam publicar nas suas terras.

Panelim, 26 de Outubro de 1746. — Marquez de Castello Novo.

Secretaria do Estado, 23 de Agosto de 1834. — Cypriano Silverio Rodrigues Nunes.

DOCUMENTO M

Copia dos §§ 27, 28, 29, 30 e 31 do capitulo 3.º da instrucção 5.ª de 10 de Fevereiro de 1774, que Sua Magestade o Senhor D. José I mandou dar ao Governo do Estado, tratando dos Bounsulós.

1774 Fevereiro 10 Quanto ao direito do estado:

27.º He certo que as referidas provincias de Pernem, Bicholim, Manerim, e Sanquelim, foram nos annos de 1746 e 1747 conquistadas pelas armas de Sua Magestade.

28.º He igualmente certo que os Dessays das mesmas provincias de Sanquelim, de Manerim, de Bicholim, e de Sarabardem no dia 20 de Outubro de 1746 juraram vassallagem, obediencia, e fidelidade ao Estado, como consta do auto dos juramentos registado em Goa fl. 448 do livro das pazes. 1774 Fevereiro 10

29.º He igualmente certo que pelo artigo 4.º do Tratado celebrado com o Conde de Alva em 25 de Outubro de 1754, foi ratificado o Estado no dominio das sobreditas provincias.

30.º E he igualmente certo que como suas arrendou em Goa, cobrou os direitos dellas até os annos de 1756, e de 1757, como aqui constou das receitas das contas do Estado das rendas da mesma capital.

Quanto aos factos subsequentes, que constituem o ultimo estado das cousas entre o Governo de Goa, e o referido Bounsuló.

31.º He igualmente certo que as violencias, e extorsões dos rendeiros do tabaco, fizeram levantar contra o Estado a provincia de Pernem, e logo depois seguida pelas de Bicholim, Manerim, e Sanquelim com os Ranes á testa, opprimidos, e amedrontados todos pelas inauditas insolencias, e crueldades dos sobreditos rendeiros, que até mandaram levantar contra elles huma forca, cujo horror chegou á ultima consternação, com que se levantaram.

Secretaria do Estado, 23 de Agosto de 1834. — Cypriano Silverio Rodrigues Nunes.

Portaria

Na Secretaria do Estado se registem no livro competente os dois documentos, que cobre esta Portaria respectivos aos differentes arrendamentos da provincia de Sanquelim feitos desde 1747 até 1758, assignados pelo Contador Geral da Junta da Fazenda Publica Domingos José Mariano Luiz, passando-se nelles certidão do registo. 1834 Setembro 20

Palacio do Governo em Pangim, 20 de Setembro de 1834. — Portugal.

Documentos a que se refere a portaria supra

1747 Março 24 N'hum caderno de papeis assignado por Sergio Justiniano Pereira, se acha o seguinte:

Aos 24 de Março de 1747 appareceram nesta Secretaria do Estado Satrogi Rane, e Vantobá Rane, Dessays de Sanquelim, por ordem vocal do Illmo e Exmo Sr. Marquez Vicè-Rey, e por elles foi dito que ao dito Sr. Marquez Vice-Rey tinham representado que queriam arrendar as jurisdicções conquistadas pelo Estado, a saber, de Bicholim, Sanquelim, e Manari, por tempo de tres annos, offerecendo pelo dito arrendamento no primeiro anno 30:000 xerafins, no segundo 35:000, e no terceiro 40:000, ficando de fóra as rendas da alfandega, e do tabaco daquellas jurisdicções, para se arrendarem pela fazenda real, como tambem a Vangana, que se achava actualmente no campo, que pertencia á mesma Fazenda Real, e que no caso de a darem a elles Ranes se descontaria no dinheiro, que elles requeriam até o mez de Maio, e que se obrigavam a terem promptos 400 Sipaes para a guarda, e vigia das ditas terras, e que o mesmo Estado lhes devia dar 6:000 xerafins em tres pagamentos até o fim de Maio do presente anno de 1747 sómente para ajuda do pagamento de 400 Sipaes, e seus Cabos, visto que os 30:000 xerafins acima referidos do primeiro anno, lhes não chegavam para o dito pagamento, e que no caso de se fazerem as pazes com o Bounsuló dentro de seis mezes, não seria necessario este numero de Sipaes, e então se descontaria a paga que importasse dos ditos Sipaes até o tempo, que se celebrassem as pazes, e se cobraria o resto dos 30:000 xerafins, entrando tambem na paga o dinheiro, que se lhe desse dos ditos 6:000 xerafins, e que durante a guerra os 400 Sipaes, se fossem chamados, ou parte delles, ou todos, ao serviço do Estado, seriam obrigados a hirem donde o Sr. Marquez Vice-Rey os mandasse, como não fossem a embarcar-se, e que aos Dessays daquellas jurisdicções se daria o que de direito lhes pertencesse, e cobravam em tempo de Bounsuló; e offerecendo-se alguma duvida sobre as suas pretenções, se determinará summariamente pelo Ministro, que nomear o dito Sr. Marquez Vice-Rey. Bem entendido que fica fóra deste arrendamento a aldeia Mahem, e sua jurisdicção, e huma vargea em Amoná, por se ter feito antecedentemente mercê dellas; e sendo vista a sua proposição pelo dito Sr. Marquez Vice-Rey, e conferida, e approvada em Conselho da Fazenda, lhes concedeu o referido arrendamento, que pediam das ditas jurisdicções de Bicholim, Sanquelim, e Manari por tempo de tres annos, na fórma sobredita, com obrigação de pagarem os 5:000 xerafins do segundo anno, e os 10 do terceiro antes de colher a novidade de serodio, á Fazenda Real, e depois tomarem huma ordem do Vedor Geral della para a colheita das ditas novidades, e que para segurança do referido neste Termo, alem de elles se obrigarem hum por outro, e para se haverem no serviço do Estado com fidelidade, deram por seus fiadores ao Dessay Sivabá Rane, e a seu irmão ou primo Laxima Rane, moradores na sua ilha, e Babulea Gaunço, Gancar de Nadorá, os quaes todos acceitaram a dita fiança, obrigando todas as suas fazendas, ilhas, vargeas, e palmar Chandem, e todos os mais bens que estão no seu titulo, e se obrigaram tambem por suas pessoas a satisfazer a dita quantia como fiadores, e principaes pagadores, e por assim o dizerem, e se obrigarem de sua livre vontade, se fez este Termo, do qual se tirará hum treslado da lingua gentilica, assignado, e sellado com o sêllo dos ditos Dessays arrendadores, para ficar na Secretaria, no qual Termo os sobreditos, assim tomadores como fiadores, se assignaram no dito dia, mez, e anno.—Signal de Satrogi Rane—Signal de Vantobá Rane—Signal de Laximina Rane—Signal de Babulea Gaunço. 1747 Março 24

O qual treslado está conforme com o dito Termo original; e assim o certifico. José Duarte Fernandes o fez em Goa a 12 de Abril de 1747.—Luiz Affonso Dantas.

Esta copia está conforme com a que se acha no masso dos papeis pertencentes á provincia de Bicholim, que fica no archivo desta Contadoria Geral. Antonio Anastacio Pereira a conferio. Pangim, 10 de Setembro de 1834.--Domingos José Mariano Luiz.

OUTRO DOCUMENTO

No livro dos termos de lembrança das arrematações se acham os seguintes

1834 Setembro 10 Fl. 10 v. — Em Conselho de Fazenda de 13 de Novembro de 1749 ficou a renda de Sanquelim, e Manarim no lanço de Satrogi Rane, e Zalbá Rane em 3:500 xerafins, de que se fez este Termo em que se assignaram. — Dois assignados em letra gentilica.

Fl. 27 v. — A provincia de Sanquelim, e Manerim ficou no lanço de Vitogi, e Vantobá Rane, casados, e moradores em Panelim, em quantia de 11:300 xerafins por anno no Conselho de 20 de Março de 1756. — Dois assignados gentilicos.

Fl. 35 v. — Foi arrematada a provincia de Sanquelim, e Manerim no lanço de Satrogi Rane, em quantia de 7:570 xerafins por anno em Conselho de 16 de Março de 1758. — Assignado gentilico.

Esta copia está conforme com os Termos de lembrança lançados no livro delles, que fica no archivo desta Contadoria Geral. Antonio Anastacio Pereira a conferio. Pangim, 10 de Setembro de 1834. — Domingos José Mariano Luiz.

Portaria

1834 Outubro 11 N.º 550. — Na Secretaria do Estado se registe no competente livro o incluso papel, que se achou entre outros, que foram do Desembargador Luiz Affonso Dantas, em que se contém noções do arrendamento, que pelos annos de 1747, e posteriores se fizeram das provincias, e mais rendas de Sanquelim, Pernem, Bicholim, e Manerim, passando-se nelle certidão do registo, e fazendo-se as declarações necessarias nos lugares onde se acham registados outros papeis relativos ás ditas provincias.

Palacio do Governo em Pangim, 11 de Outubro de 1834. — Portugal.

Documento a que se refere a portaria supra

Pelo Termo feito na Secretaria do Estado a 24 de Março de 1747, tomaram os Ranes de arrendamento as jurisdicções de Bicholim, Sanquelim, e Manerim, obrigando-se a pagar á Fazenda Real no primeiro anno 30:000 xerafins, no segundo 35:000, e no terceiro 40:000, ficando de fóra as rendas de tabaco, e alfandega, e a vangana, que ficava no campo, e se obrigavam a ter promptos 400 Sipaes, cujo pagamento importa em 30:000 xerafins, e assim abatido o pagamento dos ditos Sipaes, em cada anno ficavam obrigados a pagar á Fazenda Real: 1834 Outubro 7

Do segundo anno do seu arrendamento......	5:000-0-00
Do terceiro............................	10:000-0-00
	15:000-0-00

Findo este arrendamento se arremataram estas provincias devidamente, como se declara nas folhas juntas:

Noticia do arrendamento da alfandega de Sanquelim, fl. 1.

Noticia do arrendamento da provincia de Peddnem (Pernem), fl. 2.

A de Bicholim, fl. 3.

A de Sanquelim, e Manerim, fl. 4.

A da alfandega de Coluale, fl. 5.

Alfandega de Sancaly, Bicholim Ramagaunto, e Chorlemgaunto:

O primeiro arrendamento consta ter-se feito em Conselho da Fazenda sómente por hum anno, começado em o 1.º de Janeiro de 1750, em Datu Sinay, e Rama Sinay, por 8:000 xerafins pelo dito anno..................	8:000-0-00
Tiveram condição do abatimento de 50 Sipaes para comboiar as boiadas nos oito mezes de verão, a 8 xerafins cada hum, que importam..............................	3:200-0-00
Restaram para a Fazenda Real.............	4:800-0-00

1834 Outubro 7 O segundo arrendamento foi no anno de 1751 em Rama Sinay Raguecar por tempo de tres annos, começados em o 1.º de Outubro do dito anno de 1751 em diante, a respeito de 1:500 xerafins por anno................ 7:500-0-00

Teve tambem a condição dos ditos 50 Sipaes por oito mezes de verão................ 3:200-0-00

Restarão para a Fazenda Real em cada anno... 4:300-0-00

O terceiro arrendamento foi feito no anno de 1754, no lanço de Vitogi Sinay, e Zivagi Sinay, por tres annos começado em o 1.º de Outubro do dito anno, por 22:940 xerafins por anno............................ 22:940-0-00

Tambem teve a mesma condição do pagamento de 50 Sipaes nos oito mezes de verão..... 3:200-0-00

Restarão para a Fazenda Real em cada anno.. 19:740-0-00

O quarto arrendamento foi em Setembro de 1757 em Rama Sinay Raguecar, por tempo de tres annos começados em o 1.º de Outubro do dito anno de 1757, por 27:900 xerafins por anno, e com a mesma condição do pagamento de 50 Sipaes.

Provincia de Peddonem (Pernem):

Por Termo feito na Secretaria do Estado a 16 de Abril de 1747, se obrigou o Dessay Goindagi Zassovanta Ráo a disfructar aquella provincia por tempo de tres annos, pagando á Real Fazenda no primeiro anno 20:000 xerafins, no segundo 24:000, e no terceiro 26:000, cujo principio não se declara no dito Termo, nem a satisfação que tivesse feito o dito Dessay.

O primeiro arrendamento feito em Conselho da Fazenda da dita provincia foi a 1 de Abril de 1749 no lanço do mesmo Govindagi Ráo por tempo de tres annos começados na novidade de vangana de Maio do dito anno, a respeito de 20:300 xerafins pelos ditos tres annos, a saber: 1834 Outubro 7

No primeiro anno........................	1:642-0-00
No segundo...........................	8:210-0-00
No terceiro............................	10:448-0-00
	20:300-0-00

O segundo arrendamento foi feito a 14 de Abril de 1751 em Trimboca, Custam, e Antobá Sinay por seis annos; nos primeiros tres por 18:000 xerafins, a saber:

No primeiro anno........................	3:000-0-00
No segundo...........................	6:000-0-00
No terceiro............................	9:000-0-00
Nos seguintes tres annos por 30:000 xerafins, cabendo em cada anno 10:000 xerafins, e se conservou este arrendamento só hum anno............................	30:000-0-00

O terceiro arrendamento, que foi feito a 29 de Janeiro de 1755 aos Gancares Dessays daquella provincia por tempo de tres annos, começados em Maio de 1755, por 48:000 xerafins em cada anno, dividido o dito arrendamento em parcellas de 8:000 xerafins pelos Gancares, que tomaram de arrendamento as aldeias da dita provincia.............	48:000-0-00

O quarto arrendamento da dita provincia foi a 1 de Dezembro de 1757 em Xamá, e Antá Sinay por tempo de tres annos, começados em o 1.º de Maio de 1758, por 60:750 xerafins por anno, o qual arrendamento não teve vigor por causa da invasão.

1834 Outubro 7

Provincia de Bicholim:

O primeiro arrendamento feito em Conselho foi no anno de 1749 no lanço de Suriagi Sinay, e Vitogi Sinay por tres annos, que teve principio em o 1.º de Maio de 1750, por...	22:550-0-00
Teve por condição o pagamento de 150 Sipaes a 8 xerafins cada hum, que importa em hum anno..............................	14:400-0-00
Restam para a Fazenda Real em cada anno...	8:150-0-00

O segundo arrendamento foi a 28 de Março de 1753 em Satrogi Rane, por tres annos, que teve principio em o 1.º de Maio de 1753, por 25:000 xerafins por anno...............	25:000-0-00
Teve por condição o pagamento de 150 Sipaes a 6 xerafins por mez, que importa por anno	10:800-0-00
Resta para a Fazenda Real................	14:200-0-00

Logrados sómente dois annos por este rendeiro, se arremataram as propriedades da dita provincia devidamente por tempo de tres annos, principiados em o 1.º de Maio de 1755, sem mais condição do pagamento de Sipaes, e importou o dito arrendamento em cada anno...........................	35:195-0-00

Aos 18 de Dezembro de 1757 se arrematou a dita provincia, excepto a aldeia Usgão, em Rama Sinay Raguecar por tres annos, começados em o 1.º de Maio de 1758, por 35:100 xerafins por anno, sem a condição do pagamento de Sipaes, o qual não teve effeito por causa da invasão.

Provincias de Sancalim e Maneri:

A 13 de Novembro de 1749 ficou a renda da dita provincia de Sanquelim, e Manerim no lanço de Satrogi Rane em 3:500 xerafins por anno........................... 3:500-0-00 1834 Outubro 7

Disfructando o dito Satrogi as ditas provincias pelo dito preço de 3:500 xerafins por anno, se arremataram novamente as ditas provincias no lanço do mesmo Satrogi por 7:570 xerafins por anno, e por tempo de tres, começados em o 1.º de Maio de 1755, por onde se infere que o principio ao primeiro arrendamento foi em o 1.º de Maio de 1750, ainda que no primeiro Termo não ha expressão do tempo, em que começava o arrendamento.

Tornaram-se a arrematar as ditas provincias no lanço do mesmo Satrogi por 7:570 xerafins por anno, e por tempo de tres, começado em o 1.º de Maio de 1758, que não teve vigor por causa das guerras.

Alfandega de Colualle:

Os direitos desta alfandega se cobraram por conta da Fazenda Real por pessoa nomeada pelo Védor Geral da Fazenda.

Em 16 de Março de 1752, em Conselho da Fazenda se arremataram os ditos direitos em Rama Camotim por tempo de tres annos, começados em 17 do dito mez em diante por 15:700 xerafins por anno................ 15:700-0-00

O segundo arrendamento foi a 20 de Março de 1755 em Sivarama Sinay Nerlicar por tempo de tres annos, começados em 17 do dito mez de Março por 13:670 xerafins por anno.... 13:670-0-00

O terceiro arrendamento foi a 23 de Fevereiro de 1758 em Rama Sinay Raguecar por tempo de tres annos, começados em 17 de Março do dito anno, por anno................. 16:025-0-00

Registado na Contadoria Geral a fl. 339 do livro 26.º dos Registos Geraes. Pangim, 7 de Outubro de 1834. — Soares da Veiga.

Circular do Governador de Moçambique admittindo as representações dos moradores daquella cidade, e suspendendo em toda a provincia a execução do decreto de 10 de Dezembro de 1836.

(Documentos officiaes relativos á negociação do Tratado para a suppressão do trafico da escravatura, pag. 29 e 31.)

1837 Novembro 11 Circular. — O Marquez de Aracaty, do Conselho de Sua Magestade Fidelissima, Gran-Cruz da Ordem de S. Bento de Aviz, Gran-Cruz Honorario da Ordem da Rosa do Imperio do Brazil, Governador Geral da provincia de Moçambique, e suas dependencias na costa oriental de Africa, etc., etc., etc. — Em Conselho — Faço saber aos que esta virem que, tendo seriamente estudado, e profundamente ponderado, e meditado o fundamento, e argumentos que serviam de base ás representações que me foram dirigidas pelos moradores desta cidade, e capital, pela mediação da Camara Municipal, e outrosim pelo Recebedor Geral das rendas publicas, vim a convencer-me, pelo minucioso exame que fiz de todas as circumstancias apontadas nas mesmas representações, que não podia negar-me a admittir a supplica que por ellas me era feita, sem dar voluntariamente causa a males de tal grandeza, que ficaria fóra do meu alcance remedial-os; e reflectindo mais que, se por uma parte sou responsavel pela execução das ordens de Sua Magestade, por outra o sou pela segurança de todos os dominios da Corôa situados nesta costa oriental da Africa; que a minha consciencia me accusará todas as vezes que pozer em risco essa conservação, e segurança, mesmo quando para minha justificação tiver o preceito da obediencia; que o peso da responsabilidade não fica em taes casos sobre o Governo, que expede ordens geraes com a recta intenção de serem executadas nos differentes logares a que são dirigidas, com a modificação que requerem as circumstancias desses logares, mas sim, e sómente sobre as auctoridades que, fechando os olhos a essas circumstancias, indiscretamente executam ordens que o mesmo Governo não queria se executassem, se estivesse informado dessas circumstancias; que conhecendo eu tão perfeitamente a pureza, e sublimidade das rectas intenções do paternal, e angelico coração de Sua Magestade, e as do seu sabio Governo, seria crime em mim admittir a idéa de que seja vontade do mesmo Governo que, desprezando as mesmas representações, eu vá por indiscreto zelo consummar a ruina desta provincia, cumprindo ordens que sem a menor duvida produziriam este funesto effeito, deixando por uma parte arruinados aquelles subditos de Sua Magestade que teem empregado seus capitaes no unico commercio de exportação que nas presentes circumstancias offerece esta provincia, e por outra, reduzindo todos os que vivem de renda do Estado, na immensa vastidão della, a perecerem de fome, pela absoluta destituição de recursos em que ficaria o cofre das rendas publicas; que ainda pondo de parte a attenção que merecem as fortunas particulares, que por esse modo tão lesadas ficariam, bastaria para ter por muito certo que nunca Sua Magestade levaria a bem que eu, tendo presente a representação do Recebedor Geral das rendas reaes, e ainda mais presente o enorme *deficit* das ditas rendas, que impede que se acuda com exactidão ás despezas certas deste Governo, fosse peorar tão calamitosa situação, e que eu mesmo, que acabo de conduzir para esta provincia mais de duzentas pessoas que hão de viver daquellas rendas, e absorver grande parte destas pelas vantagens que Sua Magestade concedeu para mais de metade daquellas, fosse estupidamente cortar-lhes todo o meio de subsistencia, supprimindo o unico ramo dos rendimentos publicos que póde fornecer-me os meios necessarios para satisfazer a tamanho acrescimo de despeza; que dobradamente responsavel eu seria por tão absurdo procedimento, pois que mais ou menos avultado, conforme o arbitrio dos meus antecessores, se tem sempre conservado o rendimento da exportação de escravos, que agora pela primeira vez se supprimiria, se eu não attendesse ás ditas representações; por isso declaro que, cedendo á força de argumentos tão poderosos,

1837 Novembro 11

1837 Novembro 11 baseados sobre o escrupuloso exame dos que me foram expostos nas mesmas representações, impellido, e subjugado pela imperiosa lei da necessidade, superior a todas as mais leis, eu admitto, e acceito as mesmas representações, para muito respeitosamente as levar ao conhecimento do Governo de Sua Magestade; e outrosim que, até que Sua Magestade haja por bem resolver tão melindroso assumpto, suspendo em todo o districto desta provincia a execução do decreto de 10 de Dezembro de 1836. Porém para que nenhuma duvida fique, que, procedendo assim com a mão sobre o coração, só me movem as considerações do bem publico, e do melhor serviço da Rainha, que foram em todo o tempo, e serão em quanto me durar a vida os principaes objectos do meu culto, ao mesmo tempo declaro: 1.º, que, para nesta cidade se embarcarem, e della se exportarem escravos, sómente dou licença a quem por cada hum pagar o direito de 18$000 réis, sem nenhum outro onus ou despeza a pagar na Repartição da Alfandega, ou em outra qualquer; 2.º, que esta licença assim concedida será, e fica desde já cassada a qualquer que, havendo-a obtido por se obrigar a este pagamento, se achar pelo exame que se fizer, ou por denuncia, que transporta maior numero de escravos do que aquelles que declarar ter comprado, e por que pagou o referido direito. E a todos os empregados, a quem esta fiscalisação pertence, em qualquer das Repartições de rendas publicas, ordeno a maior vigilancia, para, sob sua responsabilidade, evitarem que esta ordem seja illudida.

Dada no palacio do Governo de Moçambique, aos 11 de Novembro de 1837. — Marquez de Aracaty, Governador Geral da provincia de Moçambique.

Está conforme. — No impedimento do Secretario Geral, o Official Maior, José Luiz da Silva.

Nota do Ministro dos Negocios Estrangeiros ao Ministro de Inglaterra a respeito da Circular do Governador Geral de Moçambique

(Documentos officiaes relativos á negociação do Tratado para a suppressão do trafico da escravatura, pag. 29 e 31.)

O abaixo assignado, Presidente do Conselho de Ministros, Ministro e Secretario de Estado dos Negocios Estrangeiros, tem a honra de participar a Lord Howard de Walden, Enviado Extraordinario, e Ministro Plenipotenciario de Sua Magestade Britannica, que ao conhecimento do Governo de Sua Magestade chegou ha poucos dias a circular junta por copia, que no dia 11 de Novembro de 1837 fez publicar em Moçambique o Marquez de Aracaty, Governador Geral daquella provincia, suspendendo no districto della a execução do Decreto de 10 de Dezembro de 1836, que aboliu completamente o trafico da escravatura nos dominios portuguezes. 1838 Maio 8

As razões com que o mesmo Marquez procura justificar este passo tão extraordinario, e arriscado, bem como o conceito que merecem a sua reconhecida firmeza, honradez, e lealdade de caracter, demonstram de uma maneira indubitavel que este documento lhe foi extorquido pela força das imperiosas circumstancias em que se viu collocado.

He muito para receiar que tão funesto exemplo de insubordinação seja seguido pelas outras possessões portuguezas na Africa, para o que não faltarão instigações, não só dos naturaes do paiz interessados naquelle infame trafico, mas de estrangeiros, tanto Brazileiros, como de outras Nações da Europa, e da America, os quaes, servindo-se do nome portuguez, são os que maiores lucros fazem no odioso trafico de escravos, e os que mais interesse teem em promover a rebellião daquellas provincias contra a metropole, como o meio mais seguro de obterem a sua separação, e a continuação de seus exorbitantes lucros.

Em tão arduas, e melindrosas circumstancias, e attento o

1838 Maio 8 estado de decadencia da marinha Portugueza, resultado de tantas calamidades, e convulsões politicas por que a Nação tem passado, assim como a falta de recursos do Thesouro Nacional, não he possivel que o Governo de Sua Magestade possa de fórma alguma manter as disposições do citado Decreto, nem tão pouco as estipulações do futuro Tratado para a repressão do mencionado trafico, sem que o Governo Britannico por sua parte dê huma formal, e explicita garantia dos ditos dominios á Corôa de Portugal contra qualquer sublevação que possa occorrer naquellas provincias, bem como contra quaesquer tentativas de Potencias estranhas que procurem fomentar a rebellião, ou dos referidos dominios pretendam apossar-se.

Será porém indispensavel que esta garantia seja mui explicitamente estipulada, para em caso necessario poder tornar-se effectiva, e então convirá que se declare que, dadas as circumstancias a que se acaba de alludir, o Governo de Sua Magestade Britannica, sobre reclamação do Governo de Sua Magestade Fidelissima, ou as auctoridades superiores das possessões britannicas, sobre a que lhe dirigirem os Governadores, e auctoridades legitimas dos dominios portuguezes,

---

Resposta do Ministro de Ingla

(Documentos officiaes relativos á negociação do Tratado

1838 Maio 10 The undersigned Her Britannic Majesty's Envoy Extraordinary and Minister Plenipotentiary at the Court of Lisbon, has the honour to acknowledge the receipt of the note addressed to him by the Viscount de Sá da Bandeira, Secretary of State for Foreign Affairs to Her Most Faithful Majesty, transmitting to him a copy of a circular received a few days ago by the Government of Her Most Faithful Majesty from the Marquis of Aracaty Governor General of Mo-

forneceräo os auxilios de mar, e de terra pelo modo, numero e qualidade que em ulterior discussão se haja de concordar, para ser esta definitiva estipulação depois inserida no futuro Tratado para a suppressão do trafico, em que S. S.ª, e o abaixo assignado teem de commum accordo trabalhado, e está proximo a concluir-se. 1838 Maio 8

O abaixo assignado, havendo meditado sobre este gravissimo assumpto, que para a Nação Portugueza he da mais alta importancia, por ser indubitavel que, se porventura não se proceder com toda a circumspecção e segurança, seguir-se-ha talvez huma nova desmembração da Monarchia, concorda na idéa, lembrada por S. S.ª, de se fazer hum artigo addicional ao referido Tratado, porque este meio da sua publicação servirá para prevenir os desastrosos acontecimentos que se podem receiar.

O abaixo assignado, levando ao conhecimento de Lord Howard de Walden o exposto, aproveita a presente occasião para renovar a S. S.ª os protestos da sua mais distincta consideração.

Secretaria de Estado dos Negocios Estrangeiros, em 8 de Maio de 1838. — Sá da Bandeira.

---

lerra á Nola de 8 de Maio

para a suppressão do trafico da escravatura, pag. 33.)

O abaixo assignado, Enviado Extraordinario, e Ministro Plenipotenciario de Sua Magestade Britannica na Côrte de Lisboa, tem a honra de accusar a recepção da nota que lhe foi dirigida pelo Visconde de Sá da Bandeira, Secretario d'Estado dos Negocios Estrangeiros de Sua Magestade Fidelissima, transmittindo-lhe huma copia da circular do Marquez de Aracaty, Governador Geral de Moçambique, recebida ha poucos dias pelo Governo de Sua Magestade Fidelissima, ex- 1838 Maio 10

1838 Maio 10 zambique, and issued by him on the 11.th of November last, suspending within the Government under his jurisdiction the decree of December 10.th 1836 by which all traffic in slaves was abolished within the portuguese dominions, and in which His Excellency the Viscount de Sá da Bandeira fearing that the fatal example of insubordination which gave rise to this extraordinary step of the Marquis of Aracaty whose firmness, honour and loyalty are sufficiently known to prove that the document above alluded to must have been extorted from him by the force of the imperious circumstances in which he was placed, may be followed by the other portuguese possessions in Africa who will not want for incitement to that effect not only from the people of the country interested in the infamous slave trade but also from natives both of the Brazil and other Nations of Europe and America, further proposes, under those delicate and dangerous circumstances owing to the decadence of the Portuguese navy result of the political convulsions through which the Nation has passed and the want of means of the national treasury and consequent absence of power on the part of the Government of Her Most Faithful Majesty to execute in any way either the dispositions of the said decree or the stipulations of the future Treaty for the suppression of the said traffic, that the British Government should give a formal and explicit guarantee of the said dominions to the Crown of Portugal against any insurrection which may occur in those provinces, as well as against any attempt on the part of foreign Powers to foment rebellion in, or possess themselves of, those dominions.

The circumstance of the Governor of any portuguese colony not executing the decree of the 10.th December 1836 for the abolition of the slave trade will cause no surprise to Her Majesty's Government after the experience they have had of the frequent and fruitless remonstrances made to the Government of Her Most Faithful Majesty against the direct encouragement given by the Portuguese authorities, in different parts of the world, to the slave trade.

pedida por elle em data de 11 de Novembro passado, suspendendo no Governo debaixo da sua jurisdicção o decreto de 10 de Dezembro de 1836, pelo qual foi abolido nos dominios portuguezes todo o trafico em escravos, e na qual S. Ex.ª o Visconde de Sá da Bandeira, receiando que o fatal exemplo de insubordinação que deu origem a este extraordinario passo do Marquez de Aracaty, cuja firmeza, honra e lealdade são sufficientemente conhecidas, para provar que o documento acima referido lhe foi extorquido pela força das imperiosas circumstancias em que se achou collocado, possa ser seguido pelas outras possessões portuguezas da Africa, que não deixarão de ser incitadas a isso, não só pela gente do paiz interessada no infame commercio da escravatura, mas tambem por estrangeiros, tanto do Brazil, e de outras Nações da Europa, e da America; propõe mais, á vista d'estas delicadas, e perigosas circumstancias, devidas á decadencia da marinha Portugueza, resultado das convulsões politicas por que a Nação tem passado, e á falta de meios do Thesouro Nacional, e consequente falta de força da parte do Governo de Sua Magestade Fidelissima, para poder executar de algum modo, tanto as disposições do referido decreto, como o que se estipular no futuro Tratado da suppressão do dito trafico; que o Governo Britannico désse huma formal, e explicita garantia dos ditos dominios á Corôa de Portugal, contra qualquer insurreição que possa occorrer naquellas provincias, bem como contra qualquer tentativa da parte de Potencias estrangeiras para fomentarem a rebellião ou apossarem-se daquelles dominios.

1838 Maio 10

A circumstancia do Governador de qualquer colonia portugueza não executar o decreto de 10 de Dezembro de 1836 para a abolição do commercio da escravatura não causará admiração alguma ao Governo de Sua Magestade, pela experiencia que tem tido dos frequentes, e inuteis avisos feitos ao Governo de Sua Magestade Fidelissima contra a directa protecção dada, em differentes partes do mundo, pelas auctoridades Portuguezas ao commercio da escravatura.

1838 Maio 10 It is not for the undersigned entirely uninformed as he is as to any circumstances which justify the Marquis of Aracaty's proceedings at present to enter into an analysis of his extraordinary conduct further than to remark that the document of which the Viscount de Sá da Bandeira encloses a copy represents views and practice in regard to the colonial possessions of Portugal in Africa totally opposed to those which the undersigned has understood from the Viscount de Sá da Bandeira to be the policy of the Government of Her Most Faithful Majesty, and contains no evidence of real danger of a nature to be in any way alarming to Her Most Faithful Majesty.

It might be inferred indeed that if powerful opposition has been made by those interested in perpetuating the inhuman traffic in slaves for their own private interests, the temptation to make such oppositions has been created by delay in concluding a Treaty for the effectual suppression of the slave trade, as it is manifest that had a naval force been employed off the coast of Mozambique to enforce the stipulations of a Treaty having for its basis the effectual preventions of this traffic, in accordance with Her Faithful Majesty's decree, the object of those whose might be disposed tumultuously to resist the operation of that decree, within the territory of Mozambique, would have been rendered nugatory by an effectual observation kept up at sea.

With reference however to the more important feature of the Viscount de Sá da Bandeira's note and which is based on this document of the Marquis of Aracaty, namely, the demand that the British Government should give a formal and explicit guarantee of the african dominions of the Crown of Portugal against any insurrection which may occur in those provinces, as well as against any attempt on the part of foreign Powers who may seek to foment rebellion or possess themselves of those dominions, the undersigned will lose no time in laying before Her Majesty's Government, His Excellency's note.

O abaixo assignado ignorando, como ignora, as circumstancias que justificam o procedimento do Marquez de Aracaty, não póde ainda entrar na analyse da sua extraordinaria conducta, mais do que observar que o documento, cuja copia o Visconde de Sá da Bandeira remette inclusa, apresenta hum procedimento, a respeito das colonias portuguezas da Africa, totalmente opposto ao que o abaixo assignado tem ouvido ao Visconde de Sá da Bandeira dizer era a politica do Governo de Sua Magestade Fidelissima, e não contém prova alguma de verdadeiro perigo de natureza tal, que possa dar cuidado ao Governo de Sua Magestade Fidelissima. 1838 Maio 10

Póde portanto inferir-se que, se huma opposição poderosa tem sido feita pelos que são interessados em perpetuar o deshumano trafico dos escravos, para seus proprios, e particulares interesses, a tentação para fazer huma tal opposição tem sido causada pela demora em concluir hum Tratado para a effectiva suppressão do commercio da escravatura; porque he manifesto que, se se tivesse empregado huma força naval na costa de Moçambique para fazer executar as estipulações de hum Tratado que tivesse por base a effectiva prohibição deste trafico, em conformidade com o decreto de Sua Magestade Fidelissima, o objecto daquelles que podessem estar dispostos a resistir tumultuosamente ao effeito daquelle decreto no territorio de Moçambique, ter-se-hia tornado de nenhum effeito por meio de huma effectiva vigilancia no mar.

A respeito comtudo do mais importante objecto da nota do Visconde de Sá da Bandeira, que he fundado neste documento do Marquez de Aracaty, a saber, o peditorio de que o Governo Britannico desse huma formal, e explicita garantia dos dominios africanos da Corôa de Portugal, contra qualquer insurreição que possa acontecer naquellas provincias, bem como contra qualquer tentativa da parte de Potencias estrangeiras que possam procurar fomentar a rebellião ou apossarem-se destes dominios, o abaixo assignado não perderá tempo em apresentar ao Governo de Sua Magestade a nota de S. Ex.ª

1838 Maio 10 The undersigned has no hesitation whatever in assuring His Excellency that Her Majesty's Government will be most disposed to take into consideration the mode and the extent to which assistance may be afforded to Her Most Faithful Majesty's authorities in any of her colonial possessions where tumult may be promoted at the instigation of those interested in the perpetuation of the inhuman traffic in slaves in contravention of the solemn engagement of the Crown of Portugal towards Great Britain.

Previous however to entering into engagements such as are desired by the Viscount de Sá da Bandeira, His Excellency must be sensible that it would be most suitable for both Governements before commencing a discussion on an affair of such importance as that brought forward by His Excellency, that some data should be afforded, as to the extent and nature of the danger in the respective colonies as apprehended by the Portuguese Government, as the basis of such a negotiation, more specific and intelligible than are presented by such a document as the circular of the Marquis of Aracaty, which in fact appears to be nothing less than a manifesto: 1.°, for the perpetuation of the slave trade in Mozambique; 2.°, for the appropriation of certain fees as the proceeds of that infamous traffic.

It is however evident in the event of any tumults, having for object the continuance of the slave trade, being apprehended in any of the colonial possessions of the Crown of Portugal, that the speedy conclusion of the proposed Treaty with Great Britain for the purpose of bringing at once into effective operation the law abolishing it, would be the most certain mode of enlightening those, who might be tempted to resist under the prospect of advantages and impunity to be derived to themselves individually under the forcible continuance of the slave trade, as to the futility of such calculations.

Although the undersigned is not prepared at the present moment to give any distinct pledge on behalf of Her Majesty's Government as to the precise form in which any assurance

O abaixo assignado não hesita de modo algum em assegurar a S. Ex.ª, que o Governo de Sua Magestade estará mui disposto a tomar em consideração o modo, e a grandeza do auxilio que poderá prestar ás auctoridades de Sua Magestade Fidelissima em qualquer das suas possessões coloniaes, onde se possa promover algum tumulto por instigação dos interessados na perpetuação do deshumano trafico em escravos, em contravenção ao solemne convenio entre as Corôas de Portugal, e da Gran-Bretanha. 1838 Maio 10

Antes porém de entrar em convenções taes, quaes são as desejadas pelo Visconde de Sá da Bandeira, S. Ex.ª deve conhecer que seria mui vantajoso para ambos os Governos, antes de começar huma discussão sobre hum negocio de tal importancia como este que S. Ex.ª propõe, que se dessem alguns dados relativamente á extensão, e natureza do perigo que o Governo Portuguez teme nas respectivas colonias, como base de huma tal negociação, mais especificos e intelligiveis que os apresentados em tal documento, como a circular do Marquez de Aracaty, o qual parece não ser nada menos que hum manifesto: 1.º, para a perpetuação do commercio da escravatura em Moçambique; 2.º, para a apropriação de certos direitos, como producto daquelle infame trafico.

He comtudo evidente, no caso que haja alguns tumultos, como se teme, tendo por objecto a continuação do commercio da escravatura em alguma das possessões portuguezas, que a prompta conclusão do proposto Tratado com a Gran-Bretanha, para o fim de pôr sem demora em effectiva execução a lei da sua abolição, seria o meio mais seguro de illustrar, quanto á futilidade de taes calculos, aquelles que podessem ter tentação de resistir, pela esperança das vantagens, e impunidade que lhes provém individualmente da forçosa continuação do commercio da escravatura.

Ainda que o abaixo assignado não esteja preparado no presente momento para fazer huma promessa distincta por parte do Governo de Sua Magestade, quanto á fórma pre-

1838 Maio 10 might be given or any engagement might be contracted by Her Majesty's Government, on this most important question, he is nevertheless ready to accept of such a project of either a declaratory note or of an article to be made the basis of future negotiation and which note or article as the case might be when agreed upon between the two Governments, may be invested with the same force as it inserted in the body of the Treaty.

The undersigned must however frankly state to thé Viscount de Sá da Bandeira that, if this question is to be made *now* a cause for any further delay in the conclusion of the Treaty, the signature of which by His Excellency, in its present form, the undersigned has been led to expect for some time past, it will become his painful duty to declare that the negotiations with reference to this Treaty must be looked upon as terminated with him, nor can he hold out under such a contingency, the possibility of their being again resumed until after a decision shall have been taken by the British Parliament on the subject of the slave trade.

The undersigned has received positive instructions to obtain without loss of time a distinct answer from the Portuguese Government as to their intention with regard to the Treaty of which the undersigned presented the draft on the 15.th April last. The undersigned has already delayed his departure three weeks beyond the time when the result of the negotiations in which he has been engaged with His Excellency, has been expected by Her Majesty's Government, and as on the result of that negotiation must depend thé attitude to be taken by Her Majesty's Government in Parliament with respect to the slave trade, the undersigned considering the advanced period of the session does not feel himself authorized on new grounds, brought forward at the eleventh hour, to protract the negotiation or to postpone any longer rendering personnally an account of the state of this important question as regards any effectual cooperation to be expected from the Portuguese Government towards

cisa em que qualquer segurança se possa dar, ou alguma obrigação possa ser contrahida pelo Governo de Sua Magestade sobre esta importantissima questão, está, não obstante isso, prompto para acceitar o projecto, quer seja de huma nota declaratoria ou de hum artigo que possa servir de base a futuras negociações, a qual nota ou artigo, como o caso o pedir, quando tiver sido concordado entre os dois Governos, possa ter o mesmo vigor, como se fosse inserido no corpo do Tratado. 1838 Maio 10

O abaixo assignado deve comtudo dizer com franqueza ao Visconde de Sá da Bandeira que, se esta questão servir *agora* de motivo para mais delongas, na conclusão do Tratado, cuja assignatura por S. Ex.ª, na sua presente fórma, o abaixo assignado tem esperado ha já algum tempo, terá o sentimento de declarar que as negociações a respeito deste Tratado devem-se julgar terminadas com elle; nem elle póde assegurar nesta contingencia a possibilidade de se renovarem outra vez, senão depois que no Parlamento Britannico se tiver tomado alguma decisão a respeito do commercio da escravatura.

O abaixo assignado recebeu instrucções positivas para obter, sem perda de tempo, huma resposta decisiva do Governo Portuguez, quanto á sua tenção a respeito do Tratado, do qual o abaixo assignado apresentou o projecto em 15 de Abril passado. O abaixo assignado já demorou a sua partida tres semanas. alem do tempo em que o resultado das negociações, em que elle tem estado occupado com S. Ex.ª, era esperado pelo Governo de Sua Magestade; e como do resultado daquellas negociações dependa a attitude que no Parlamento deve tomar o Governo de Sua Magestade a respeito do trafico da escravatura: o abaixo assignado, considerando o avançado periodo da sessão, não se julga auctorisado para, por novos motivos apresentados na ultima hora, demorar a negociação, ou deixar por mais tempo de dar pessoalmente huma conta do estado desta importante questão, pelo que respeita á effectiva cooperação que se espera do Governo Portuguez para a suppressão do trafico da escravatura, o

1838 Maio 10 the suppression of the increasing slave trade, notorious to the whole world which is carried on from the african colonies of Her Most Faithful Majesty, protected by her authorities, in direct contravention of the laws and under the abuse of the national flag of Portugal.

The undersigned having thus made known so explicitly to His Excellency the embarrassments which must attend the postponement of the signature of the Treaty, as has been agreed upon between His Excellency and himself, must assure His Excellency that Her Majesty's Government will be ready immediately after its conclusion, to enter into consideration of the position of the Government of Portugal, as towards her african colonies, with the most solicitous regard for the interest and safety of these possessions of her old ally, as having a claim upon Great Britain, but such as under other circumstances, connected with the extinction of the slave trade, Her Majesty's Government may be unwilling or unable to recognise.

The undersigned avails himself of this occasion to renew to His Excellency the assurances of his highest esteem and consideration.

Lisbon, May 10.th 1838.—Howard de Walden.—To His Excellency the Viscount de Sá da Bandeira, etc., etc., etc.

Breve do Papa Gregorio XVI «Multa praeclare» sobre a instituição dos apostolicas a favor do

(Hist. du Schisme Por

GREGORIUS PAPA XVI

AD PERPETUAM REI MEMORIAM

1838 Abril 24 Multa præclare Romani Pontifices Prædecessores Nostri pro apostolici muneris debito constituerunt, ut in vastissimis Orientalium Indiarium regionibus catholicæ religionis incremento prospicerent Cum enim, ob summam earum regionum ab Apostolica Sede distantiam, ob itinerum longitudi-

qual tem augmentado, sendo notorio a todo o mundo fazer-se nas colonias africanas de Sua Magestade Fidelissima, protegido pelas suas auctoridades, em directa contravenção das leis, e debaixo do abuso da bandeira nacional de Portugal. 1838 Maio 10

O abaixo assignado, tendo feito assim conhecer explicitamente a S. Ex.ª os embaraços que devem seguir-se á demora da assignatura do Tratado, tal como foi ajustado entre elle, e S. Ex.ª, deve certificar a S. Ex.ª que o Governo de Sua Magestade estará prompto, immediatamente depois da conclusão do mesmo Tratado, a tomar em consideração a posição do Governo de Portugal relativamente ás suas colonias africanas, com a mais solicita attenção ao interesse, e segurança destas possessões da sua antiga alliada, como o merece a Gran-Bretanha; porém tal, que em outras circumstancias connexas com a extincção do trafico da escravatura o Governo de Sua Magestade não deseje ou não possa reconhecer.

O abaixo assignado aproveita esta occasião para renovar a S. Ex.ª os protestos da sua alta estima e consideração.

Lisboa, 10 de Maio de 1838.—Howard de Walden.—A S. Ex.ª o Visconde de Sá da Bandeira, etc., etc., etc.

Vigarios apostolicos nas Indias Orientaes, e revogando as instituições Padroado Portuguez.

tugais dans les Indes.

GRÉGOIRE XVI, PAPE

POUR MEMOIRE ÉTERNELLE DE LA CHOSE

Les pontifes romains, nos prédécesseurs, prirent un grand nombre d'admirables mesures, ainsi que les y obligeaient leurs fonctions apostoliques pour favoriser l'extension de la religion catholique dans les très-vastes régions des Indes orientales. Mais le grand éloignement qui sépare 1838 Abril 24

1838 Abril 24 nem, locorumque difficultates, ardua valde esset tantæ illius vineæ Domini partis cultura, sollicitudinem suam impense Romani Pontifices demonstraverunt, ut quidquid pro diversa temporum ratione, religione utile apud illas gentes futurum esse videretur, auctoritate sua sancirent, et studiose servandum esse juberent.

Omittimus illam curam commemorare ab Apostolica Sede nunquam neglectam, ut undique sacerdotes excitarentur ad sacri ministerii officia in iis regionibus obeunda; nihil de singulari dicimus adhibita a Prædecessoribus Nostris facilitate, ac benignitate, ut ad non retardandos iis in locis religionis catholicæ progressus, innumera ferme concesserint, quibus passi sunt, cum iis gentibus remissius agi, quam ut canonum, et disciplinæ severioris instituta requirebant. Eam tantum hic memorabimus grati animi significationem, quam pro dignitate sua, Romani Pontifices erga illos ostenderunt, quos constabat, opera sua religioni utiles per ea loca fuisse.

Perspicuum hujus rei testimonium continet patronatus privilegium Fidelissimis Lusitaniæ Regibus ab Apostolica Sede tributum, ut diœcesium nonnullarum in iis regionibus Episcopi, eorum nominatione eligerentur. Cum enim illorum Principum pietas, ac munificentia multum contulisset, ut in vastissimis illis regionibus episcopatus nonnulli constitui possent, Prædecessores Nostri, grati animi testificatione eorum merita prosequi cupientes, largiti sunt ut earum diœcesium Episcopos Sedes Apostolica eligeret, quos idoneos illi nominassent. Hujus præterea privilegii concessione, Apostolica Sedes prospexit, ut non diuturna esset sedium illarum Episcopalium vacatio, facilius Episcopos ea loca opportunos haberent, et præsulibus ipsis satis congrua præsto essent subsidia, quæ eorumdem dignitati convenirent. Factum est vero temporum vicissitudine, ut hoc quod diu religioni utile

ces régions du siége apostolique, la longueur des voyages et les difficultés des lieux, rendaient fort difficile la culture de cette partie étendue de la vigne du Seigneur; les pontifes romains prouvèrent surtout leur sollicitude en sanctionnant par leur autorité ce qui, en différents temps et en diverses circonstances, fut reconnu comme utile à la religion parmi ces peuples, et en ordonnant que cela fût soigneusement observé.

1838 Abril 24

Nous ne rappellerons pas ici la sollicitude constante avec laquelle le saint-siége veilla à ce qu'il y eût partout, dans ces contrées, des prêtres pour remplir les devoirs du ministère sacré; nous ne parlerons pas non plus de la singulière facilité et bénignité dont nos prédécesseurs firent preuve lorsque, pour ne pas retarder les progrès de la religion catholique dans ces lieux, ils firent des concessions presque innombrables, et condescendirent à ce qu'on agît envers ces peuples avec plus de relâchement que ne le permettaient les dispositions des canons et d'une discipline sévère. Nous rappellerons seulement les faits qui prouvent les nobles sentiments de reconnaissance dont les pontifes romains furent animés envers ceux qui, par leurs œuvres, rendirent des services à la religion dans ces lieux.

Le patronage accordé par le siége apostolique aux rois très-fidèles de Portugal, et d'après lequel le choix des évêques de plusieurs des diocèses de ces régions était remis à leur nomination, prouve d'une manière éclatante ce que nous venons d'avancer. Car, comme la piété et la munificence de ces princes avaient puissamment contribué à ce que divers évêchés pussent être établis dans ces immenses districts, nos prédécesseurs, désireux de témoigner la gratitude que leur inspiraient ces mérites, accordèrent à ces rois le droit de nommer des évêques capables auxquels le saint-siége conférerait le gouvernement de ces diocèses. Cependant, en concédant ce privilége, le siége apostolique veilla à ce que ces siéges épiscopaux ne pussent vaquer longtemps, à ce que ces régions eussent facilement de bons évêques, et à ce que ces prélats trouvassent des subsides qui fussent en

1838 Abril 24 in iis regionibus fuit, in eo statu manere non potuerit, quem Prædecessorum Nostrorum decreta, in adjunctis rerum longe diversis edita, servandum esse jusserant.

Pluries Nos, cum adhuc Consilio Christiano Nomini Propagando præessemus, perpendere rationum gravitatem debuimus, quæ demonstrabant, regiones illas tam late patentes, quæ permagnam vastissimæ eis Gangem peninsulæ partem constituunt, necessario requirere, ut Apostolica Sedes religioni in iis periclitanti succurreret, et ecclesiastici regiminis formam ea ratione moderaretur, quæ obtinendæ religionis incolumitati par esse posset. Notum Nobis erat, regiones illas diœcesium Cranganorensis, Coccinensis et Meliaporensis seu Sancti Thomæ limitibus comprehendi. Constabat vero Nobis, Prædecessores Nostros fidelissimis Lusitaniæ Regibus patronatum in illas Diœceses, et Episcopos nominandi privilegium impertitos esse. Hoc enim continetur litteris apostolicis fel. rec. Pauli IV diei 4 Februarii anno 1557 quæ incipiunt *Pro excellenti,* quibus diœcesim Coccinensem constituit: item Clementis VIII diei 4 Augusti 1600 incipientibus *In supremo,* et Pauli V diei 6 Februarii 1616 incipientibus *Alias postquam* de Cranganorensis Archiepiscopatus erectione; ac denique Apostolico decreto Pauli V diei 9 Januarii 1606 quo Episcopatus Meliaporensis, seu Sancti Thomæ constitutus est. Non omisimus vel ab eo tempore, ad bonum religionis promovendum illa omni conari, quæ temporum adjuncta patiebantur.

Postquam vero ad D. Petri cathedram licet immerentes evecti fuimus, multo frequentius, et omni gravitate præstantibus monumentis excitati sumus, ut religioni in permagno discrimine apud illas gentes versanti opem afferremus. Hæc animo volventes, et Apostolicæ sollicitudinis officia cogitantes, adducti idcirco sumus, ut litteris apostolicis diei 18

rapport avec leur dignité. Toutefois il arriva, à la suite des vicissitudes des temps, que ce qui avait été jadis utile à la religion en ces contrées ne put plus rester dans les conditions que les édits de nos prédécesseurs, rendus sous l'empire de circonstances tout à fait différentes, avaient ordonné de maintenir. 1838 Abril 24

Souvent, tandis que nous étions à la tête du conseil de la propagande, nous dûmes peser la gravité des raisons qui prouvaient qu'il était nécessaire que le siége apostolique vint au secours de la religion ébranlée dans les régions immenses qui forment la plus grande partie de la très-vaste péninsule du Gange, et qu'il y modifiât la forme du gouvernement ecclésiastique de manière à assurer à la religion une existence florissante. Nous savions que ces régions étaient comprises dans les limites des diocèses de Cranganor, de Cochin et de Méliapour ou San-Thomé. Il était également à notre connaissance que nos prédécesseurs avaient accordé aux rois très-fidèles de Portugal le patronage de ces diocèses et le privilége d'y nommer les évêques. Car ces choses sont contenues dans les lettres apostoliques de Paul IV, d'heureuse mémoire, du 4 février de l'an 1557, qui commencent par les mots *Pro excellenti* et par lesquelles ce pape établit le diocèse de Cochin; — Item, dans celles de Clément VIII, du 4 août 1600, commençant par: *In supremo*, et de Paul V, du 6 février 1616, commençant par: *Alias postquam*, et erigeant l'archevêché de Cranganor; et enfin, dans le décret apostolique de Paul V du 9 janvier 1606, par lequel l'évêché de Méliapour ou San-Thomé a été formé. Nous ne négligeâmes pas, dès ce temps, de faire, en vue du progrès et de l'avantage de la religion, tous les efforts que permettaient les circonstances.

Mais après que, malgré notre indignité, nous eûmes été élevé à la chaire de Saint-Pierre, nous avons été excité bien plus fréquemment, et par les appels les plus graves et les plus dignes d'être pris en considération, à porter secours à la religion, qui courait de grands dangers parmi ces peuples. Préoccupé de ces choses et pensant aux devoirs sur

1838 Abril 24 Aprilis 1834 incipientibus *Latissimi terrarum tractus*, Vicarium Apostolicum a Sede Apostolica tantum dependentem constitueremus, qui populosam Calcuttæ urbem, ejusque politicam præfecturam subjectam haberet. Quoniam vero reperti sunt, qui Vicarii Apostolici a Nobis instituti jurisdictioni resisterent, et Apostolicis Nostris litteris non obtemperandum esse contenderent, eo quod in illis, expressa mentione facta, derogatum non esset iis, quæ Paulus V diei 9 Januarii 1606 de Episcopi Meliaporensis, seu Sancti Thomæ jurisdictionis finibus decreverat, Nos alio Brevi Apostolico diei 4 Augusti 1835 cujus initium est *Commissi Nobis*, omnem hunc dissidii prætextum rejecimus, et plura declaravimus, quæ ad stabilius firmandam Vicarii Apostolici Bengalensis auctoritatem poterant pertinere. Eadem de causa factum est, ut alium Vicarium Apostolicum Madraspatani, litteris diei 25 Aprilis 1834 incipientibus *Ex debito pastoralis* instituendum esse duxerimus. Hæc quoque ratio fuit cur die 23 Decembris 1836 aliud Breve Apostolicum incipiens *Ex munere pastoralis* ediderimus, quo vastissimam insulam Ceylon Vicario Apostolico a Nobis instituto gubernandam commisimus. Hæc denique ratione factum est, ut prospicere cupientes religionis necessitati apud illas gentes, quæ peninsulæ partem incolunt, quæ ad Orientem montium Gates vergit, et a flumine Chovery ad promontorium usque Comorinum protenditur, universum illum regionum tractum, qui regna Maduræ, Tanjorii, Maravæ, et Misorii comprehendit, per nostram Congregationem de Propaganda Fidé die 3 Junii 1837 Ven. Fratris Clementis Episcopi Drusiparensi in Ora Coromandelica Vicarii Apostolici, provisoria ratione, et quoad aliter a Sancta Sede decretum fuerit, curæ et jurisdictioni commiserimus.

Intelligimus per hæc, quæ hactenus a Nobis de ea Indiarum regione statuta sunt, in permagna peninsulæ parte re-

lesquels doit s'étendre la sollicitude apostolique, nous avons été conduit à établir, par nos lettres apostoliques du 18 avril 1834, commençant par les mots *Latissimi terrarum tractus*, un vicaire apostolique dépendant du saint-siége seul et chargé de gouverner la ville populeuse de Calcutta et sa préfecture politique. Mais, comme il s'est trouvé des personnes qui résistèrent à la juridiction du vicaire apostolique par nous institué, et qui soutenaient qu'il n'était pas besoin d'obéir à nos lettres apostoliques, parce qu'elles ne dérogeaient pas, avec mention expresse, aux choses que Paul V avait décrétées, le 9 janvier 1606, relativement aux limites de la juridiction de l'évêque de Méliapour ou San-Thomé, nous ôtâmes tout prétexte à cette dissension par un autre bref apostolique du quatrième jour d'août 1835, commençant par *Commissi nobis*, et nous éclaircîmes plusieurs points qui pouvaient contribuer à affermir d'avantage l'autorité du vicaire apostolique du Bengale. Les mêmes motifs nous ont amené à établir un autre vicaire apostolique à Madras par nos lettres du vingt-cinquième jour d'avril 1834, commençant par *Ex debito pastoralis*. Et c'est encore pour cela que, le 23 décembre 1836, nous publiâmes un autre bref apostolique commençant par les mots *Ex munere pastoralis*, et par lequel nous confiâmes le gouvernement de la très-vaste île de Ceylon à un vicaire apostolique par nous institué. C'est également pour cette raison que, désirant pourvoir aux nécessités de la religion parmi les peuples fixés dans la partie de la Péninsule qui s'étend à l'orient de la chaîne des Ghates, depuis le fleuve Chovery jusqu'au cap Comorin, et comprenant les royaumes de Maduré, de Tanjore, de Marava et de Mayssour, nous les avons soumis, par notre congrégation de *propaganda Fide*, le 3 juin 1837, à titre provisoire, aux soins et à la juridiction de notre vénérable frère Clément, évêque de Drusipare, vicaire apostolique de la côte de Coromandel, jusqu'au temps où le saint-siége en décidera autrement.

1838 Abril 24

Nous pensons avoir satisfait aux besoins de la religion dans une grande partie de la Péninsule hindoustanique par

1838 Abril 24 ligionis utilitati consultum esse. Sed præter illa loca, quæ Vicariis Apostolicis gubernanda tradita fuerunt, non parvæ adhuc supersunt ibi regiones, quarum bono spirituali prospicere tenemur, quæque inter fines Diœcesium Cranganorensis, Coccinensis, et Meliaporensis, vel Sancti Thomæ positæ sunt. Scimus disciplinam ecclesiasticam, populi mores, fidem catholicam, iis in locis, quæ jamdiu pastore carent, magnum detrimentum accepisse, notumque Nobis est, prætextu defendendi, ac conservandi jura Diœcesium illarum, plures abuti, ut Vicariis Apostolicis, quos Sedes Apostolica constituit, resistant, eorum auctoritatem oppugnent, et schisma perniciosum excitare conentur. Plane sentimus, Nos ex officio, quod Deus Nobis in D. Pedri successione commisit, omnino teneri, ut Ecclesiæ curam in dissita etiam qualibet orbis parte geramus, eaque decernamus, quæ ad religionem ubique juvandam conducere posse videmus.

Communicato igitur consilio de tam gravi re cum VV. FF. NN. S. R. E. Cardinalibus negotiis Propagandæ Fidei præpositis, eorumdem sententia probata, ac matura totius negotii consideratione a Nobis instituta, Apostolicæ potestatis plenitudine, hæc decernenda esse judicavimus.

Videlicet, provisoria ratione, et quoad Sedes Apostolica nihil aliud novi statuerit, decernimus regiones eas omnes, quæ Diœcesis Meliaporensis, seu Sancti Thomæ limitibus continentur, quæque hactenus nulli Vicario Apostolico commissæ sunt, Vicariatui Apostolico Madraspatano uniendas esse, et jurisdictionem, atque auctoritatem totam ecclesiasticam, spiritualem in eas regiones, ad Ven. Fr. Danielem episcopum Salditanum, Vicarium Apostolicum Madraspatani, ejusque successores pertinere. De regionibus vero, quæ limitibus diœcesis Cranganorensis, et Coccinensis continentur, et quæ nulli Vicario Apostolico hactenus traditæ sunt eadem ratione jubemus, illas Vicariatui Apostolico in Mala-

out ce que nous avons statué jusqu'à présent touchant ces régions. Mais, outre les lieux qui ont été livrés au gouvernement des vicaires apostoliques, il est encore, dans cette partie du monde, des contrées au bien spirituel desquelles nous sommes obligé de pourvoir, et qui sont situées dans les limites des diocèses de Cranganor, de Cochin et de Méliapour ou San-Thomé. Nous savons que la discipline ecclésiastique, les mœurs des peuples et la foi catholique, ont souffert un grand dommage dans ces lieux, qui, depuis longtemps, manquent de pasteurs, et il nous est connu que, sous le prétexte de préserver et de conserver les droits de ces diocèses, de grands abus existent, qu'on résiste aux vicaires apostoliques établis par le siége apostolique, qu'on attaque leur autorité et qu'on s'efforce d'exciter un schisme pernicieux. Nous sentons parfaitement que, d'après la charge que Dieu nous a confié de succéder à Saint-Pierre, nous sommes tenus de prendre soin de l'Église, même dans les parties les plus éloignées du monde, et d'ordonner ce qui nous semble propre à faire faire des progrès à la religion en quelque lieu que ce soit. 1838 Abril 24

Ayant donc consulté à ce sujet si grave nos vénérables frères, les cardinaux de la sainte Église romaine, préposés aux affaires de la propagation de la foi, examiné leur opinion et considéré avec maturité tout ce qui a rapport à ce dont nous occupons, nous nous avons jugé, dans la plénitude de la puissance apostolique, de décider ce qui suit:

Nous ordonnons que, provisoirement et jusqu'à ce que le siége apostolique statue différemment, toutes les régions qui sont contenues dans les limites du diocèse de Méliapour ou San-Thomé, et qui jusqu'à présent n'ont été confiées à aucun vicaire apostolique, soient unies au vicariat apostolique de Madras, et nous remettons la juridiction et toute l'autorité ecclésiastique et spirituelle, dans ces régions, à notre vénérable frère Daniel, évêque de Salda et vicaire apostolique de Madras, et à ses successeurs. Quant aux régions contenues dans les limites des diocèses de Cranganor et de Cochin, et qui ne sont encore soumises à aucun vicaire apostolique, elles seront unies, de la même manière, au vicariat

1838 Abril 24 barica regione instituto, cujus sedes in oppido Verapoli est, uniri debere, et jurisdictionem, atque auctoritatem totam ecclesiasticam, ac spiritualem in eas regiones ad Ven. Fr. Franciscum Xaverium Episcopum Amathensem, Vicarium Apostolicum Verapoli commorantem, ejusque successores spectare. Atque ut Malacensis quoque regio trans Gangem, Apostolicæ Nostræ sollicitudinis fructus accipiat, et Religionis incolumitati atque incremento in ea regione consulamus, universam regionem illam Ven. Fr. Federici Cao Episcopi Zamensis, Vicarii Apostolici Avani et Peguensis jurisdictioni, eadem provisoria ratione subjicimus.

Declaramus, in earum regionum ecclesiastico, ac spirituali regimine, Vicarios Apostolicos memoratos a Nobis, et ab Apostolica tantum Sede immediate dependere, eos solos tanquam veros regionum illarum ordinarios ab omnibus habendos esse, eisque omnes obtemperare debere, et ab illis ecclesiasticam jurisdictionem, ac facultates accipere. Derogamus propterea litteris Apostolicis superius recensitis Prædecessorum Nostrorum de Diœcesium Cranganorensis, Coccinensis, et Meliaporensis, seu Sancti Thomæ erectione, atque limitibus, itemque illis a Paulo IV editis die 4 Februarii 1557, incipientibus *Pro excellenti*, de Episcopatus Malacensis erectione, et præterea derogamus etiam litteris Apostolicis fel. rec. Prædecessoris Nostri Pauli IV diei 4 Februari 1557 incipientibus *Etsi Sancta*, de Archiepiscopatus Goani erectione, ita ut nullam jurisdictionem quocumque titulo, etiam speciali mentione digno, in regionibus, de quibus agitur, Archiepiscopus Goanus in posterum possit exercere.

His ista ratione statutis, videmur omnino Nobis religionis opportuno regimini per eas regiones prospexisse, ac certo Nos speramus futurum, ut Deo Optimo Maximo consilium a Nobis initum benedicente, hæc ad Ecclesiæ incrementum magnopere conferant; confidimus etiam fore, ut decretis Nostris

apostolique établi sur la côte de Malabar, et dont le siége se trouve dans la ville de Verapoli; et la juridiction, ainsi que toute l'autorité spirituelle et ecclésiastique, dans ces contrées, appartiendront à notre vénérable frère François Xavier, évêque d'Amadia, vicaire apostolique établi à Verapoli, et à ses successeurs. Et, afin que la région de Malacca, située au delà du Gange, ne soit pas privée non plus des fruits de notre sollicitude apostolique, et que nous avisions à la prospérité et aux progrès de la religion dans cette région, nous soumettons ces pays, au même titre provisoire, à la juridiction de notre vénérable frère Frédéric Cao, évêque de Zamora, vicaire apostolique d'Ava et Pégu.

1838 Atril 24

Nous déclarons que, pour ce qui touche au gouvernement ecclésiastique et spirituel des contrées ci-dessus nommées, les vicaires apostoliques mentionnés dépendent uniquement et directement de nous et du siége apostolique, et que seuls ils doivent être considérés par tous comme véritables ordinaires de ces régions, que tous sont tenus de leur obéir et de recevoir d'eux la juridiction ecclésiastique et les pouvoirs. Nous dérogeons donc aux lettres apostoliques, ci-dessus mentionnées, de nos prédécesseurs, et relatives à l'érection et aux limites des diocèses de Cranganor, de Cochin et Méliapour ou San-Thomé; de même nous dérogeons aux lettres publiées par Paul IV le 4 février 1557, commençant par *Pro excellenti*, et relatives à l'érection de l'évêche de Malacca; et, de plus, nous dérogeons aussi aux lettres apostoliques de notre prédécesseur Paul IV, d'heureuse mémoire, du 4 février 1557, commençant par *Etsi sancta*, et relatives à l'érection de l'archevêché de Goa; de telle sorte que l'archevêque de Goa ne puisse exercer à l'avenir aucune juridiction, à quelque titre que ce soit, même tout à fait exceptionnel, dans les régions dont nous nous occupons.

Ayant statué ces choses pour les raisons indiquées, nous pensons avoir pourvu entièrement au bon gouvernement de la religion dans ces contrées, et nous avons l'espérance certaine que Dieu tout-puissant et tout miséricordieux, bénissant notre dessein, toutes ces choses contribueront grande-

1838 Abril 24 omnes ea obtemperent observantia, quæ dignitati Nostræ debetur, cui in D. Petro, pascendi, regendi, ac gubernandi universalem Ecclesiam a Deo potestas tradita est. Non dubitamus denique, eos, qui hactenus voluntati Nostrae restiterunt, suscepturos esse saniora consilia, et a gravissimo schismatis malo alienos ex animo esse futuros.

Præter illud enim catholici cujuslibet proprium officium, ut D. Petro per os nostrum loquenti obtemperare teneatur, persuasum habemus, eos intellexisse, quæ ad dissidii sui defensionem attulerunt, ipsorum repugnantiam excusare nulla ratione posse. Omnibus enim cognitum est, Apostolicam Sedem in patronatu illo Fidelissimis Lusitaniæ Regibus concedendo, nunquam voluisse impedimentum sibi ipsi inducere, quominus religioni in regionibus illis provideret, et non posset ea statuere, quæ pro temporum necessitate, populi christiani salus fuisset postulatura.

Putamus, eos quoque videre, quantopere diversis temporibus, et a præsenti rerum statu distinctis, privilegium illud concessum, servatumque fuerit; existimamus illos etiam sentire, regiones eas, ad quarum bonum procurandum mentem Nostram convertimus, non amplius veteri politico regimini subesse, quo Lusitanis Regibus facile erat in iis regionibus patronatum exercere, sed illas in potentissimi Regis ditionem devenisse, cujus gubernii formam, atque instituta, hoc minime passura esse, Nobis exploratum est.

Recordamur tandem Romanos Pontifices Prædecessores Nostros, non obstante patronatus concessione, ex Diœcesibus eo privilegio comprehensis, provincias separandas aliquando, et Vicariatus Apostolicos provincias illas complectentes, constituendos esse pro religionis utilitate jure decrevisse: quare confidimus, eos, qui dissidere hactenus non dubitarunt, facile perspecturos cavendum sibi esse, ne decretis Nostris in præsenti rerum conditione latis, patronatus præ-

ment à l'accroissement de l'Église. Nous avons la confiance qu'on obéira à nos décrets avec toute la soumission due à notre dignité, car, en la personne de Pierre, nous avons reçu de Dieu le pouvoir de paître, de diriger et de gouverner l'Église universelle. Nous ne doutons pas, enfin, que ceux qui ont résisté jusqu'à présent à notre volonté ne reviennent à de meilleurs conseils, et qu'à l'avenir ils ne soient étrangers de tous leurs cœurs au terrible mal du schisme. 1838 Abril 24

Car, outre que les catholiques, quelles que soient leurs fonctions, sont obligés d'obéir à Saint-Pierre parlant par notre bouche, nous sommes convaincus qu'ils comprennent maintenant que tout ce qu'ils ont avancé pour défendre leurs dissidences ne peut en aucune façon excuser leur résistance. Car il est connu de tous qu'en accordant aux rois très-fidèles de Portugal le droit de patronage, jamais le saint-siége n'a voulu établir un obstacle qui dût l'empêcher de pourvoir aux besoins de la religion dans ces pays, ni de statuer ce qu'exigerait, suivant les temps et les circonstances, le salut du peuple chrétien.

Nous pensons aussi que ces catholiques voient combien les temps auxquels ce privilège a été donné et observé étaient différents des circonstances actuelles. Nous estimons qu'ils comprennent que les régions auxquelles nous nous efforçons de procurer des avantages ne sont plus soumises à leur ancien régime politique, régime pendant lequel il était facile aux rois de Portugal d'exercer leur patronage; mais qu'elles ont passé sous la domination d'un monarque très-puissant dont le gouvernement et les institutions ne supportent pas l'ancien état des choses. Cela nous est démontré.

Enfin, nous rappelons que, malgré la concession du patronage, les pontifes romains, nos prédécesseurs, ont cru devoir détacher, à plusieurs reprises, quelques provinces des diocèses qu'embrassait le privilége, et qu'usant de leur droit, ils y ont établi des vicaires apostoliques, pour le bien de la religion; nous avons la confiance que ceux qui ont résisté jusqu'à présent comprendront facilement d'après cela qu'ils doivent prendre garde, et qu'en s'opposant, sous prétexte de patro-

1834 Abril 24 textu repugnantes, aperte ostendant, se dissidii sui nullam, nisi inobedientis animi rationem afferre posse. Decernentes has præsentes litteras firmas, validas, et efficaces existere, et fore, suosque plenarios, et integros effectus sortiri, et obtinere, ac iis, ad quos spectat et adspectabit, hoc, futurisque temporibus plenissime suffragari. Contrariis non obstantibus quibuscumque.

Datum Romæ apud Sanctum Petrum, sub Annulo Piscatoris die 24 Aprilis 1838, Pontificatus Nostri anno octavo. — E. Card. de Gregorio.

Este Diploma presume supprimir as Dioceses de Malaca, Cochim, Cranganor, e Meliapor, suffraganeas do Arcebispado de Goa, e revogar as Bullas de sua erecção. Para isso toma dois fundamentos: 1.º, que o Padroado foi hum *privilegio* concedido aos Reys de Portugal pela Santa Sé; 2.º, que este *privilegio* não póde hoje continuar, porque tendo sido reduzidas estas regiões ao dominio de hum potentissimo Monarcha, he notorio á Santa Sé que este pela fórma do governo, e instituições de sua nação não ha de de modo algum tolerar o exercicio daquelle privilegio. Ora se mostrarmos que o Padroado (e no caso presente o daquellas Dioceses) não foi *privilegio* concedido pela Santa Sé, mas *direito* fundado nos Sagrados Canones da Igreja; se igualmente mostrarmos ser falsa a invocada repugnancia de hum poderoso Monarcha, ou Nação, hoje preponderante na India, ao exercicio do Padroado Portuguez; ficará evidente a obrepção, e subrepção do Breve, e a malicia dos innovadores, que assim abusaram do religioso zelo do Santo Padre pelo bem das Christandades orientaes.

A Diocese de Malaca foi erecta por Bulla do Santo Padre Paulo IV, datada de 4 de Fevereiro de 1557, que começa: *Pro excellenti*, e nella se contém esta clausula: «*Decernentes Jus Patronatus hujusmodi Sebastiano, et pro tempore existenti Regi præfato ex meris fundatione, et dotatione com-*

nage, à nos décrets portés pour l'état présent des choses, 1838
ils montreraient clairement qu'ils n'avaient d'autre motif de Abril
dissidence que leur propre disposition à désobéir. Nous or- 24
donnons que ces présentes lettres soient fermes, valides, efficaces, et qu'elles aient leur plein et entier effet de la part de ceux à qui il appartient et appartiendra à l'avenir de les faire exécuter. Non obstant toutes dispositions contraires.

Donné à Rome à Saint-Pierre, sous l'anneau du pêcheur, le vingt-quatrième jour d'avril 1838, la huitième année de notre pontificat. — E. Card. de Gregorio.

---

petere, nec illi ullo umquam tempore quicumque ratione derogari posse, et si quoquomodo derogaretur, derogationem hujusmodi cum inde secutis nullius roboris, et efficaciæ fore: nec non irritum et mane, si secus super his à quoquam quavis auctoritate scienter, vel ignoranter contigerit attentari».

A Diocese de Cochim foi erecta por outra Bulla do mesmo dia e anno, e que começa pelas mesmas palavras. Nella se lê outra semelhante clausula.

A Diocese de Angamale (depois transferida a Cranganor) foi erecta por Bulla do Santo Padre Clemente VIII, de 4 de Agosto de 1600, cujas primeiras palavras são: *In supremo militantis*, e contém esta clausula: «*Decernentes Jus Patronatus, et præsentandi hujusmodi Philippo Regi, ejusque successoribus prædictis ex vera, mera, et reali ipsius Ecclesiæ Angamalensis dotatione competere, illique per Sedem prædictam (Apostolicam) quacumque ratione, nisi de ipsius Philippi, et pro tempore existentis Regis hujusmodi expresso consensu derogari non posse, nec derogatum censeri: et si aliter quovis modo derogari contingat, derogationem hujusmodi cum inde sequutis nullius roboris, et momenti fore*».

A Diocese de S. Thomé, ou Meliapor finalmente foi erecta pelo Santo Padre Paulo V por Bulla de 9 de Janeiro de 1606 que começa: *Hodie Sanctissimus*, e nella se acham exaradas clausulas identicas ás da antecedente.

1838 Abril 24 Donde se vê que o Padroado não he hum *Privilegio*, mas hum *Direito;* e que quando não fossem as regras imprescriptiveis do direito natural, e commum, que mandam que se não tome o alheio, aquellas clausulas das Bullas de erecção obstavam á revogação das mesmas Bullas, e annullação do direito nellas consignado, sem o Soberano Portuguez ser ouvido, e convencido.

Mas dado, posto que de nenhum modo concedido, que o Breve *Multa Præclare* derogasse as Bullas, e supprimisse as Dioceses de Malaca, Cochim, Cranganor, e Meliapor, he certo que deixou em completa integridade a Diocese de Goa, pois della não diz huma só palavra. Como pois os innovadores, dirigindo-se aos soldados Catholicos Romanos da Presidencia de Bombaim, onde não ha hum só palmo de terra pertencente ás Dioceses mencionadas no Breve *Multa Præclare*, como dizemos, invocam os innovadores este Breve para negar a jurisdicção ao Clero Diocesano de Goa? Se não he parto do cerebro allucinado, he outra cousa peor,

Demais, como foi notorio aos innovadores, para o pôrem na bôca do Santo Padre, hum facto occulto a todo o mundo, isto he, a repugnancia da Nação mais poderosa da India ao exercicio do direito do Padroado Portuguez? Aqui repetiremos com o Secretario de Estado Martinho de Mello e Castro: «quem deu a Roma estas noticias sem que ellas tivessem chegado a Portugal, he o que elles não referem». E ao mesmo tempo que esse facto he ignorado de Portugal, e do mundo, he patente que não ha sobre a terra Nação mais tolerante que a Britannica (pois he a ella que se allude), o gentio de todas as seitas, o mouro, o judeo, o protestante de todas as communhões, o catholico finalmente tem ampla liberdade de seguir a sua religião, exercer o seu culto, e governar-se espiritualmente a seu modo em toda a amplitude dos Estados subordinados á Nação Britannica. Seria unico esse exemplo de intolerancia, que os innovadores pretendem fazer acreditar do Governo daquella Nação. Por mau fado dos innovadores tem-se encarregado de os desmentir os tribunaes Britannicos de toda a India nas sentenças, que constemente tem proferido depois do Breve *Multa Præclare* a favor do Padroado Portuguez em todas as occasiões, que perante elles temos recorrido contra os usurpadores de nossas Igrejas. Tem-se encarregado de os desmentir ainda o Governo Inglez, não só conservando inalteravelmente até ao dia de hoje sem a mais leve interrupção a antiga, e intima alliança com o Governo Portuguez na Europa, e na Asia, mas declarando expressamente por intermedio do seu Ministro dos Negocios Estrangeiros, Lord Aberdeen, ao Ministro de Sua Magestade Fidelissima na Côrte de Londres, em Nota de 18 de Setembro de 1844, que reconhece o Padroado da Corôa Portugueza, e quer que o provimento das Sés Catholicas Romanas vagas continue a fazer-se na India da mesma fórma que antes da usurpação de D. Miguel em 1828. Tem-se encarregado de os desmentir a propria Santa Sé com cujos plenos poderes foi assignada em Lisboa pelo Cardeal Nuncio a Concordata de 21 de Fevereiro de 1857, na qual declaram as altas partes contratantes que o territorio do Padroado da Corôa de Portugal na India seja o territorio da India Ingleza. Ora segundo o Breve *Multa Præclare* he notorio á Santa Sé que a Nação Britannica não consente nem consentirá o Padroado Portuguez nas terras do seu dominio. E segundo a Concordata de 21 de Fevereiro só na India Ingleza póde ter na opinião da mesma Santa Sé mais seguro, e livre exercicio o direito do Padroado! 1838 Abril 24

(Reflexões sobre o Padroado Portuguez no Oriente)

Carta da Congregação da Propaganda Fide a D. Pedro de Alcantara Bispo, Vigario Apostolico em Bombaim

(Hist. du Schisme Portugais dans les Indes, pag. 3?1.)

Très-illustre et très-révérend seigneur.—Votre seigneurie comprend aisément la peine profonde qu'ont éprouvée la sacrée congrégation et Sa Sainteté elle-même, en recevant la 1839 Janeiro 23

1839 Janeiro 23 nouvelle certaine que les dissensions, excitées par ceux qui refusent l'obéissance aux vicaires apostoliques établis par le saint-siége, continuent toujours dans les contrées où vous vous trouvez. Il est connu que cette résistance à l'autorité des vicaires apostoliques ne saurait être excusée. Car le bref de Sa Sainteté le pape Gregoire XVI, promulgué le 24 avril de l'an 1838, et qui commence par les mots: *Multa praeclare*, contient la désapprobation la plus formelle de cette dissension, et montre en même temps avec la dernière evidence que les vicariats apostoliques du Bengale, de Madras et Ceylon, récemment érigés, ont été véritablement établis par le siége apostolique, ainsi que ceux de Vérapoly, Bombay, Pondichéry, Ava-Pégu et du Tibet, car c'est ainsi qu'on les nomme. En outre, il est èvident, d'après la teneur de ces mêmes lettres, que provisoirement et jusqu'à ce que le siége apostolique en ait autrement ordonné, toutes les contrées qui sont dans les limites du diocèse de Méliapour ou San Thomé, et qui n'avaient été soumises à aucun vicaire apostolique, ont été commises à la juridiction du vicaire apostolique de Madras, il l'est également que la même chose a été faite pour les régions qui se trouvaient dans les limites du diocèse de Cananore et Cochin, et qui ont été remises au gouvernement du vicaire apostolique de Vérapoly. Il est signifiée aussi dans les lettres, que la contrée de Malacca, au-delà du Gange, qui formait la diocèse de Malacca, devait être soumise ou vicaire apostolique d'Ava-Pégn. Finalement, il est décrété dans ces mêmes lettres, de la manière la plus absolue, que les vicaires apostoliques doivent être tenus pour les seuls ordinaires de ses contrées, que chacun est obligé de leur obéir, et d'en recevoir la juridiction et les facultés ecclésiastiques.

Il est facile de comprendre aussi que, lorsqu'on a répandu parmi le peuple que l'on ignorait si le bref apostolique était authentique ou ne l'était pas, c'était un simple pretexte pour fomenter des dissensions. Car ce bref a été envoyé à tous les vicaires apostoliques des Indes Orientales par une encyclique de la sacrée congrégation, et il a été publié au nom du saint-siége, de la manière la plus solennelle possible. Il n'y avait aucun motif pour ne pas envoyer ces lettres dans ces pays en la manière toujours usitée; car le siége apostolique a dérogé au privilége du patronage, dont les rois très-fidèles de Portugal jouissaient autrefois dans ces diocèses, ainsi que cela apparait pleinement par le bref apostolique *Multa præclare.* 1839 Janeiro 23

Il est donc parfaitement clair que ceux qui continuent à refuser de ce soumettre aux vicaires apostoliques ne peuvent articuler aucune excuse plausible de leur conduite; et les choses ont été si loin, que, le 22 avril 1839, la sacrée congrégation à justement déclaré que tous ceux qui refusaient obéissance aux vicaires apostoliques de Madras devaient être considérés comme manifestement désobéissants.

Ceci étant le cas, la sacrée congrégation écrit la présente lettre à votre seigneurie, avec l'approbation de Sa Sainteté, et vous charge de la rendre publique, afin que tous ceux, membres du chargé au laiques, que jusqu'à présent n'ont point obéi aux vicaires apostoliques, soient avertis de la nécessité de leur rendre obédience comme à leurs ordinaires légitimes. Le siége apostolique espère qu'enfin ils prendront de plus sages conseils et qu'ils détourneront d'eux-mêmes le danger d'être déclarés *schismatiques* par le même siége apostolique, et d'encourir les pénalités que le droit canon et les constitutions apostoliques decrètent contre les *schismatiques.*

Nous avons confiance que, se rendant à cet avertissement, ils pourvoiront à leur propre salut et à la paix de l'Église.

Je prie Dieu de maintenir votre seigneurie pendant long temps en santé et bonheur.

Donné à Rome dans le palais de la sacrée congrégation de Propagande, le 23 janvier 1839. — De votre seigneurie le dévoué frère. — J. P. Card. Fransoni, préfet. — J. archevêque d'Édesse, secrétaire.

Officio do Ministro de Inglaterra ao Ministro dos Negocios Es sobre o trafico

(Arch. do Ministerio dos Negocios Estrangeiros.— Original.)

1840 Janeiro 1 Lisbon, 1.st January 1840.

Mr. le Comte. — Your Excellency having stated to me this morning that you had not yet received the brief issued by the Pope in denunciation of the inhuman traffic in slaves, I have the honour herewith to inclose a copy of that document for the information of the Government of Her Most Faithful Majesty.

As it is my duty to give as much publicity as possible to an act of the Papal Government having for object the suppression of the crime of slave trading, so disgraceful to Christianity, I have the honour at once to express my hopes that shall meet with cooperation on the part of Your Excellency, and that directions will be given for the propagation of the sentiments of the head of the Catholic Church in Portugal on this most important question, by the publication of the brief in the *Diario do Governo*.

Your Excellency will observe that the document is an authentic and official one from the Papal Government.

I avail myself of this opportunity to renew to Your Excellency the assurances of my highest consideration. — Howard de Walden.

Breve do Papa Gregorio XVI admoestando e pedindo aos fieis

(Impresso avulso na typographia da Camara Apostolica. — Roma, 1839.)

1839 Dezembro 3 In supremo Apostolatus fastigio constituti, et nullis licet suffragantibus meritis gerentes vicem Jesu Christi Dei Filii, qui propter nimiam caritatem suam Homo factus mori etiam pro mundi redemptione dignatus est, ad nostram pastoralem

trangeiros, incluindo copia de um Breve do Papa Gregorio XVI, de escravatura

(Traducção particular.)

Lisboa, 1 de Janeiro de 1840.

Sr. Conde. — Tendo-me V. Ex.ª dito esta manhã que ainda não recebêra o breve do Papa que denuncia o deshumano trafico de escravos, tenho a honra de incluir aqui huma copia desse documento para informação do Governo de Sua Magestade Fidelissima. 1840 Janeiro 1

Como he do meu dever dar a maior publicidade possivel a hum acto do Governo Papal que tem por objecto a suppressão do crime da escravatura, tão deshonroso para a Christandade, tenho ao mesmo tempo a honra de exprimir a esperança de que elle receberá a cooperação de V. Ex.ª, e que se darão ordens para propagar em Portugal os sentimentos do Chefe da Igreja Catholica nesta importantissima questão, publicando-se o breve no *Diario do Governo.*

V. Ex.ª observará que o documento he authentico e official, emanado do Governo Pontificio.

Aproveito esta occasião para renovar a V. Ex.ª os protestos da minha mais subida consideração. — Howard de Walden.

que se abstenham do deshumano commercio da escravatura

Impresso avulso na typographia de Santos & menor. — Pará, 1840.)

Encarregados do supremo Apostolado, e fazendo, posto que sem merecimento da nossa parte, as vezes de Jesus Christo filho de Deus, que á força de amor para comnosco se fez homem, e se dignou morrer para salvação do mundo, 1839 Dezembro 3

1839 Dezembro 3 sollicitudinem pertinere animadvertimus, ut fideles ab inhumano nigritarum seu aliorum quorumcumque hominum mercatu avertere penitus studeamus. Sane cum primum diffundi cœpit Evangelii lux, senserunt alleviari plurimum apud Christianos conditionem suam miseri illi, qui tanto tunc numero bellorum præsertim occasione in servitutem durissimam deveniebant. Inspirati enim a Divino Spiritu Apostoli servos quidem ipsos docebant obedire dominis carnalibus sicut Christo, et facere voluntatem Dei ex animo; dominis vero præcipiebant ut bene erga servos agerent, et quod justum est et æquum eis præstarent, ac remitterent minas, scientes quia illorum et ipsorum Dominus est in cœlis, et personarum acceptio non est apud Eum [1]. Universim vero cum sincera erga omnes caritas Evangelii lege summopere commendaretur, et Christus Dominus declarasset habiturum se tanquam factum aut denegatum sibi ipsi quidquid benignitatis et misericordiæ minimis et indigentibus præstitum aut negatum fuisset [2], facile inde contigit nedum ut Christiani servos suos præsertim Christianos veluti fratrum loco haberent [3], sed etiam ut proniores essent ad illos qui mererentur libertate donandos; quod quidem occasione imprimis Paschalium solemnium fieri consuevisse indicat Gregorius Nyssenus [4]. Nec defuerunt qui ardentiore caritate excitati *se ipsos in vincula conjecerunt, ut alios redimerent;* quorum multos se novisse testatur apostolicus vir idemque sanctissimæ recordationes præcessor noster Clemens I [5]. Igitur progressu temporis ethnicarum superstitionum caligine plenius dissipata, et rudiorum quoque populorum moribus fidei per caritatem operantis beneficio mitigatis, res eo tandem devenit ut jam a pluribus sæculis nulli apud plurimas Christianorum gentes servi habeantur.

1 *Ad Ephesios VI*, 5, seqq., *ad Coloss. III*, 22, seqq. IV, I.

2 *Mathæi XXV*, 35, seqq.

3 *Lactantius Divin. Institution.*, lib. V, c. 16, tom. IV. *Biblioth. Veterum Patrum Venetiis a Gallandio editæ*, pag. 318.

4 *De Resurrect. Domini*, Orat. III, tom. III, pag. 420. *Operum edit. Parisien.*, anni 1638.

5 *Ad Corinth.*, ep. I, cap. 55, tom. I. *Bibl. Gallandii*, p. 35.

julgamos da nossa obrigação pastoral admoestar, como admoestamos, os fieis para que se abstenham do deshumano trafico dos negros, ou de quaesquer outros homens que sejam. Logo que a luz do Evangelho começou a espalhar-se entre os homens, começaram tambem aquelles infelizes, que naquelles tempos, mórmente pelas vicissitudes de guerra, cahiam em grande numero na mais dura escravidão, a sentir pela maior parte allivio na sua sorte, se pertenciam a senhores Christãos; porquanto, cheios como estavam do Espirito Divino, os Apostolos não só admoestavam os escravos a se conformarem com a vontade de Deus, obedecendo a seus senhores corporaes, como ao mesmo Christo, mas admoestavam igualmente os senhores para que tratassem bem os seus escravos, concedendo-lhes o que fosse de direito, e de equidade, e sobretudo para que se abstivessem de maltratal-os, devendo lembrar-se de que o verdadeiro Senhor não só dos escravos, mas dos mesmos senhores, he aquelle que está no céu, diante de quem não ha distincção de pessoas [1]. E como o puro amor do proximo era hum dos pontos mais apertadamente recommendados no Evangelho, e alem disto Jesus Christo mesmo havia declarado que tomaria como feito ou recusado [2] a elle mesmo qualquer obra de beneficencia ou de clemencia que fosse feita ou recusada aos pequenos, e mesquinhos, facilmente resultou que não só os Christãos começaram a tratar os seus escravos como irmãos [3] (mórmente se tinham a fé christã), mas que começaram a mostrar-se mais inclinados a dar-lhes a liberdade, se o mereciam, o que sobretudo costumava ter lugar pela festa da Paschoa, como nos consta pelo testemunho de Gregorio de Nyssa [4]. Não faltaram mesmo pessoas, segundo assevera o varão apostolico nosso predecessor de santissima memoria

[1] *Ad Ephesios VI,* 5 seqq., *ad Coloss. III,* 22, seqq. IV, I.

[2] *Mathæi XXV,* 35, seqq.

[3] *Lactantius Divin. Institution.,* lib. V, cap. 16, tom. IV. *Biblioth. Veterum Patrum Venetiis a Gallandio editæ,* pag. 318.

[4] *De Resurrect. Domini,* Orat. III, tom. III. pag. 420. *Operum edit. Parisien.,* anni 1638.

1839 Dezembro 3

Verum, dolentes admodum dicimus, fuerunt subinde ex ipso fidelium numero qui sordidioris lucri cupidine turpiter obcæcati in dissitis remotisque terris Indos, nigritas, miserosve alios in servitutem redigere, seu instituto ampliatoque commercio eorum, qui captivi facti ab aliis fuerant, indignum horum facinus juvare non dubitarent. Haud sane prætermiserunt plures glor. mem. Romani Pontifices præcessores nostri reprehendere graviter pro suo munere illorum rationem, utpote spirituali ipsorum saluti noxiam, et Christiano nomini probrosam; ex qua etiam illud consequi pervidebant, ut infidelium gentes ad veram nostram religionem odio habendam magis magisque obfirmarentur. Quo spectant apostolicæ litteræ Pauli III, die 29 Maii MDXXXVII, sub piscatoris annulo datæ ad Cardinalem Archiepiscopum Toletanum: et aliæ deinceps eisdem ampliores ab Urbano VIII, datæ die 22 Aprilis MDCXXXIX, ad Collectorem Jurium Cameræ Apostolicæ in Portugallia; quibus in litteris ii nominatim gravissime coercentur, qui occidentales aut meridionales Indos *in servitutem redigere, vendere, emere, commutare, vel donare, ab uxoribus et filiis suis separare, rebus et bonis suis spoliare, ad alia loca deducere et transmittere, aut quoquo modo libertate privare, in servitute retinere, nec non prædicta agentibus consilium, auxilium, favorem et operam quocumque prætextu, et quæsito colore præstare, aut id licitum prædicare, seu docere, ac alias quomodolibet præmissis cooperari* auderent, seu præsumerent[1]. Has memoratorum Pontificum Sanctiones confirmavit postmodum et renovavit Benedictus XIV, novis apostolicis litteris ad Antistites Brasiliæ et aliarum quarumdam regionum datis die 20 Decembris MDCCXLI, quibus eumdem in finem ipsorum Præsulum solicitudinem excitavit[2]. Antea quoque alius his antiquior præcessor noster Pius II, quum sua ætate Lusitanorum imperium in Guineam nigritarum regionem proferretur, litteras dedit die 7 Octobris

1 *In Bullar. Rom.*, edit. typis Mainardi, tom. VI, part. II, const. 604, p. 183.

2 *In Bullario Benedicti XIV*, tom. I, const. 38.

Clemente I[1], que as conheceu, as quaes, ardendo em fogo de caridade, até tomaram sobre si cadeias alheias, por não terem outro meio de resgatar seus irmãos. A consequencia disto foi que quando, pelo andar dos tempos, as trevas da superstição se foram fazendo menos cerradas, e os costumes dos povos, ainda os mais fragueiros, começaram a adoçar-se pelo beneficio da fé, que obra por meio da caridade, chegaram as cousas a ponto que já, desde muitos seculos, não havia vestigio de escravidão na maior parte dos povos Christãos. Todavia (e com bem magua o dizemos) não foi tão geral esta regra, que mesmo entre os fieis não houvesse pessoas que, movidas do torpe amor do ganho, ou não tiveram escrupulo de hir a paizes remotos reduzir a escravidão os Indios, os negros, e outros desgraçados, ou promoveram tão indesculpavel indignidade, dando toda a extensão que poderam ao commercio, e trafico daquelles que outros já tinham reduzido á escravidão. Muitos Bispos de Roma, nossos predecessores, de gloriosa memoria, não tardaram, como cumpria ao seu dever apostolico, a censurar fortemente commercio tão odioso, não só como altamente indigno do nome christão, e opposto á salvação das almas de quem o fazia, mas como tendente a fazer cada vez mais forte o odio contra a verdadeira religião entre os povos infieis que eram victimas de semelhante attentado; a isto se refere effectivamente o breve apostolico de Paulo III, dirigido a 29 de Maio de 1537 ao Cardeal Arcebispo de Toledo, e outros mais extensos dirigido por Urbano VIII ao Collector Jurium da Camara Apostolica em Portugal em Abril de 1639; em todos os quaes são asperamente ameaçados, especialmente aquelles que ousassem reduzir a escravidão os Indios occidentaes ou meridionaes, vendendo-os, comprando-os, dando-os, trocando-os, separando-os de suas mulheres, e filhos, roubando-lhes as suas propriedades, e effeitos, transportando-os ou mandando-os para outros lugares, ou privando-os da liberdade, e conservando-os em escravidão por qualquer maneira

1839
Dezembro
3

[1] *Ad Corinth.*, ep. I, c. 55, tom. I. *Bibl. Gallandii*, p. 35.

1839 Dezembro 3 MCCCCLXII, ad Episcopum Rubicensem eo profecturum; in quibus nedum Antistiti ipsi opportunas ad sacrum Ministerium inibi cum majori fructu exercendum facultates impertitus fuit, sed eadem occasione graviter in Christianos illos animadvertit, qui neophytos in servitutem abstrahebant[1]. Et nostris etiam temporibus Pius VII, eodem, quo sui decessores, religionis et caritatis spiritu inductus, officia sua apud potentes viros sedulo interposuit, ut nigritarum commercium tandem inter Christianos omnino cessaret. Hæc quidem prædecessorum nostrorum sanctiones et curæ profuerunt, Deo bene juvante, non parum Indis, aliisque prædictis a credulitate invadentium, seu a mercatorum Christianorum cupiditate tutandis: non ita tamen ut Sancta hæc Sedes de pleno suorum in id studiorum exitu lætari posset; quum immo commercium nigritarum, etsi nonnulla ex parte imminutum, adhuc tamen a Christianis pluribus exerceatur. Quare nos tantum hujusmodi probrum a cunctis Christianorum finibus avertere cupientes, ac re universa, nonnullis etiam venerabilibus fratribus nostris S. R. E. Cardinalibus in consilium adhibitis, mature perpensa, prædecessorum nostrorum insistentes vestigiis, auctoritate apostolica omnes cujuscumque conditionis Christifidelis admonemus et obtestamur in Domino vehementer, ne quis audeat in posterum Indos, nigritas, seu alios hujusmodi homines injuste vexare, aut spoliare suis bonis, aut in servitutem redigere, vel aliis talia in eos patrantibus auxilium aut favorem præstare; seu exercere inhumanum illud commercium, quo nigritæ, tamquam si non homines sed pura putaque animantia forent, in servitutem utcumque redacti, sine ullo discrimine, contra justitiæ et humanitatis jura, emuntur, venduntur, ac durissimis interdum laboribus exantlandis devoventur, et insuper lucri spe primis nigritarum occupatoribus per commercium idem proposita, dissidia etiam et perpetua quodammodo in illorum regionibus prælia foventur. Enimvero nos prædicta omnia, tamquam christiano nomine prorsus indigna, auctoritate

1 *Apud Raynaldum in Annalibus Ecclesiasticis ad an. 1462*, n.° 42.

1839 Dezembro 3

que fosse, ameaças que igualmente abrangiam os que para tal fim dessem conselho, ajuda, favor ou auxilio, sob qualquer pretexto ou côr que isso se fizesse, ou que sustentassem que tal trafico era permittido, e tomassem parte nelle de qualquer maneira que fosse [1]. Estas determinações dos Papas acima mencionados confirmou, e renovou posteriormente Benedicto XIV, por meio de hum breve apostolico que em 20 de Dezembro de 1741 dirigiu aos Bispos do Brazil, e de outras partes, a fim de chamar a sua attenção sobre este objecto [2], e já antes desta epocha outro nosso predecessor, Pio II, quando Guiné, paiz dos negros, tinha cahido no dominio dos Portuguezes, havia dirigido em 7 de Outubro de 1462 hum breve ao Bispo da Rubeira, que estava para fazer viagem para aquelles paizes, no qual não sómente lhe dava todas as faculdades necessarias para o effectivo exercicio do sagrado ministerio, mas asperamente reprehendia os Christãos que reduziam os novos convertidos á escravidão [3]. Mesmo nos nossos dias Pio VII, animado do mesmo espirito de religião, e caridade que seus predecessores, empregou toda a sua influencia para com as differentes auctoridades, a fim de que o commercio de escravatura fosse inteiramente abolido entre os Christãos. Todavia, se estas determinações, e trabalhos de nossos predecessores, com o auxilio de Deus, não teem concorrido pouco para proteger os Indios, e mais povos acima mencionados contra a crueldade dos conquistadores, ou contra a avidez dos mercadores christãos, nem por isso o effeito tem sido tal que a Santa Sé se possa lisonjear de ter obtido o fim das suas fadigas, porque ainda que o commercio de escravos se ache de facto até certo ponto diminuido, não he menos verdade que differentes Christãos continuam a exercital-o. Em consequencia do que, desejando que semelhante infamia seja por huma vez abolida em todos os paizes da Christandade, depois de termos ouvido o con-

[1] *In Bullar. Rom.*, edit. typis Mainardi, tom. vi, part. ii, const. 604, p. 183.
[2] *In Bullario Benedicti XIV*, tom. i, const. 38.
[3] *Apud Raynaldum in Annalibus Ecclesiasticis ad an. 1462*, n.º 42.

1839 Dezembro 3 apostolica reprobamus; eademque auctoritate districte prohibemus atque interdicimus, ne quis ecclesiasticus aut laicus ipsum illud nigritarum commercium veluti licitum sub quovis obtentu aut quæsito colore tueri, aut aliter contra ea, quæ nostris hisce apostolicis litteris monuimus, prædicare seu quomodolibet publice vel privatim docere præsumat.

Ut autem eædem hæ nostræ litteræ omnibus facilius innotescant, nec quisquam illarum ignorantiam allegare possit, decernimus et mandamus illas ad valvas basilicæ Principis Apostolorum, et Cancellariæ Apostolicæ, necnon Curiæ Generalis in Monte Citatorio, ac in acie Campi Floræ de urbe per aliquem ex Cursoribus nostris, ut moris est, publicari, illarumque exempla ibidem affixa relinqui.

Datum Romæ apud Sanctam Mariam Majorem sub annulo Piscatoris die III Decembris MDCCCXXXIX, Pontificatus nostri anno nono. — Aloisius, Card. Lambruschini.

Nota do Ministro dos Negocios Estrangeiros ao Ministro de Inglaterra a respeito do Breve Pontificio

(Arch. do Ministerio dos Negocios Estrangeiros. — Registo.)

1840 Janeiro 10 Mylord. — Tive a honra de receber o officio que V. S.ª me dirigiu em data de 1 do corrente mez, remettendo-me o breve

selho de alguns dos nossos veneraveis irmãos, as suas Eminencias os Cardeaes, e de ter considerado maduramente a causa, caminhando pelas passadas dos nossos predecessores, admoestamos e conjuramos por Jesus Christo todos os fieis de qualquer estado, e condição que sejam, para que daqui em diante não continuem a opprimir tão injustamente os Indios, negros ou outros quaesquer homens, privando-os dos seus bens ou fazendo-os escravos, nem mesmo se atrevam a dar auxilio ou favor áquelles que tal trafico exercitam, por meio do qual os negros, como se fossem animaes bravios, e não creaturas humanas, são reduzidos a escravidão de qualquer maneira que seja, e sem respeito para as leis da justiça e da humanidade, comprados, vendidos, e condemnados aos mais duros trabalhos, alem do inconveniente de eternisar as discordias, e as guerras nos paizes em que se faz o commercio da escravatura, em razão da esperança do ganho com que se animam os que se occupam na apprehensão dos negros. Tudo isto, portanto, nós reprovamos como altamente indigno do nome de christão, em virtude da auctoridade apostolica que nos compete, e com essa mesma auctoridade prohibimos que qualquer ecclesiastico ou leigo, sob qualquer pretexto que seja, se atreva a favorecer ou proteger o trafico da escravatura, ou a prégar ou a ensinar em publico ou particular, de qualquer maneira que seja, cousa alguma contra o que nestas nossas letras apostolicas se acha determinado. 1839 Dezembro 3

Dado em Roma a Santa Maria Maggiore, sob o annel de Pescador, aos 3 de Dezembro de 1839, e no nono anno do nosso Pontificado. — Aloisius, Cardeal Lambruschini.

---

passado pelo Summo Pontifice contra o trafico dos negros, do qual breve V. S.ª pede a publicação no *Diario do Governo*, ao que me cumpre ponderar a V. S.ª que os breves pontificios para serem officialmente publicados, e terem a devida validade neste Reino, precisam de previamente obter o regio beneplacito, passando por certos exames, e tramites de que 1840 Janeiro 10

1840 Janeiro 10 se não póde prescindir. Abstrahindo do louvavel objecto, e fim principal do dito breve, que he a total abolição do trafico da escravatura, a qual o Governo de Sua Magestade tem muito a peito, contem o referido breve materia, e expressões a que o mesmo Governo não poderia jamais dar o seu assentimento. Acresce mais a estas observações que o estado das nossas relações com a Côrte de Roma obsta a que se publique hum semelhante documento. Sendo muito para louvar o empenho que mostra a Santa Sé pelo bem temporal dos negros, não deveriam merecer-lhe menos attenção os interesses espirituaes dos Portuguezes, para se prestar a renovar sem perda de tempo as suas relações com a Côrte de Lisboa; e a interrupção que nellas tem havido tem causado já grandes males que se podem aggravar se ella continuar por mais tempo.

Renovo por esta occasião a V. S.ª os protestos da minha mais distincta consideração.

Deos guarde a V. S.ª Secretaria de Estado dos Negocios Estrangeiros, em 10 de Janeiro de 1840. — Conde de Villa Real. — A Lord Howard de Walden, etc., etc., etc.

Memoria sobre as Dioceses do Real Padroado, copiada de um memorial impresso, sem logar da impressão nem data, escripta em italiano, e apresentado a Benedicto XIV, por occasião de quererem os Missionarios estrangeiros usurpar os reinos de Ton-Kin, Sião e Cochinchina, que de facto usurparam. Com as summas e datas de algumas Bullas e Breves Pontificios, relativos ao Padroado Real.

(Annaes maritimos, 3.ª serie, pag. 270 e 372.)

Posto em execução o grande projecto (de descobrir novas terras, e novos mares) que havia muito tempo revolvia em sua mente o famoso Henrique, Principe illustre, de muito saber, constancia inabalavel, e zelo incansavel pela exaltação da Fé Catholica; foi descoberto em 1440 o cabo Bojador; em 1420 a ilha da Madeira; e em 1433 a costa de Guiné. Morto em 1460 o Infante D. Henrique, continuaram os Senhores Reys de Portugal o plano das descobertas, levando a par do pavilhão nacional, a luz da Fé, e a civilisação ás nações idolatras, desde o cabo Bojador até aos confins do Oriente, o Japão; pois que as frotas portuguezas, que conduziam os guerreiros, que com sua espada, e sangue conquistavam reinos, e edificavam praças para segurança propria, e respeito dos conquistados: tambem levavam a seu bordo Sacerdotes[1] respeitaveis, dotados de imminentes virtudes, e austera moral, que mais com o exemplo que com a prédica, attrahiam ao christianismo aquellas gentilidades, e que não duvidaram provar com a vida (quando se lhes offerecia occasião) a verdade da missão de que hiam incumbidos, e de que a historia nos apresenta muitos exemplos.

Esta conquista, continuada por tantos Reys, e pelo longo espaço de mais de cento e cincoenta annos, á custa de grandes sacrificios, immensas sommas nella consumidas, e milhares de portuguezes, que por dilatar a gloria nacional, e exaltação da Fé de seus maiores, se votaram á morte em tão longinquas como inhospitas regiões; foi não só admirada, e applaudida por todos os Catholicos, mas até os Summos Pontifices concederam, e confirmaram aos Reys de Portugal o direito de conquista, e padroado nas terras descobertas, e que de futuro se descobrissem, ainda que possuidas por Principes pagãos. Direito este adquirido, não por mero titulo gracioso, mas sim oneroso a tantos respeitos, como são os da descoberta, e conquista já mencionadas, e os da fundação, e dotação de tantas igrejas.

[1] He bem sabido de todos, o quanto os Missionarios têem servido á Religião, ao Estado, e á civilisação do mundo, pois não só levavam a fé, e a civilisação ás costas, e praias onde eram protegidos pela espada dos descobridores, mas separando-se destes, e entranhando-se pelos sertões, lá propagavam a fé, e a civilisação, do que são provas o interior, e norte do Indostão, a peninsula Malaia, a China, e Japão.

Leão X em 1514, na bulla *Præcelsæ devotionis*, confirmatoria compliativa das de Martinho V, Eugenio IV, Nicolau V, Calixto III, e Sixto V, diz: «Magistra rerum experientia teste perpendimus, ac apertis documentis in dies clarè conspicimus, quam sedula vigilantia Sua Sublimitas, et Serenitas suorum Prædecessorum Portugaliæ Regum gesta sequendo, plerumque in persona non sine gravissimis laboribus, et expensis, nixa sit, et continuò initilur...... His considerationibus, et plerisque aliis legitimis causis suadentibus congruum; et opere pretium existimamus, ea, quæ a Prædecessoribus nostris Romanis Pontificibus ipsius Emmanuelis Regis Prædecessoribus præfactis concessa comperimus, nostro etiam munimine confovere, ac alia etiam de novo concedere, ut exinde Celsitudo Sua Apostolicæ Sedis prædictæ ulteriori munificentia præmunita in prosecutione præmissorum non solum ardentius inflametur, sed etiam liberali, ac munifica compensatione accepta cæteros reddat, et faciat ad similia promptiores, et ejus erga Nos, et sedem prædictam devotio augatur, et pro laboribus, quos universali Ecclesiæ circa Catholicæ, et Apostolicæ Fidei exaltationem bene serviendo sustinet, condignos honores, et gratias reportet».

Nicolau V diz: «Ipsamque Conquistam a Capitibus de Bojador et de Naon prædictis Alfonso Regi, et Successoribus suis Regibus dictorum Regnorum, ac Infanti præfactis perpetuo donamus, concedimus, et apropriamus per præsentes». E continua Leão X: «Et pro potiori cautela omnia, et singula in eisdem literis contenta; ac quæcumque alia Imperia, Regna, Principatus, Ducatus, Provincias, Terras, Civitates, Oppida, Castra, Dominia, Insulas, Portus, Maria, Littora, et bona quæcumque mobilia, et immobilia ubicumque consistentia, per eundem Emmanuelem Regem, et Prædecessores suos a prædictis Infidelibus, etiam solitaria quæcumque recuperata, detecta, inventa, et acquisita et per ipsum Emmanuelem Regem, et Successores suos imposterum recuperanda, acquirenda, detegenda, et invenienda, tam a Capitibus de Bojador, et de Naon usque ad Indos, quam etiam ubicumque, et in quibuscumque partibus, etiam nostris temporibus forsan ignotis, eisdem auctoritate, et tenore de novo concedimus, literasque supradictas, et omnia, et singula in illis contenta ad præmissa etiam extendimus, et ampliamus».

Gregorio XIII no breve que principia: *Cum itaque,* declara que a jurisdicção do Padroado Real comprehende todas as regiões descobertas, ainda que estejam dominadas por Principes pagãos, *ibi:* «et pro tempore existentium Regum Portugaliæ Conquistæ, et Ditione Apostolica auctoritate concessi ad huc tamen a Gentili Rege detente».

Donde se conclue que a Santa Sé não só concedeu, e reconheceu o direito de conquista (tal era o direito das gentes daquelles tempos), mas tambem o de Padroado dos Reys de Portugal. Alem destas tão amplas como expressas concessões, ainda os Summos Pontifices quizeram dar outras demonstrações do seu reconhec mento para com os Reys Fidelissimos. Nicolau V em 1454 enviou a El-Rey D. Affonso V a rosa de ouro. Julio II em 1506 enviou a El-Rey D. Manoel a rosa de ouro. E Leão X, pelo Breve datado em 1515, mandou ao mesmo Rey a espada e o barrete por elle sagrados. Julio III, no seu Breve datado a 13 de Fevereiro de 1550, dirigido a D. João III, declara que elle como cabeça da Igreja, e todo o mundo Catholico, estavam summamente obrigados aos Reys de Portugal pelas descobertas feitas, e propagação da Fé, *ibi:* «quod tuo, tuorumque Progenitorum beneficio, et navigationibus Orbis terrarum antea ignotus, magna ex parte nunc cognitus, et quod plus est, Deo, ac Vobis per agnitionem Christianæ veritatis acquisitus est, ut illud tandiu expectaculum videre nostris temporibus cœperimus *in omnem terram exivit sonus eorum, et in fines orbis terræ verba eorum.* Quod quoniam vestro ministerio Deus Omnipotens fieri voluit, Vos propterea in Conspectu Divinæ Magestatis gratos et acceptos filios fuisse agnoscimus, Vobisque, ac cæteris, qui eidem Deo tale obsequium, et illis popul s in tenebris jacentibus tantum beneficium, nempe salutis æternæ præstiterunt, una cum universa Christiana Republica valde devemus».

A jurisdicção espiritual sobre as conquistas, foi primeiro concedida pela Santa Sé ao Vigario de Thomar, da Ordem de Christo; mas sendo supprimida esta vigararia a instancias de El-Rey D. Manoel, e erecto o bispado do Funchal, pela Bulla *Pro excellenti præminentia Sedis Apostolicæ*, de 1515, a este bispado foi concedida a jurisdicção, que até então competia ao Vigario de Thomar. Depois em 1533, foi a Sé do Funchal elevada á categoria de arcebispado primaz das descobertas feitas, e que se fizessem, pelo Papa Clemente VII, a instancias de D. João III, e desmembrando o seu territorio, se crearam quatro bispados suffraganeos, que foram, os de Angra nos Açores, S. Thiago em Cabo Verde, S. Thomé na ilha deste nome, e Goa no Indostão, determinando-lhes os limites da maneira seguinte: ao Funchal as ilhas da Madeira, Porto Santo, desertas, e selvagens, e no continente africano o que vai dos cabos Bojador, e Non até Cabo Verde, com as ilhas adjacentes. Os Açores á Sé de Angra; ao de S. Thiago as ilhas de Cabo Verde, e no continente o que decorre desde o rio de Gambia até ao sul do Cabo de Palmas, e ilhas adjacentes, pela Bulla de Clemente VII de 1532. A S. Thomé, as ilhas de S. Thomé, Principe, Anno Bom, Fernando Pó, Santa Helena, as adjacentes, e o que vai desde o rio Santo André ao sul do Cabo de Palmas até ao Cabo das Agulhas a leste do Cabo de Boa Esperança, pela Bulla *Rationi congruit* de 1534. Ao de Goa, e tudo o mais desde o Cabo das Agulhas até á China, com as ilhas daquelles mares, inclusive Madagascar (S. Lourenço) Maldivas, Ceylão, Sumatra, Java, e as mais até ás Molucas, como consta da Bulla de Paulo III *Aequum reputamus* de 1534. E em 1596 Clemente VIII pela Bulla *Super specula* desmembrou de S. Thomé os reinos de Congo e Angola, e creou o bispado deste nome. Com o andar dos tempos tornou a Sé do Funchal a ser suffraganea de Lisboa; e a de Goa, a instancias de D. Sebastião, o Papa Paulo IV em 1558 pela Bulla *Et si sancta et immaculata* foi elevada em arcebispado primaz do Oriente; e da sua grande extensão se crearam mais dois bispados, que são os de Cochim e Malaca, e cuja divisão foi pelo Pontifice encarregada ao Arcebispo de Lisboa, que por varias causas não chegou a effectuar.

Em 1612 Paulo V, pela Bulla *In superæminenti Militantis Ecclesiæ*, erigio a prelazia de Moçambique com jurisdicção quasi episcopal, e lhe assignou por limites o que vai do Cabo das Agulhas a leste do de Boa Esperança até o Cabo Goardafu. Neste Cabo principia a diocese de Goa, e a finda em Cananor.

O arcebispado de Cranganor, para onde foi transferida a Sé Angamalense, principia em Cananor, e acaba em Vaipim, erigido em 1600 pela Bulla *In supremo Militantis Ecclesiæ.*

O bispado de Cochim, erecto em 1557 por Paulo IV na Bulla já citada, começa em Vaipim até Meliapor na costa de Coromandel, com as ilhas adjacentes, as Maldivas, e Ceylão.

Estas divisões foram feitas por auctoridade apostolica em 1610, e confirmadas por Paulo V ém 1616 pelo Breve *Super executione.*

Antes desta divisão comprehendia o bispado de Cochim toda a extensão desde o Malabar até Pegú; mas sendo em 1606 erecto o bispado de Meliapor, a este ficou pertencendo o que vai desde Meliapor até Pegú, com as ilhas daquelles mares. O bispado de Malaca, creado por Paulo IV em 1537, comprehende os reinos da peninsula Malaia desde Pegú até á China, com as ilhas adjacentes, e as de Sumatra, Java, e todas as mais daquelle archipelago até ás Molucas inclusive.

Em 1575 foi erecto o bispado de Macau por Gregorio XIII na Bulla *Super Specula Militantis Ecclesiæ,* na qual declarou pertencerem áquella diocese, Macau, todo o imperio Chinez, Japão, e ilhas adjacentes, e acrescentou que aquellas regiões eram sujeitas á conquista da Corôa Portugueza, *ibi Conquistæ Subjectas.* Em 1588 Sixto V erigio o bispado de Funais no Japão, e separou este imperio da diocese de Macau. Finalmente em 1690, Alexandre VIII desmembrou de Macau as provincias de Pekin, e Nankin, e creou dois bispados; e em 1696, Innocencio XII estabeleceu os limites destas dioceses, pertencendo á de Pekin as provincias de Pekin, Xontum, Leantum, e Tartaria oriental. E á de Nankin as provincias de Kian-nou, Honan, e ilhas adjacentes. Todo o resto da China pertence de direito ao bispado de Macau. Das Bullas, e Breves já citados, e outras mais, constam claramente os titulos onerosos por que a Corôa Portugueza adquirio o Padroado, que são (titulos) os da descoberta, e conquista, fundação, e dotação dos bispados, e missões mencionadas; ainda hoje (como sempre) a augusta padroeira sustenta á custa da caixa publica as Igrejas, e missões, que os Missionarios estrangeiros lhe não têem podido usurpar. Pela caixa de Macau pagam-se as congruas dos Bispos de Pekin, Nankin, e Macau, ás dignidades, e mais funccionarios da Sé, e Parochos desta cidade; toda a mais despeza daquellas tres vastas missões é feita á custa do patrimonio dellas. Nas dioceses de Goa, Cranganor, Cochim, Meliapor, e Malaca, todas as despezas tanto dos Prelados, como dos Parochos, Missionarios, e de Culto Divino são á custa da fazenda publica. Em Moçambique, Angola, S. Thomé, e nas mais acontece outro tanto, pois lá nunca houve dizimos, e sempre têem sido sustentados pela fazenda.

Mas se o piedoso zelo dos Reys, e o valor dos seus subditos na propagação, e exaltação da Fé Catholica pelo decurso de tantos annos, e á custa de tantos sacrificios, não excitou nos christãos daquelles tempos o minimo desejo de imitar tão nobre exemplo; bem depressa a grandeza, e gloria nacional despertaram a cobiça, e ambição de algumas nações europeas, que aproveitando-se da fatal usurpação de huma nação estrangeira, correram a apossar-se da maior parte dos dominios portuguezes, sem que para isso Portugal lhes desse a menor causa. Se consultarmos a historia daquella epocha calamitosa, parece que o gabinete de Madrid estava combinado com as nações suas inimigas para de todo nos aniquilarem, aquelle deixando desprovidas, e indefezas as nossas fortalezas, e estas aproveitando-se do premeditado desleixo para se apossarem do que era propriedade nossa.

Ao espirito de usurpação de que Portugal foi victima durante a dominação dos Filippes, e ainda depois; não quizeram os Missionarios estrangeiros ficar mudos espectadores, porque dando-se mais credito ás informações menos veridicas dos Missionarios, que respeito ao direito dos Reys Fidelissimos, principiaram a mandar Vigarios e Missionarios para as terras do Padroado. São bem notaveis, e dignos de se saberem os frivolos pretextos (e por estes se póde ajuizar dos outros sem que seja necessario mencional-os todos) com que se usurparam ao Padroado os Reinos de Tonkin, Cochinchina, e Sião, como consta da exposição que á Santa Sé fez o Secretario da Sagrada Congregação da *Propaganda* no tempo de Benedicto XIV, *ibi:* «Li Regni del Tonkino, Siom, Cochinchina, Camboja, e Ciampa, non si trovano nelle Bolle di erezione dé Vescovadi delli Indie Orientali specifiamente assegnati ad alcuna Diocessi dé medissimi», sem querer aquelle Secretario attender ao que dizem as Bullas da creação do bispado de Goa de 1534, nas palavras: «A fine Dœcesis Sancti Thome, et Capite bona sperantia usque ad Indiam inclusive, et ab India, usque ad Chinam protenditur, eum omnibus, et singulis illorum Castris, Villis, Locis, et Districtibus, tam in terra firma, quum in Insulis, ac Terris repertis, et reperiendis, quorum omnium denominationes dictus Clemens Prædecessor haberi voluit pro expressis», e que todas foram comprehendidas na Bulla de separação, e creação do bispado de Malaca.

Segundo hum tal modo de pensar, tambem se podem usurpar ao Padroado os differentes reinos, e provincias de que se compõem os bispados nas costas oriental, e occidental de Africa, pois nas Bullas de sua creação não se faz menção especifica dos seus nomes; porém na Africa, he mais respeitado o clima pelos Missionarios estrangeiros, do que na Asia o sagrado direito do Padroado.

Não foi só nos grandes sacrificios da descoberta, e conquista das terras de Africa, e Asia, e nas grandes sommas gastas no estabelecimento, fundação, e dotação de tantos mosteiros, seminarios, e igrejas (algumas das quaes ao diante se nomearão) que os Reys de Portugal mostraram o seu zelo pela exaltação da Fé Catholica, mas tambem em todos os tratados celebrados com os Reys, Principes, e Potentados da

India áquem, e alem do Ganges, se inseriram artigos relativos ao augmento, e bem ser da Igreja Catholica; apontaremos alguns destes tratados, não nos sendo possivel referir a todos, tanto pela falta de espaço, como por não haver na Secretaria do Estado da India, donde se copiaram os que vamos referir, os primeiros sessenta livros, que de alli foram mandados para a Torre do Tombo. Nos artigos 4.° e 12.° do Tratado de 18 de Fevereiro de 1661, sobre a entrega de Bombaim, se estipulou no 4.° «Que não se intrometteriam os Padres Inglezes nas materias da Fé, nem obrigariam aos moradores das ditas ilhas de Bombaim, nem directa, nem indirectamente a mudar de crença, nem hir ouvir suas predicas, e deixariam aos Ministros ecclesiasticos exercitar sua jurisdicção, sem impedimento algum, por ser esta condição expressa nos capitulos de paz, e debaixo da qual se lhes manda fazer a entrega, e fazendo o contrario se entenderá que quebraram o assentado, e promettido, e recahirá o direito da ilha para a Corôa de Portugal». E no 12.° «Que aos Parochos, e Religiosos, que existem em Bombaim, se tenha todo o respeito devido, e promettido, e as igrejas não serão tomadas para uso algum, nem nellas se faça predicas; e aos que o intentarem, se dê o castigo de modo que sirva de exemplo». Tratado este sempre observado pelos subditos de Sua Magestade Britannica em Bombaim; de maneira que, tendo-se levantado huma perseguição contra os ecclesiasticos, e moradores de Bombaim, e Mahin, governando aquella ilha Inofre Coque, contra a qual protestou Ignacio Sarmento de Carvalho, Governador das fortalezas do norte, em data de 26 de Maio de 1665, allegando os artigos já citados, e as Instrucções da Carta Regia de 21 de Maio de 1661, o dito Inofre Coque respondeu compromettendo-se a dar inteiro cumprimento ao acordado nos artigos citados, e não inquietar mais aos Catholicos. He tambem sabido, que querendo em 1726, o General de Bombaim obrigar aos Christãos a obedecer a hum Bispo da *Propaganda Fide*, D. Mauricio de Santa Thereza não o pôde conseguir, tanto porque fôra por este motivo cercada a cidade, e cortada a introducção de viveres na mesma, como pela morte do dito Bispo em Surrate. Mais consta do liv. 170,. fl. 68 da dita Secretaria, que em 1778, tendo-se introduzido em Bombaim os Propagandistas, o Arcebispo Primaz D. Frei Manoel de Santa Catharina reclamou ao Major General da honoravel Companhia, William Medvres, o direito que tinha sobre as igrejas de Bombaim, por serem do Real Padroado, para que o conservasse na sua posse, e jurisdicção ecclesiastica, ao que aquelle Major General respondeu que annuiria, sendo-lhe reclamado pelo Governador, e Capitão General do Estado, em nome do Rey de Portugal; e tendo-se effectuado aquella reclamação em 28 de Novembro de 1788, aquelle general annuio, restituindo ao Arcebispo Primaz a sua jurisdicção, promettendo fazer sahir os Propagandistas logo que chegassem de Goa os Vigarios nomeados pelo Primaz do Oriente. Nos artigos 4.° e 7.° do Tratado de 23 de Abril de 1620, celebrado entre o Rey de Aracão, por seus Embaixadores Parsamagrama, Chanda-Suria, e Changui, e o Governador do Estado Fernão de Albuquerque, se convencionou, que os Missionarios exercitassem livremente o seu ministerio em Bandel, e suas dependencias; e se comprometteu o mesmo Rey, a dar todo o favor, e ajuda, á imitação dos Reys do Mogor, Cochim, e outros, para se construirem igrejas nos seus Estados, promettendo contribuir para as suas fabricas. Nos artigos 3.°, 4.°, 5.°, 6.°, e 24.° do Tratado de 28 de Novembro de 1631, celebrado entre o Capitão da fortaleza de Cananor, Antonio Moniz Barreto, e o Çamorim de Calecute, se acordou, pelo primeiro o livre exercicio da Religião Christã naquelle reino, sem perderem os novamente convertidos os seus bens, e officios; pelo segundo obrigou-se a dar chãos para construcção de igrejas onde bem quizessem; pelo terceiro concedeu os mesmos privilegios ás igrejas dos christãos de S. Thomé; pelo quarto obrigou-se a não admittir Bispo ou Prelado algum no seu Reino, sem consentimento do Rey de Portugal, Arcebispo, e Vice-Rey de Goa, compromettendo-se para mandar prender, a qualquer que se apresentasse naquelle Reino sem as mencionadas licenças, para ser remettido ao

Arcebispo de Goa; e pelo ultimo se obrigou o referido Capitão da fortaleza, a manter naquelle Reino igrejas, e padres. Nos artigos 10.° e 13.° do Tratado de 15 de Dezembro de 1678, celebrado entre Quellady Bissapa Naique, Rey de Canará, e Antonio Paes de Sande, Governador, e Capitão General do Estado da India, se acordou pelo primeiro, que se construisse huma igreja no recinto da feitoria; e pelo segundo comprometteu-se o mesmo Rey a dar terras, favor, e ajuda de custo para construcção de igrejas em todo o seu Reino, especialmente em Mirco, Chandar, Onor, Baticalá, e Calianapor. No Tratado de 16 de Agosto de... entre o Rey de Sunda, por seu Embaixador Ari Panta, e o Estado da India, se ajustou que os Missionarios edificassem huma igreja na povoação onde residia o mesmo Rey. No artigo 7.° do Tratado de 19 de Fevereiro de 1714, celebrado entre Ratrifoa Quellady Bassapa Naique, Rey de Canará, e o Vice-Rey do Estado, Vasco Fernandes Cesar de Menezes, se ratificou o disposto nos artigos 10.° e 13.° do Tratado de 15 de Dezembro de 1678. Consta a fl. 279 do Livro dos Tratados que existe na Secretaria de Goa, que Adrajão de Cananor pedira hum padre, compromettendo-se elle a dar terra, e ajuda para construir huma igreja. No artigo 2.° do Tratado de 15 de Março de 1724, celebrado entre o Rey de Tanor, e o Estado, comprometteu-se aquelle a dar, construida á sua custa, huma igreja de pedra, e cal, e casas para residencia do parocho. Consta a fl. 328 do citado livro, que o Çamorim de Calecute por sua carta datada a 18 do mez Cumahar (1720–1724) comprometteu-se a dar em Calecute, huma igreja construida de pedra, e cal, casas para o parocho, e feitoria, tudo á sua custa, e effectivamente adiantou em 1724, 10:000 fanoes, e arbitrou ao parocho congrua da sua fazenda. Nos artigos 3.° e 4.° do Tratado de 4 de Dezembro de 1735, permittio o Rey de Sunda, Savay Bassava Lingá, aos Padres construirem as casas que fossem necessarias para a administração, assim como igrejas em todas as terras dos seus Reinos, com a mesma liberdade, que tinham em Sevanças, e Ancolá, dando amplo consentimento para córte de madeiras nas suas mattas; e nos artigos 3.º e 4.º do Tratado de 2 de Novembro de 1755, se comprometteu o mesmo Rey de Sunda, a dar em Ancolá, terras, materiaes, e ajuda de custo para construcção de igrejas. E no artigo 4.º do Tratado de 29 de Fevereiro de 1756, ratificado nos artigos 2.º, 3.º e 4.º, o acordado nos Tratados anteriores, se obrigou mais a mandar reedificar á sua custa as igrejas arruinadas, e concedeu ampla liberdade para construcção de outras em todos os seus Estados. No artigo 2.º do Tratado de 25 de Outubro de 1754, Ramachondrá Rao Bonsulo, Sar Dessay de Pragrona Cudale (Sunt Warim) permittio aos Missionarios de Goa, o poderem evangelisar em todo o seu territorio. E pelo artigo 3.º do Tratado de 24 de Setembro de 1761, ratificando o acordado nos antecedentes, dá maior amplitude á sua concessão. No artigo 4.º do Tratado de 5 de Novembro de 1755, Tullagi Angria permittio no seu dominio o livre exercicio da Religião Christã. E este mesmo Tullagi, nos artigos 3.º e 4.º da Capitulação de 13 de Junho de 1771, permittio que a Religião Christã continuasse a permanecer nos seus dominios, com toda a liberdade, que dantes gosava. A fl. 15 do terceiro livro, consta que por ordem do Dominante do Punem, Bagi Rao Rogunata, datada a 3 de Junho de 1801, se determinou ao Sabedor de Baçaim, Bagi Rao Grinda, que deixasse continuar aos Padres de Goa, e seus discipulos, na administração das igrejas, que conservavam naquelle districto desde tempos antigos, deixando-os exercitar, e punir segundo a sua Religião, prohibindo-lhes sómente o matar vaccas. E finalmente no artigo 2.º do Tratado de 3 de Abril de 1820, celebrado entre o Rey de Siam, e o Conde de Rio Pardo, se estabeleceu que os Portuguezes gosassem no Reino de Siam do livre exercicio da sua Religião como sempre lhes foi permittido desde tempos remotos, tanto em igrejas publicas, como particulares; este Tratado foi depois ratificado pelo Rey, e diz no citado artigo 2.º *ibi:* «No artigo 2.º Sua Magestade cede tudo inteiramente, pois que liberalmente, e de Sua Real vontade permitte, que cada hum guarde a sua Religião, como deve.

Dos documentos citados, se vê que o direito do Padroado,

nas terras *descobertas, e que se descobrissem,* pertenceu ao Gran-Mestre da Ordem de Christo, e aos Reys de Portugal; e tendo o Papa Julio III, a instancias de D. João III, unido á Corôa de Portugal, os Gran-Mestrados das Ordens Militares, pela Bulla *Præclare Clarissimi*, de 14 de Janeiro de 1551, he claro, que aos Reys Fidelissimos se reunio toda a jurisdicção espiritual (nó Padroado), que antes tinham os Gran-Mestres da Ordem de Christo; documentos estes, nos quaes se declara de hum modo o mais solemne, que os Reys de Portugal, *pro tempore existentes,* teem o direito do Padroado, *jus Patronatus et præsentandi,* por titulos de fundação, e dotação, *ex meris fundatione et dotatione,* o qual ninguem, nem a mesma Santa Sé, lhes podem alterar, embaraçar, ou derogar, sem o seu expresso consentimento, *illique etiam per Sedem eandem quacunqua ratione derogari non posse, nec derogatum censeri, nisi prius Philippi, et pro tempore existentes prædicti Regis expressus ad id accedat assensus,* he assim como se expressam os Summos Pontifices, e designadamente Paulo V, na Bulla acima citada de 9 de Janeiro de 1606, e he tambem depois de tudo isto, que a Nação vê agora o seu Padroado, atacado em toda a extensão desde Africa até Pekin, parece que estava guardado para os nossos dias huma conspiração geral contra o Padroado, á maneira da que no tempo de D. Luiz de Athaide, os Potentados da Asia fizeram contra o Estado da India, mas que aquelle Capitão, com admiravel coragem, soube repellir.

Do que se acaba de referir, se conclue, que os Senhores Reys de Portugal teem o direito do Padroado, em toda a extensão, que vai desde Cabo Bojador, e Naon, até ao Japão, direito adquirido, não tanto pelas Bullas Pontificias, quanto, *ex jure communi,* pelos titulos de dotação, e fundação; que a Nação Portugueza he a fundadora das Igrejas Catholicas da Asia, e Africa oriental, e occidental; que foi a mesma Nação, que abrio a porta da salvação a huma multidão de povos, até então desconhecidos; que foi ella, que á custa do seu Governo transportou áquellas regiões, innumeraveis Missionarios evangelicos; ella a que fundou mosteiros, edificou igrejas, e destruio pagodes; e que no tempo, em que a reforma fazia correr na Europa rios de sangue dos Catholicos, os Portuguezes derramavam o seu na Asia, levantando templos ao verdadeiro Deos, e ainda que por desgraça da Nação, sujeita a dominio estranho, e vicissitudes humanas, a que todas as nações estão sujeitas, parte dos dominios da Asia tenham passado a dominio estrangeiro, a Igreja da Asia se tem conservado sempre portugueza, reconhecendo desde sua origem, e respeitando os Monarchas portuguezes como seus Patronos natos.

São finalmente os Portuguezes, que depois de tantos esforços, e fadigas, depois de tantos actos de sincero zelo pela propagação, e augmento da doutrina christã, de que se recordam com justa ufania e gloria, veem apparecer em nossos dias, com magua, e estranheza de todos os que prezam os direitos, e a honra nacional, os Breves pontificios de 24 de Agosto de 1836, e de 4 de Abril de 1838, pelos quaes, debaixo de pretextos especiosos, e premissas infundadas, se pretende privar a Corôa Portugueza do Real Padroado na Igreja do Oriente!! Respeitamos, como filhos catholicos da Igreja, as decisões, e providencias apostolicas; mas não nos casos, como o de que se trata, pois póde a boa fé, e santas intenções do Santo Padre, serem surprehendidas, já por suggestões dos adversarios do Padroado, já por informações inexactas; e portanto, sem quebra alguma do respeito, e veneração devidos á Santa Sé, podemos asseverar, e crer, que os Breves citados são improcedentes, por falta de fundamento justo, e verdadeiro, e que elles de certo modo revelam a repetição dos esforços da Propaganda no empenho, ha muitos annos, e por muitas vezes manifestado, de usurpar ao Throno portuguez o Padroado do Oriente; a Propaganda que, se a sua instituição em 1621 faz honra á memoria do Santo Padre Gregorio XV, pelo fim justo, e santo a que se propoz na sua creação, ella se tem tornado odiosa pelas vistas ambiciosas, e jesuiticas que em todas as occasiões opportunas tem posto em pratica.

Pelo Breve de 24 de Agosto de 1836, desmembrou o Santo

Padre a ilha de Ceylão do Bispado de Cochim, e a erigio em Vigariado Apostolico, e pelo de 4 de Abril de 1838, erigio em Vigariados Apostolicos as dioceses de Cranganor, Cochim, Meliapor, e Malaca. Estas resoluções da Santa Sé encontraram nas auctoridades ecclesiasticas daquellas igrejas a opposição que era de esperar de subditos fieis, e zelosos das prerogativas de sua Augusta Soberana, e Padroeira, dos quaes está na posse ha mais de duzentos annos. As intrigas, e divisões dos Missionarios estrangeiros contra o Padroado, causaram a perda da Igreja do Japão, teem causado perseguições, e males immensos á Igreja da China; e onde irão parar as consequencias do scisma, e perturbações que taes resoluções produzirão nas consciencias dos Christãos da India, não he possivel calcular.

Os inimigos do Padroado, invejosos de tão brilhante como singular ornamento da Corôa portugueza, não teem cessado de trabalhar, com falsas, e exageradas informações, para induzir o Santo Padre a tomar aquellas deliberações; dizendo (elles) que os Portuguezes, tendo perdido o dominio temporal, perderam o direito do Padroado; que até nunca erigiram bispados, senão onde tinham dominio; que extinguindo as ordens religiosas, a cujo cargo estavam as missões, não providenciaram a respeito destas, chegando a ponto de suspender em 1835, a congrua aos Missionarios, e que o Padroado era a causa do abandono das missões. Atrevendo-se aquelles adversarios a querer negar o documento moderno mais irrefragavel do reconhecimento do Padroado pela Sé Apostolica, qual he a Nota que o Em.^{mo} Pedeccine, em qualidade de Prefeito da Santa Congregação *de Propaganda fide*, dirigio á Côrte de Lisboa pelo Embaixador desta na de Roma, o Exmo Marquez de Lavradio, em data do 1.º de Fevereiro de 1832, pedindo a nomeação de Bispos para as dioceses de Goa, Cranganor, Cochim, e Meliapor, querendo elles que aquella Nota não seja authentica, por não ser communicada pela Secretaria de Estado, como se a communicação pela Dateria dos Breves não fosse, como realmente he, authentica.

O Padroado sempre existio (parte), e ainda hoje existe onde nunca tivemos dominio temporal; até as Bullas dos Papas acima citados assim o declaram expressamente, *nas terras descobertas, e que se descobrissem, ainda que dominadas por Principe estrangeiro (Infideli).* A perda do dominio temporal não trouxe a perda do Padroado; o Tratado de 18 de Fevereiro de 1665 sobre a entrega de Bombaim, acima citado, he huma prova, e a execução, e posse deste Tratado por tantos annos, he razão mais do que sufficiente á sua interpretação.

Nós tivemos, e temos ainda hoje igrejas, e bispados onde nunca houve dominio Portuguez; o de Funay no Japão, em tempos remotos, e os de Pekin, e Nankin, hoje existentes, são provas do contrario por elles affirmado.

A extincção das ordens regulares não causou o abandono das missões, pois foram providas pela Sé de Goa, a quem compete pelo Alvará de 1799 o cuidado dellas; e a medida arbitraria de huma auctoridade subalterna de Goa na suspensão das congruas em 1835, arbitrariedade que a Augusta Padroeira logo que chegou ao seu conhecimento não só desapprovou, mas até ordenou que se continuasse a pagar como dantes, nada influio, pois tudo foi restabelecido *statu quo,* como consta do orçamento da provincia de Goa.

E que não he a verdade de semelhantes allegações, e informações, nem o zelo pelo bem ser das missões, a que move os adversarios do Padroado nos seus esforços, se vê do que acaba de succeder com as missões do Padroado na China; porque, estando aquellas dioceses providas de todo o necessario, como são, auctoridades canonicamente nomeadas, sacerdotes, e missionarios, cathequistas, guizamentos, e congruas pagas, que annual, e promptamente se lhes remettem dos rendimentos dos patrimonios dos mesmos sitos em Macau, e Singapore, fizeram os Propagandistas com que o Santo Padre na melhor boa fé, como creio, e supponde veridicas taes informações, nomeasse hum Vigario Apostolico para Leantum, e outro para Xantum, provincias pertencentes ao bispado de Pekin, e hum Bispo, o Conde Bési, para a de Nankim, como se vê da Pastoral do dito Bési, e representações daquelles Christãos dirigidas á Rainha Padroeira, e ao Summo Pontifice, ao diante juntos.

Os esforços, e insulto que Mr. Courvezy, Bispo de Bidopole, e Vigario Apostolico de Siam, junto com os seus sequazes, fez para expulsar da igreja de S. José de Singapore ao Parocho desta o Reverendo Francisco da Silva Pinto e Maia, e que este repellio com todas as suas forças physicas, e moraes, protestando, perante a Santa Sé, contra tão inaudito attentado, são provas dos desejos que animam aquelles Apostolicos. Ao diante vão o Protesto, as Representações dos Christãos, e a Pastoral do Bispo Propagandista Bési, acima mencionados, assim como os extractos de algumas cartas dos Missionarios do Padroado na China dirigidas ao Procurador das Missões, o Reverendo Joaquim José Leite, Superior do Collegio de S. José de Macau.

Relação de grande parte dos conventos, hospitaes, collegios, igrejas e capellas do Real Padroado, que foram edificadas na India, quasi todos á custa, ou com ajuda dos Reis de Portugal, como consta do archivo da secretaria do Estado de Goa. N'esta relação não se comprehendem as trinta e nove parochias do Estado de Goa, nem as igrejas de Damão e Dio, mas sómente as situadas em dominios pertencentes hoje a Principes estrangeiros.

Consta dos livros da Secretaria de Goa, 51, 79, 117, e 176, que Baçaim, alem da Sé matriz, contava 13 igrejas: Senhora da Vida, Remedios, Mercês, S. João Baptista, S. Thiago de Agaçaim, e Senhora da Victoria; em Saibana: Margão, Sabajo, Mainquelme, Conceição da Serra de Asserim, Assumpção de Manorá, e matriz de Trapôr. Em Chaul, alem da Sé matriz, 5 igrejas: S. Sebastião, S. João Baptista do Campo, Bom Jesus de Caranjá, S. João Baptista, e S. Francisco; e que os Religiosos franciscanos, alem das já mencionadas igrejas, construiram em 1526, no norte de Manapaur de Baçaim, fundação encarregada a Frei Antonio do Porto, por El-Rey D. João III, que o dotou, para sustento de novamente convertidos, com 24 aldeias, e mais 3:000 xerafins, e as aldeias, tendo-se posteriormente aforado, o collegio ficou administrando 3, Manapacer, Paré, e Arengal, a primeira por doação de hum jague, convertido na idade de cento e cincoenta annos, a quem El-Rey por este facto tinha doado, e outras duas por compra, as quaes rendiam 208 murás de batte. Em 1537, o convento de Santo Antonio de Baçaim, á custa da Fazenda, e por ordem do dito Rey, que consignou de ordinaria 1:272 xerafins, e mais 100 de hum devoto. O convento de Caranjá, por Frei Thomás Viegas, no anno em que o Estado tomou posse della, com ajuda da Fazenda, e tinha de ordinaria 240 xerafins, e algumas varzeas, e marinhas. O de Agaçaim de Baçaim, no segundo anno de sua conquista, á custa da Fazenda, e tinha de ordinaria 240 xerafins. O de Santa Barbara de Chaul, em 1573, por ordem, e conta de El-Rey D. Sebastião, com ordinaria de 600 xerafins. E as igrejas da Madre de Deos de Pally, Monte Calvario, Espirito Santo, ermida de Santa Maria Magdalena, de S. Bernardino, vulgarmente da Salvação. Na ilha de Caranjá, ermida da Senhora da Penha; em Salsete, na ilha Maruly, S. Sebastião; em Amboly, S. Braz; em Paré, S. Thomé; em Magatana, Assumpção; em Arengal, S. Boaventura; em Gorai, Reis Magos; em Cassi, S. Jeronymo; em Gulambá, ou Curambá, Santo Antonio; em Calecaliana, Senhora do Egypto; em Versabá, Senhora da Saude; na aldeia Malvana, Santo Antonio; em Manuri, Soccorro; em Utana, Senhora do Mar; em Bainel, Senhora da Nazareth. No morro de Chaul, huma igreja. No sul, 7 conventos, 4 collegios com seus seminarios, e 112 igrejas. Em S. Thomé, ou Meliapôr, huma igreja da Senhora da Luz. Em Servião, no reino do Pegú, 3 igrejas. Em Negapatão, 2 ditas, de S. Francisco, e Senhora da Saude. Em Coulão, no matto da Rainha, a da Senhora do Parto. No Magote, Chagas de S. Francisco. Em Tivilar, Santa Cruz. Em Caitota, S. João. No Pico de Pimenta, Santo André. Em Aibica, Reis Magos. Em Calecoulão, Madre de Deos; huma ermida de Santo Antonio; outra em Coivate; e outra em Aronely. No reino de Ava principiaram a missão em 1557, por

Frei Pedro Bonofer, Frei Pedro Pascasio, e Frei Francisco das Chagas, onde construiram 9 igrejas, e 7 capellas. Em 1516 os Portuguezes fundaram a cidade de S. Thomé, cuja propriedade *in perpetuum* lhes foi concedida em 1687, pelo Rey de Golcondá, onde Frei Pedro de Athouguia converteu muitos pagãos, e construio muitas igrejas, das quaes a da Senhora da Luz, nos suburbios de Madrasta, parochiava em 1794 Frei Manoel de S. José. Em 1600, por ordem do Vice-Rey Ayres de Saldanha, foi encarregada aos Jesuitas a missão de Travancor, Pescaria, e a metade da de Ceylão, e com a proscripção delles foram reintegrados nellas os Franciscanos, por ordem da Côrte, datada de 20 de Abril de 1777.

Os Jesuitas, depois de se estabelecerem neste Estado, construiram em Baçaim hum seminario, fundação de El-Rey D. João III, com a consignação de 1:800 xerafins, huma aldeia (Daspar), e duas Pacarias de dotação, que rendiam 6:000 xerafins. Hum collegio, fundação de El-Rey D. Sebastião, que tinha de ordinaria 500 xerafins, alem das aldeias Dongory, Pouncer, Anchoaly, e algumas hortas, que rendiam 15:000 xerafins, e mais 3 igrejas, Graça, S. Thomé, e S. Miguel de Puri; esta tinha de renda por dotação particular 5:000 xerafins. Na ilha de Salsete, 8 igrejas, em Pour, Dongori, Vanganacer, Trindade, Conduty, Santa Anna, Santo André, e Corlem, á custa da religião, e esmolas. Em Tana, hum collegio, dotado por Gaspar da Costa, com quatro aldeias pequenas, Vanganacer, Vicer, Anapá, e Velapá, que rendiam 8:000 xerafins, e compraram á custa de esmolas mais tres, Trindade, Bavalem, e Inavalem, do rendimento de 30 murás de batte, e a sua igreja tinha de renda, alem disto, 700 xerafins. Em Chaul, hum collegio, dotado por Sebastião Pinto, com alguns palmares sitos em Bethalbatim de Salsete de Goa, e tres hortas em Chaul, o que tudo dava de renda 5:000 xerafins. Em Bandorá construiram huma igreja, e residencia pertencente ao collegio de S. Paulo. Em Maissur, esta missão se estendia 100 leguas pelo reino, onde assistiam 12 missionarios, e 56 cathequistas. No Deckan, tinham 4 residencias. Em Sunda, 2 ditas. No Mogol, tinham 2 igrejas publicas, com respectivos collegios. Em Agra, e Delly, dotadas por Mirsazulcarne, e tendo-se perdido as duas parelas do seu fundo, situadas em Bombaim, e que rendiam 12:000 xerafins, D. Juliana Dias da Costa, portugueza, residente na Côrte do Grão Mogol, deu 50:000 xerafins para hum novo fundo. No Malabar, ou Cochim, hum collegio, em Ambalacata, com 7 igrejas; e hum em Tanôr, outro em Coulão, ambos com 52 igrejas. Na Pescaria hum dito com 19 ditas. Em S. Thomé, hum dito com 2 ditas. Em Bengala, hum dito com 2 ditas. Em Madury, hum dito com 13 ditas. Em Nemam, hum dito com 14 ditas, sendo o de Cochim superior aos mais, o qual nas invasões, tendo perdido o seu patrimonio em bens, ficou ultimamente com quatro aldeias, Ansolna de Goa, Chirol, Sorotal, e Chery, estas do norte.

Os eremitas de Santo Agostinho construiram em Baçaim em 1596, hum convento da invocação da Annunciação, que tinha de ordinaria 500 xerafins, e huma igreja da Senhora das Mercês, com a congrua de 152 xerafins. Em Taná, hum dito, em 1574, da invocação da Graça, que tinha de ordinaria 500 xerafins. Em Chaul, hum dito, em 1588, da invocação da Graça, com ordinaria de 500 xerafins. Na Persia, em Aspão, Côrte do Rey, em 1599, hum convento da Senhora da Assumpção, e tinha de ordinaria 2:500 xerafins; e o Rey, tendo offerecido 400 timões (do valor de 40 xerafins cada hum) para dote, não foram aceitos. No Congo, huma igreja, com ordinaria de 250 xerafins. Em Mombaça hum convento, construido em 1567, que tinha de ordinaria 500 xerafins. No reino de Bengala[1], hum convento da invocação da Senhora do Rosario, construido em 1599. Em Ugoly, as igrejas seguintes: em Balassôr, Senhora do Rosario; em Chandepôr, Senhora da Assumpção; em Pipple, Senhora do Rosario; em Caliacata, Senhora do Rosario; em Nirical, Senhora da Graça; em Benja, Senhora da Saude; em Dacá, ou Narandy, Senhora da Assumpção; e a huma legua de Dacá,

1 Em Bengala possuiam os eremitas de Santo Agostinho 24 igrejas, como consta de hum livro impresso, conservado até 1835 no archivo do convento de Santo Agostinho de Goa.

Senhora do Rosario. Em Bondel, ou Bandel, Santo Estevão; em Rangamaty, Santo Estevão; em Angoly, Santo Estevão; em Jambalcalda, Senhora da Assumpção; em Tambolim, Senhora da Esperança; em Arracão, Senhora da Assumpção; em Golcondá, Senhora do Bom Successo; e em Mussulipatão, Senhora da Assumpção. Hum hospicio em S. Thomé, alem dos conventos destruidos pelos inimigos no sul, Coulão, Cochim, e Malaca. E nas relações de 1794, a fl. 342 do livro 176, referindo-se ao anno antecedente, consta que baptizaram 191 adultos.

Os dominicos construiram em Baçaim, em 1579, hum convento. Hum em Chaul, em 1550, que tinha de ordinaria 900 xerafins por anno, e mais 61 xerafins, e 3 tangas por tres mezes, e de patrimonio tres varzeas entre palmares. Hum dito em Cochim. Em globo, tiveram muitos outros conventos, collegios, e igrejas, na sua administração no sul, e norte, em Columbo, Galé, Manar, Jafanapatão, Ceilão, Negapatão, Malaca, S. Thomé, Mahim, Trapôr, e Caranjá. E em Ormuz, hum convento, construido em 1557.

Os Religiosos de S. João de Deos construiram, em 1685, hum convento, e hospital em Baçaim, por ordem de El-Rey D. Pedro II, e ahi compraram huma casa, que rendia 600 xerafins por anno, e de ordinaria 1:800 xerafins, e alguma renda de alguns palmares, que ao todo sommava 4:610 xerafins.

Os Reformados de S. Francisco (Madre de Deos) construiram, em 1582, hum convento em Taná, da invocação de Santo Antonio. Hum dito, que tinha de ordinaria 20 xerafins mensaes, em 1584, em Chaul, da invocação da Madre de Deos, por Braz Dias, o qual tinha tambem de patrimonio 200 xerafins para cura de enfermos, e a igreja 28 de ordinaria. No morro de Chaul, huma igreja, da Senhora do Monte, e a missão de Surrate, entregue pelos Inglezes, depois da expulsão dos padres francezes. Alem disto tinham a seu cargo as missões de Jun-Ceilão, Queda, Travancôr, e Raichur; e o reino de Achem, Brama, e Pegú.

Os Religiosos de S. Caetano, logo depois do seu estabelecimento neste Estado, em 1650, tomaram á sua conta a missão de Vizagpor, cidade principal do Idalcão, e com o seu consentimento principiou o padre D. Francisco Manco a cathequizar naquelle reino, e suas dependencias; e dalli, passando para Golcondá, e Banagar, edificou igrejas, e hospicios, em Vizagpatão, Singol, Pergelim, e Massulipatão; e em Biblipatão, porto do mar, huma igreja ampla, com consentimento do Governador, de quem obteve dois predios em propriedade perpetua, da invocação de Santa Cruz de Theatinos, em hum dos quaes teve lugar a construcção daquella igreja; passando para a ilha de Bornéo o padre D. Antonio Vintemilia, em 1687, construio algumas igrejas; deram principio á missão de Bancul, na ilha de Sumatra, em 1699, pelo padre D. Miguel Angelo Cartelli, que alli construio duas igrejas. Em 1760 foram para estas missões, á custa da Fazenda, e com as congruas necessarias, os padres D. Antonio Antão de Faria, e D. Agostinho Barreto; e o primeiro, ajudado pelo feitor inglez, de Madrasta passou para Biblipatão; semelhantemente installaram missões em Gugulim, Codelur, Negapatão, Arecan, Ceilão, Camboja, Carval, e Devanapatão.

Os Carmelitanos, com a extincção dos Jesuitas, foram encarregados, em 1764, das missões de Canapôr, Quintur, e Tomaricopa, assim como de Azarem, e Alcorny, com igrejas em todas ellas; a igreja de Canapôr he da invocação da Senhora dos Milagres; tinha huma capella filial em Calgão, da Senhora da Candelaria, e contava perto de 1:300 christãos; Quintur, a sua igreja he da invocação da Senhora do Carmo, com duas capellas filiaes, huma em Vilicote, de Santa Rosalia, e outra em Machim, da Senhora do Rosario; Tomaricopa, da Senhora do Rosario, com mais de 400 freguêzes; as igrejas de Alcorny, e Azarem, foram construidas em 1765 pelos missionarios, á custa propria, e de esmolas. A missão de Raichur he mui vasta.

Os Congregados tinham ao seu cuidado a vastissima missão de Ceilão, Solapôr, e Canará [1], onde contavam mui ele-

[1] Tivemos no reino de Canará, pertencente ao arcebispado de Goa, muitas igrejas, e ainda temos hoje 20, parochiadas por padres de Goa;

vado numero de igrejas, ermidas, e hospicios, que a brevidade não permitte collegir. No bispado de Cochim, alem disto, estavam construidas as seguintes, afóra 15, cujos patronos, e situações não estavam declarados: S. Pedro de Angenja, Assumpta de Mampulim, S. Sebastião de Bencoto, Todos os Santos de Ariaturuly, S. Thiago de Tatampali. S. Miguel de Pudua, Santo Ignacio de Potemtopo, Santa Cruz de Milagres, orago do bispado; Senhora da Esperança de Vaipen, S. Pedro de Bendurte, Senhora da Vida de Matanchurá, Senhora das Mercês de Paturte; S. Lourenço do Castello, Senhora da Saude, logar assim chamado; Salvação, S. Luiz, Santo André de Artenga, S. Jorge de Manscorte, Santos Innocentes de Tangui; Senhora da Purificação de Tamboly, S. Miguel de Catur, Medino Jesus de Sangacheira, e Santa Cruz de Porcá. Finalmente consta a fl. 370 do livro 176, que em 1794 fôra erecta a missão de Punem (Pooana), por intermedio do padre Vicente Joaquim de Menezes, e do nosso enviado Gorqui Sinay ao Dominante do Marata, e com consentimento deste se erigio huma capella, com culto publico, e ao missionario se arbitrou a conveniente congrua.

No anno de 1561, foram os Dominicanos os primeiros que prégaram o Evangelho na ilha de Solor, para onde se transportaram do convento que tinham em Malaca, o padre Frei Antonio da Cruz, e outros; dalli passaram a Timor, mas sem se estabelecerem nesta ilha, até que em 1629 partio de Ma-

a mais antiga he a de S. Salvador de Onor, primeiro foi barraca, edificada pelo Padre José Vaz, natural de Samoale de Salsete, e depois construida de pedra, e cal; a segunda foi a de Nossa Senhora dos Milagres de Mangalor, construida pelo Reverendo Thomás de Castro, natural de Divar, huma das ilhas de Goa, o qual, sendo Bispo da Propaganda, quiz usurpar aquella missão ao Padroado, publicando huma Pastoral, em que fulminava excommunhão maior a todos os Christãos que obedecessem aos Padres de Goa, e não a elle propagandista; esta questão foi remettida á Curia romana, e decidida contra elle Bispo, e a favor do Padroado. Já naquelles tempos, a Sagrada Congregação da Propaganda dava provas do zelo que tinha pela usurpação do Padroado; e o mais é que aquelle Reverendo propagandista era subdito portuguez, natural de Goa.

laca Frei Miguel Rangel, que depois foi Bispo de Malaca, com mais doze religiosos, e se estabeleceram em Timor; no principio de 1640, já havia na ilha de Solor, Onde, ou Flores, 8 igrejas, e em Timor 22.

E por ordem de 8 de Outubro de 1738 se determinou que em Timor se estabelecesse hum seminario para educação dos naturaes, e para serviço das missões, para sustento do qual doou o Tenente General do mar, Gaspar da Costa, 400 alqueires de..., que percebia naquella ilha, e outras parcellas que cobrava nos reinos de Biboi, e Automa, assim como doou a cobrança das Fintas Reaes, que cobrava nos mesmos reinos, importantes em 250$000 réis; o que Sua Magestade confirmou por Provisão de 16 de Outubro de 1743, mas ainda se não verificou a creação daquelle seminario. O cofre daquellas missões chegou a ter grandes fundos, os quaes não me consta o estado em que hoje estão.

Na ilha de Bornéo tambem houve igrejas, e missão, á qual deu principio em 2 de Fevereiro de 1688 o Reverendo padre D. Antonio Vintemilia, theatino do convento de Goa, transportado áquella ilha á custa da fazenda do portuguez Luiz Francisco Coutinho, cuja pia, e generosa despeza foi tão grata ao Summo Pontifice Innocencio XII, que pelo Breve *Ex Romani Pontificis*, datado de 21 de Dezembro de 1691, o nomeou cavalleiro da ordem Aurea Romana, e o Governador de Goa, D. Rodrigo da Costa ordenou que aquella missão ficasse pertencendo aos padres theatinos de Goa, em quanto Sua Magestade não mandasse o contrario.

Pastoral

Francisco da Silva Pinto e Maia, legitimo Vigario, e Superior da missão, pelo Primaz do Oriente, Dom Frei Manoel de S. Gualdino, de gloriosa memoria. 1840 Julho 8

A todos a quem o conhecimento desta pertencer, saude, e paz em Nosso Senhor Jesus Christo. Faço saber que, tendo Hilario Courvezy, Illustrissimo e Reverendissimo Bispo de

1840 Julho 8 Bidopole, Vigario Apostolico de Siam, mandado imprimir nesta em latim, inglez, e portuguez, hum papel, a que chama Decreto da Sagrada Congregação *de Propaganda Fide*, datado em 28 de Junho de 1840, no qual affirma ter só elle jurisdicção em Malaca, Singapore, etc., estribado no Breve ou Carta Apostolica *Multa præclare*, de 24 de Abril de 1838; sou obrigado a publicar, que na metropole de Goa já meus superiores tinham por meio de huma Pastoral declarado por supposto, e falso este Breve, o qual tem todos os signaes de falsidade; portanto tambem he falso o Decreto, que o cita; nelle faltam as indispensaveis condições estabelecidas na regra 42.ª da Chancellaria, para se considerar valida a derogação das Bullas ácerca do Real Padroado. Decreto, que expulsa injustamente o verdadeiro Pastor, para introduzir hum mercenario, he falso. Eu não posso persuadir-me, que o primeiro Chefe da Igreja, o Soberano Pontifice, representante daquelle, que por natureza he a mesma justiça, approve semelhante Decreto contra o direito natural, e divino.

O mesmo Summo Pontifice ordena, que não se executem, ou cumpram graças, ou ordens impetradas obrepticia, e subrepticiamente. *Si tales per suppressionem veritatis aut falsitatis expressionem litteras nostras etiam certas constiterit impetrasse, carere volumus impetratis.* Innocencio III, cap. 7.º *de fide instrumenti.* «Se alguem, occultando hum pouco a verdade, ou acrescentando hum pouco mais, não declarar verdade pura, quero, e mando, que se não cumpram minhas ordens» *carere volumus impetratis.* A mesma Sagrada Congregação ensina a desprezar as ordens daquelle, que pede os titulos a hum Beneficiado, que teve pacifica posse por espaço de tres annos; por consequencia não sou obrigado a obedecer a quem me quer tirar injustamente o beneficio. *Qui pacifice per triennium aliquod beneficium possedit, non tenetur ostendere titulum, vel docere de titulo.* Sacr. Congr. anno 1588. Estou em Singapore desde o anno de 1825; quando Bartholomeu, Bispo de Capso, e Coadjutor do Vigario Apostolico de Siam, e Quedá, o Bispo de Sozopoles, por cuja ordem no anno de 1832 principiou o scisma, no dia Domingo 19 de Agosto, em casa de Mr. Mac Sweeny, perguntando em alta voz a huns, e outros, se promettiam ser-lhe fieis, e constantes; eu logo no dia 21 do mesmo Agosto protestei, e appellei para Roma contra elle, e contra tudo quanto tinha determinado contra as leis da Igreja. 1840 Julho 8

O Apostolo S. Paulo, na carta aos hebreus, cap. 13.°, v. 17.° manda obedecer a nossos superiores, *Obedite præpositis vestris, et subjacete eis.* O Vigario Apostolico de Siam manda não obedecer-lhes, por conseguinte tambem lhe não obedeço. Christãos, quereis conhecer huma arvore? Olhai para a sua fructa, S. Math., cap. 7.°, v. 20.°

O Vigario Apostolico de Siam remetteu-me de noite, juntamente com o resumo do Decreto, huma carta sem sêllo assignada por elle, mas tudo aberto; como podem semelhantes papeis, entregues de noite, ser reconhecidos? Tudo signal de falsidade.

Por todas estas razões deveis ficar certos, que o vosso Pastor sou eu, e de nenhuma sorte o sobredito Vigario Apostolico de Siam, e que vossa freguezia he a capella de S. José.

Estes Apostolicos conhecem que erraram; porém teem vergonha de emendar seu erro. E não terão vergonha de continuar? Não vos admireis, que o Vigario Apostolico de Siam procure completar o scisma, que elle mesmo principiou no anno de 1832; por quanto S. Paulo, fallando com os Bispos da Asia, lhes certificou: *Et eis vobis ipsis exurgent viri loquentes perversa, ut abducant discipulos post se,* Act. dos Apost., cap. 20.°, v. 30.° De vós, ó Bispos, haverá quem publique nova doutrina, para ter sequazes e discipulos. Não he doutrina nova, e perversa ensinar a desobedecer ao legitimo Pastor? Se o Bispo de Bidopole tem zelo da salvação das almas, respondei-lhe, que vá para o seu bispado; que seja pastor, e não mercenario, Concilio Tridentino, cap. 1.°, sessão 6.ª, Decreto de reforma. Mando a todos os Catholicos romanos, que não obedeçam aos Apostolicos francezes, jesuitas disfarçados; que não reconheçam o Vigario Apostolico de Siam; elle não he mais que hum Bispo em terra de gentios *in partibus infidelium;* contra estes Bispos já em outro

1840 Julho 8 tempo se queixava amargamente o Concilio de Trento, cap. 2.º, sessão 14.ª da reforma.

Protesto contra a igreja franceza, que por direito me pertence. Protesto contra o Illustrissimo e Reverendissimo Vigario Apostolico de Siam, e appello para a santidade de Gregorio XVI, em nome da nossa Padroeira a Senhora D. Maria II, Rainha de Portugal. — Francisco da Silva Pinto e Maia, legitimo Vigario, e Superior da Missão.

Singapore, 8 de Julho de 1840.

Não posso acreditar, que a Sagrada Congregação da Propaganda, composta de sabios, e virtuosos, se opponha ao cap. 9.º, sessão 14.ª, de hum Synodo universal, o qual he o de Trento — *In Spiritu Sancto legitime congregata,* que prohibe claramente confundir a jurisdicção, ainda mesmo com o pretexto de maior honra, e gloria de Deos.

O Concilio aos Bispos titulares chama quasi vagabundos, os quaes procuram, sem proprio pastor, o saber as ovelhas alheias, e não procuram converter os gentios de seu Bispado.

Representação dos christãos de Pekim a Sua Magestade a Rainha

1842 Junho Senhora! — A Vossa Magestade representam humildemente todos os Christãos de Pekin, Côrte do imperio da China no Oriente, implorando a real, e beneficentissima protecção de Vossa Magestade.

Desde o tempo do reinado do Van-Li da dynastia Mim (seculo XVII), em que tinham sido mandados de Portugal para as duas Côrtes da China, Pekin, e Nankin, os padres da Companhia de Jesus, os quaes com a imagem (do Crucifixo) haviam plantado nellas a Religião santa; sempre o reino de Portugal tem concorrido com todas as despezas até hoje, que se contam mais de duzentos e trinta annos, para os Bispos, e todos os padres, que nellas tem estado. Beneficio este, que jamais será riscado da memoria de todos os christãos.

He pois no anno 13 de Kia-Kim (1808) que, fallecendo o

Bispo D. Alexandre, governou interinamente a Diocese o padre Cháo (o Bispo Serra), ao qual, alguns annos depois, succedeu o padre Li (padre Ribeiro), e pela morte deste ficou o Bispado entregue ao governo do Bispo de Nankim Pi-Kia-Je-Tam (Pires); e em vida deste o padre Cháo (João Castro) tomou interinamente conta do Bispado de Nankim, coadjuvando-o no de Pekin. 1842 Junho

Assim tem decorrido trinta e cinco annos sem que houvesse hum Bispo, por causa do aperto em que se tem visto o Governo de Portugal. Mas agora, que tudo está em socego, convem muito que se faça a nomeação. Principalmente desde que em Fevereiro de 1841, o Bispo Ló da Propaganda veio á provincia de Che-Li, o qual passando por Xan-tum, expulsou dalli o padre Csun daquella missão, por ter sido mandado pelo Pastor daquella igreja o padre Cháo (João Castro); e ordenou ao mesmo tempo aos Christãos de Xantum, que abandonassem Pekin, e seguissem a Propaganda, dizendo-lhe claramente, que aquelle que não obedece ao Bispo Ló, não he obediente ao Papa, querendo com isto, como grande, opprimir os pequenos, e como forte escarnecer dos fracos. Seja pois, ou não tudo isto huma sem razão, o que elles os Christãos não podem realmente soffrer he a oppressão, que se faz aos homens por via de força. Por isso todos os christãos de Pekin de commum accordo deliberaram dirigir humildemente este memorial, implorando a Vossa Magestade para que se digne por piedade compadecer-se dos Christãos da China, e ter na Real solicitude de Vossa Magestade os bem merecidos fructos, e virtuosos trabalhos adquiridos ha mais de dois seculos, que poderão por acaso, ficar em hum momento reunidos em outrem, o que será muito digno de lastima.

Pedimos portanto encarecidamente, para que seja nomeado o padre Cháo (João Castro) para Bispo de Pekin, e que fiquem todos os christãos de Xantum sujeitos como dantes ao Bispado de Pekin. Pois que, sendo desta sorte restabelecidas como no principio todas as precauções, o merito será para Vossa Magestade, e elles os christãos experimentarão

1842 Junho o beneficio de serem regenerados na Graça, e conduzidos para a bemaventurança.

Prostrados imploram a compaixão de Vossa Magestade para com elles os christãos, que ficam rogando a Deos pela felicidade, e conservação dos preciosos dias de Vossa Magestade, e da Sua Prole Real, pelo socego dos seus povos, e prosperidade do reino.

Não querendo Vossa Magestade aos Christãos da China, digne-se assim mesmo significar-lhes a Sua Real vontade, para elles então resolverem.

Anno de Nosso Senhor Jesus Christo de 1842, mez de Junho.—(Seguem-se as assignaturas.)

Versão da representação dos christãos de Leao-tum ao Papa

Os peccadores, e indignos servos de Leao-tum, Che-li, e dos contornos de Mogol, prostrados apresentam sua supplica aos pés do Santissimo Padre, Chefe da Igreja Catholica, e com suas cabeças inclinadas até á terra, o saúdam.

Quando antigamente, nós os peccadores, e indignos servos, habitantes de Leao-tum, Che-li, e dos contornos de Mogol, obtivemos a especial graça de sermos chamados á Religião christã, o reino de Portugal foi o que na sua origem trabalhou, e concorreu com dinheiro para a fundação da Igreja do sul (?), que depois se propagou por todos os lugares das fronteiras de Leao-tum. Nesta occasião tambem a nossa cidade concorreu com fundos para ajudar a creação de hum perpetuo, e tranquillo patrimonio. Desde a dynastia *Mim* (anno de 1368–1644) até á dynastia *Tsin* (reinante, principiada em 1644), as gerações que existiram pelo espaço destes duzentos e tantos annos, todas mereceram repetidas vezes ser allumiadas com graças, e favores de Vossa Santidade, e nós, indignos servos, os trazemos sempre gravados nos nossos peitos com eterno reconhecimento. Tendo as outras provincias seus Bispos para as reger, só a Sé de Pekin está vacante pelas commoções politicas do nosso reino; comtudo, desde a morte do Bispo Pires, a administração das cousas ecclesiasticas passou ao cuidado do padre Castro, que tem regido com toda a paz, e tranquillidade. O padre Castro tem igualmente distribuido sacerdotes por todos os lugares, e nunca nos faltou o pasto espiritual, tanto para a alma como para o corpo, debaixo de toda a ordem. O mesmo Castro por vezes nos tem amparado pessoalmente (visitado), conferindo-nos favores, e graças; e os christãos de todos os lugares estão muito obrigados pela delegação do poder na pessoa de Castro. Sua grande prudencia, e virtude fazem reflectir o seu fervor do culto divino, e zelo da salvação das almas, que são outros tantos fructos de boas obras. Porém de repente ouvimos no anno passado dizer ao padre Mom de Pekin que havia noticias da Europa de que hum novo Bispo de outro reino estava eleito com attribuições do Bispado de Leao-tum, e de todos os contornos de Mogol. Qual a causa disto? Nós, sendo rudes, de nenhuma instrucção, e tendo nossas idéas mui confusas, e nosso pensar mui grosseiro, julgamos que semelhante arrebatamento he contrario á boa razão. Alem disto o povo christão, que habita os arredores de Mogol, está debaixo da jurisdicção da Pie-che-li, e não na de Mogol. Os habitantes de Leao-tum, não obstante serem a maior parte tartaros, e poucos chinas, comtudo todos estão sujeitos á provincia de Moukden. Eis o motivo porque todos os sacerdotes conjunctamente com os christãos fizeram esta supplica. Talvez as verdadeiras expressões offendam (a Vossa Santidade), mas como a fidelidade he huma, e a fé verdadeira, não podemos reconhecer o Bispo de Mogol por nosso superior. Todos juntos pedimos instantemente ao Santissimo Padre se compadeça das nossas almas, cujos resultados são graves, e tem consequencias eternas. Supplicamos, se digne conferir ao padre Castro a dignidade de Bispo de Pekin, com attribuições de Che-li, e todos os arredores de Leao-tum. Verificando-se este nosso desejo, a paz reinará entre os christãos, a inquietação se acabará, e as nossas almas se salvarão. Os peccadores, e indignos servos prostrados supplicam esta graça; e com os olhos levantados, esperam a sua execução. — (Seguem-se as assignaturas).

Pastoral do Bispo de Nankim e Xantum, por appellido Ló, publicada no anno de 1842 da era christã

1842 Ló, Bispo de Nankim, e Xantum, etc., etc.

Faço saber a todos os christãos, que desde que fui, ha dois annos, encarregado pelo Papa da administração dos Bispados de Nankim, e Xantim, ordens se receberam nesta occasião para se crear hum convento[1], com promessas de que mandaria padres da Companhia de Jesus, para coadjuvarem o manejo dos negocios da Religião, e de commum acordo tratarem dos negocios do dito convento. Depois que tomei as redeas do Bispado, nunca me tenho descuidado disto; porém varios motivos me hão demorado a sua execução até ao presente. Agora que por especial graça do Senhor chegaram a estas terras os jesuitas, e tenho recebido cartas da Congregação da *Propaganda fide* de Roma, em que me ordenam com instantes recommendações, a fazer todos os esforços para se pôr em observancia os preceitos da Religião em Nankim, e a accelerar quanto antes a creação do dito convento, seria desairoso ao lugar que occupo, se tornasse a demorar por mais tempo. Portanto faço saber por esta Pastoral a todos os christãos meus diocesanos, que lhes he permittido trazer os jovens que quizerem sahir da casa paterna para cultivar a virtude, declarando os seus nomes, debaixo das condições seguintes:

Como o fim da creação do convento he para nelle se receberem os alumnos que tenham hum firme proposito de querer estudar, a fim de que, seguindo as boas instrucções, e educando-se, cheguem a ser habeis ministros, e possam succeder aos homens de virtude, e talento seus antecessores, não só para se honrar, e glorificar a Deos, offerecendo diariamente o santo sacrificio, como tambem para se promulgar por todo o imperio a Lei do Senhor, e salvar as almas;

[1] *Sinice; Sieu-tao-iuen:* casa de religiosos, que cultivam a virtude; cenobio.

os que quizerem vir para seguir os estudos, não devèm ser senão os que são chamados por Deos, visto que hum objecto de tão grande importancia jamais se deve olhar com desprezo; por isso dou em resumo as seguintes condições, para se poderem regular:

1.ª Todo o rapaz que desejar vir para o convento, não deverá ter menos de doze nem mais de dezoito annos de idade, e o praso de hum anno lhe he assignalado para se observar o seu comportamento, e determinar se deve ser acceito ou despedido. Durante esse anno o seu sustento, e vestuario serão fornecidos por seus pais; e findo elle, quando se veja que he da vontade de Deos a sua vinda, será então admittido no convento para estudar, onde tudo lhe será provido pelo Bispo, sem dependencia de seus pais. E quando não seja da vontade de Deos, será entregue a seus pais, e restituido á sua familia.

2.ª Os rapazes que tiverem já contrahido esponsaes, não poderão ser apresentados.

3.ª Os que sem vontade propria são obrigados por seus pais, ou que sem consentimento destes, desejam seguir a vida religiosa, não precisam vir para dar seus nomes.

Extractos das cartas de Nankim, datados de Outubro de 1842, e recebidas em Macau em 3 de Janeiro de 1843

Traducção.—Do que escreve Mr....

«A chegada do Nuncio a Lisboa he huma excellente occasião de defender vossos direitos, e conservar vossas missões na China. 1842 Outubro

«Mas se quereis defender-vos, e vos prover, he necessario obrar prompta, e vigorosamente; porque em Nankim se farão os maiores esforços por vos tirar a missão, e fazel-a passar aos padres jesuitas.

«Sua Illustrissima *(Bési)* reclama a administração dos bens temporaes da missão; eu não sei com que titulo: a vós toca explicar-vos com elle. Nós não temos querido contestar com Sua Illustrissima.»

1842 Outubro Do que escrevem em latim os padres chinas:

«Quero, e desejo estar debaixo da jurisdicção dos portuguezes». Escreve hum; e outro, a quem eu chamava para vir ajudar a educação no collegio, na nossa actual falta de padres, escreve:

«Escrevi ao Illustrissimo Bési, assim: «Muitas vezes tenho sido chamado por meu Superior para o collegio (de S. José de Macau): portanto rogo se digne enviar outro a tomar a minha missão». Mas elle nenhuma resposta deu; e logo me chamou a ir ter com elle, e me disse: «Sem minha licença nenhum póde retirar-se da missão, por qualquer causa. Esta missão, por Decreto do Summo Pontifice, pertence aos jesuitas, e não aos padres de S. José». E se queixou muito de mim, e de V. m.cês por termos communicação entre nós, e desestimação delle; mas isto não disse claramente. Muitas outras cousas não escrevo agora, e só em presença direi. Aqui temos ouvido dos padres europeus *(só podem ser os jesuitas)* que o reinó de Portugal provavelmente será excommungado pelo Summo Pontifice; agora porém he tolerado.»

Noutra carta, que assignam seis padres, dizem:

«Quanto aos seminaristas, que V. m.cê mandou escolhessemos, e enviassemos ao collegio (de S. José), não podémos fazer isto, porque o Illustrissimo Bési, antes de termos enviado alumnos, publicou Decreto, como proprio Pastor, cuja copia apresentamos.

«Quanto ao dinheiro enviado, não recebemos; o Illustrissimo[1] recebeu todo, e já ha dois annos que não temos congruas.»

[1] Que tal he a caridade bem entendida do Illustrissimo Bispo da Propaganda *(Bési)*? Remettem de Macau a congrua para os missionarios do Padroado, e elle toma conta, e dispõe della como propria, deixando os missionarios, a quem pertencia, a fazer cruzes na bôca!

Carta do Papa Gregorio XVI ao Arcebispo de Goa José da Silva Torres

(Hist. du Schisme Portugais dans les Indes, pag. 275.)

Vénérable frère.—Sans doute, vous avez déjà connaissance du consistoire célébré par nous le 16 de juin, et dans lequel nous avons donné de nouveaux pasteurs à plusieurs églises vacantes, en commençant par la célèbre église de Goa, située dans les Indes orientales, appartenant au Portugal, et pour laquelle nous vous avons désigné vénérable frère. Vous recevrez aussi nos lettres apostoliques sous le sceau de plomb, dont nous commandons la publication immédiate, et qui sont relatives à votre propre nomination, à la consécration épiscopale dûment reçue, tout comme au sacré Pallium, qui doit vous être présenté, conformément à nos ordres, en votre qualité de prélat métropolitain. Nos pensées se sont portées sur la situation dans laquelle se trouve cette église, et sur les lourdes calamités qui l'ont affligée pendant le temps de sa vacance prolongée ; désirant écarter les difficultés qui pouvaient vous empêcher d'en prendre tout de suite l'administration, nous vous avons envoyé d'autres lettres, signées le jour ci-dessus mentionné, sous l'anneau du pêcheur, et par lesquelles nous avons octroyé, comme faveur spéciale, qu'aussitôt après les avoir reçues vous pourriez user librement et pleinement de la juridiction qui vous est donné ; nous primes soin également de vous faire envoyer, sans délai, lesdites lettres. Maintenant nous vous écrivons la présente pour vous donner une preuve nouvelle de notre affection pour vous, confiant en Dieu, que vous veillerez toujours, et de tout votre pouvoir, sur le troupeau remis à vos soins, et qu'en aucune façon vous ne vous écarterez de l'obéissance due aux sacrés canons, à nos décrets et à ceux du siége apostolique. Car nous avons sous les yeux les preuves des sentiments respectueux que vous avez voués à l'Église romaine ; vous les avez manifestés dans votre let-

1843 Julho 8

1843 Julho 8 tre datée du 17 mars, et cette lettre s'accorde avec celles que nous avons reçues de notre bien-aimé fils François Capaccini, notre internonce et délégué apostolique à Lisbonne, lequel, entre autres choses, fait mention spéciale de la déclaration, plusieurs fois répétée, par laquelle vous nous assurez que vous avez fermement résolu en votre esprit de ne jamais exercer d'autre autorité que celle qui pourra vous être accordée par nous. Tout ceci est conforme à ce que nous avons établi dans les lettres apostoliques données sous l'anneau du pêcheur, en date du 24 avril de l'an 1838, dont le commencement est: *Multa præclare,* et aux autres décrets postérieurement publiés, ou qui pourraient être publiés, relativement à l'administration des affaires catholiques, dans différentes contrées, où, vu les changements produits par le temps, l'archevêque de Goa ne pourrait pourvoir facilement ni suffisamment au bien des âmes. En ordonnant ces choses, nous n'avons certainement eu en vue que le salut et l'accroissement du troupeau du Seigneur, et malheur à nous, si nous négligions de donner toute aide spirituelle possible à une partie quelconque de ce troupeau placée dans des circonstances malheureuses, en quelque lieu que ce soit. C'est pourquoi, tout en louant comme ils le méritent vos sentiments relatifs à ce qui cause notre sollicitude, nous ne pouvons nous empêcher de vous exhorter en Dieu de ne jamais cesser d'agir en ce sens, sous quelque rapport que ce soit. Ainsi vous ferez toujours, en toutes choses, ce que doit faire un pasteur, n'ayant de souci que de la gloire de Dieu et du bien-être spirituel du troupeau bien-aimé; et plaçant toutes ses espérances dans le Seigneur, le prince des pasteurs, qui supporte toutes choses par la puissance de sa parole, et qui promet une inflétrissable couronne de gloire aux ouvriers sacrés qui, par sa grâce, persistent diligemment dans le service de sa vigne. En même temps, bien qu'indigne, nous ne cesserons de le supplier de vous multiplier ses dons favorables, à vous, et au clergé et au peuple que nous confions à vos soins. Finalement, et comme preuve de notre bon vouloir, nous vous accordons avec amour et de tout notre cœur, à vous, vénérable frère et à eux, notre bénédiction apostolique. 1843 Julho 8

Donné à Rome, à Sainte-Marie-Majeure, le 8 juillet de l'an 1843, dans la treizième année de notre pontificat. — Grégoire XVI, Pape.

Diz hum tal Visconde Bussierre na *Historia do Scisma Portuguez na India,* escripta em francez, tratando da confirmação do Arcebispo de Goa:

«Quando o Papa pedio a opinião dos Cardeaes sobre a maneira, pela qual se havia de redigir a Bulla da instituição do novo Arcebispo, alguns delles foram de parecer que se devia mudar a formula antiga, e que era necessario especificar quaes eram os lugares, onde elle Arcebispo havia de exercer a sua jurisdicção, e fazer igualmente menção dos Vicariatos Apostolicos, como sendo esses perfeitamente independentes da Sé de Goa. Outros opinaram que se conservassem as formulas sempre usadas, tendo comtudo a precaução de fazer conhecer officialmente a José da Silva Torres que a sua jurisdicção não se estendia alem dos limites do territorio Portuguez, exigindo que elle promettesse, com juramento, sujeitar-se ás Bullas Papaes, relativas aos Vicariatos Apostolicos. Esta opinião prevaleceu. Gregorio XVI dirigio a José da Silva, juntamente com o diploma, que lhe concedia o Arcebispado, Letras Apostolicas, nas quaes os pontos indicados eram especificados, e tratados da maneira a mais clara, e positiva.»

Com effeito ao mesmo tempo que se expediam ao novo Arcebispo as Bullas de confirmação, escrevia-se-lhe em nome do Pontifice hum Breve ou Epistola com data de 8 de Julho de 1843, cheio de expressões tortuosas, das quaes comtudo se deprehendia que não encontrasse as disposições do Breve *Multa præclare*. O Arcebispo não podia, sem quebrantar os mais sagrados deveres de Prelado, e do subdito da Rainha de Portugal, prestar assenso a hum documento semelhante.

Alem de que o mesmo Arcebispo recebêra do seu Governo

1843 Novembro 6 Instrucções com data de 6 de Novembro de 1843, que continham o seguinte paragrapho:

«A Santa Sé, depois de restabelecidas as relações com este Reino, tem confirmado a nomeação, que Sua Magestade fez de V. Ex.ª com conhecimento do seu merito, e virtudes, para Arcebispo Primaz do Oriente; e tem na *Bulla desta confirmação reconhecido a V. Ex.ª como Metropolitano em toda a plenitude, em que o foram seus antecessores, dos Bispados que se dizem desannexados*...... porém a Congregação da Propaganda, tenacissima, como sempre o foi, em conservar aquillo, que por bem ou por mal adquirio, he de crer que, prevalecendo-se das suas costumadas interpretações, não retire os Vigarios Apostolicos, nem reconheça a esphera do Padroado Portuguez, para não a invadir; e nestes termos vá V. Ex.ª preparado para entrar na lucta, na qual Sua Magestade espera que V. Ex.ª se manterá com a energia, e zelo proprio das suas virtudes christãs, unidas ás de hum verdadeiro Portuguez.»

E com effeito a lucta não se fez esperar, começando a aggressão não da parte do Arcebispo no uso legitimo da sua jurisdicção, mas da parte dos homens das *precauções*, que faziam esforços inauditos para lha restringir aos limites, que em sua imaginação haviam riscado; presumindo (cousa incrivel!) annullar humas Bullas solemnes por hum rescripto expedido á falsa fé, e sem exemplo entre os actos mais abominaveis da deslealdade humana.

Nestas melindrosas circumstancias o Arcebispo, correspondendo ás esperanças do Governo da sua Soberana, manteve-se na lucta com a energia, e zelo proprio de suas virtudes christãs, unidas ás de hum verdadeiro Portuguez. Vel-o-hão os que hoje ignoram os successos daquelle tempo pela leitura de alguns paragraphos da resposta, que elle dirigio á Commissão promotora da união catholica em Bombaim, por occasião de esta o fazer sciente do Protesto, que lavrára contra huma Pastoral do Reverendo Frei Luiz Maria de Santa Thereza, Vigario Apostolico alli residente, na qual se pretendia negar a jurisdicção do Arcebispo.

A resposta he de 24 de Maio de 1844, e nella se lê o seguinte: 1844 Maio 24

«§ 1.º Quando com tanta repugnancia acceitámos o pesado cargo, que aprouve á Divina Providencia collocar sobre os nossos hombros, ainda que estavamos bem longe de prever a crua guerra, que a malicia dos homens continuaria a fomentar contra a Igreja Lusitana do Oriente; todavia faziamos ao Céu, como ainda hoje, ardentes votos por tanta restricção em o nosso poder espiritual, quanto á nossa responsabilidade perante o Tribunal eterno importa mais ter o cuidado de poucas, do que o de muitas almas. Não podemos pois dissimular a tribulação, que soffremos, quando sendo-nos remettidas as Bullas da nossa confirmação, fomos convencido da sua identidade com a dos nossos antecessores. Oxalá que podessemos rasoavelmente duvidar desta identidade; mas attestada pelo respeitavel Internuncio de Sua Santidade em Lisboa; confessada por aquelles mesmos, cujas duvidas de hum momento só serviram para a tornar mais evidente; reconhecida emfim pelo Governo de Sua Magestade Fidelissima; tambem não podia deixar de o ser por nós; e principalmente depois de as havermos confrontado com os autographos daquellas, que existem no Real Archivo da Torre do Tombo de Lisboa, e no desta Sé Primacial, pertencentes aos nossos antecessores. Não tardaremos tambem a publicar por a imprensa, e do modo o mais authentico perante o mundo inteiro, essa mesma confrontação, que fizemos.

«§ 2.º Esta identidade das nossas Bullas com as dos nossos antecessores, indubitavelmente provada por tantas testemunhas, e por aquella confrontação, bastava para nos evidentemente convencer de que as nossas Bullas, emquanto á extensão do nosso poder espiritual, devem ser interpretadas naquelle mesmo sentido obvio, proprio, e natural, em que os nossos antecessores as entenderam; e por consequencia no da identidade da nossa jurisdicção com a delles; mas a sua analyse, rigorosamente feita segundo as regras do bom senso, igualmente nos convence de que posteriores, e contrarias ao Breve *Multa Præclare*, e a outros afamados De-

1844 Maio 24 cretos da Congregação da Propaganda, evidentemente os revogam, ao menos na parte indispensavel para tornar a nossa jurisdicção identica com a dos nossos predecessores, e tão ampla como a delles. Ponderem-se essas Bullas, e diga a razão recta, e imparcial, se as disposições dellas podem compadecer-se com as daquelles Breves, e Decretos; pondere o Sr. Vigario Apostolico as Bullas, que lhe enviámos por copia, e cuja authenticidade ainda elle não ousou impugnar; e diga em boa fé se o *teor dellas prova só* (como assevera no seu libello infamatorio) *que somos Arcebispo de Goa, e não das Igrejas*, que a sua ambição, e injustiça pretendia usurpar-nos. Não diz o Santo Padre Gregorio XVI nas Bullas da nossa confirmação, que nos constitue Arcebispo da Igreja de Goa? *Sane Ecclesiæ Goan.* E qual he essa Igreja de Goa? He sem duvida aquella que he a unica Igreja Metropolitana da India Portugueza. *Unica Indiarum Orientalium carissimæ in Christo filiæ nostræ Mariæ hoc nomine secundæ Portugaliæ et Algarbiorum Reginæ Fidelissimæ subjectarum Metropolitana.* Mas qual he o modo, ou a razão por que nos institue Prelado dessa Igreja, a unica Metropolitana da India Portugueza? Confirmando a apresentação, que a Rainha Fidelissima fizera para a referida Igreja em virtude do direito do Padroado, direito que áquella Rainha compete pelo titulo de fundação, ou dotação, ou privilegio Apostolico, que não está derogado em algum ponto — *quæ de jure patronatus præfatæ Mariæ Reginæ ex fundatione, vel dotatione, seu privilegio Apostolico, cui non est hactenus in aliquo derogatum, fore dignoscitur.* Mas se direito do Padroado, que a Rainha tem sobre esta Metropole, proveniente de qualquer titulo que seja, não está derogado em algum ponto (como a veracidade, e a santidade do Vigario de Jesus Christo affirma), por ventura não he esta Metropole a mesma que era antes do Breve *Multa Præclare*, e dos Decretos, que respectivamente o seguiram?

«Mas não he esta a só razão, que nos convence de que as nossas Bullas são contrarias ao Breve *Multa Præclare*, e aos respectivos Decretos; e de que posteriores a elles, os revogam plenamente. O mesmo Santissimo Padre declara tambem solemnemente que a Igreja, em que nos confirma, he aquella, a que presidia, quando vivo, o ultimo Arcebispo D. Frei Manoel de S. Gualdino. *Et cui venerabilis frater noster Emmanuel á Sancto Gualdino, ultimus illius Archiepiscopus, dum viveret, præsidebat.* Mas se a Igreja Metropolitana, em que nos confirma, he a mesma a que presidia aquelle ultimo Arcebispo; não temos por ventura a mesma jurisdicção que elle? Legitimo successor daquelle Prelado na mesma Igreja Metropolitana, a que elle presidio, não lhe succedemos tambem nos seus direitos? Mas eram os delle restrictos pelo Breve *Multa Præclare?* Foi por ventura aquelle Prelado só Arcebispo dentro dos dominios portuguezes? Não exerceu elle jurisdicção em Igrejas, e em Bispados existentes fóra daquelles dominios? Era esta Metropole, a que elle presidia em quanto vivo, retalhada como o foi depois da sua morte por aquelles pretendidos Breves e Decretos? Não mostram pois as nossas Bullas que aquelle Breve está por ellas plenamente revogado? 1844 Maio 24

«Mil vezes emfim tem repetido os Padres da Propaganda que o referido Breve extinguio todas as Dioceses suffraganeas do Arcebispado de Goa, menos a de Macau, sita em territorio Portuguez. Mas se depois da nossa confirmação ainda essa disposição devesse de subsistir, como he possivel que o Santo Padre dirigisse huma Bulla a todos os Bispos suffraganeos do Arcebispado de Goa—*universis fratribus suffraganeis ecclesiæ Goan,* que não só ao de Macau, para que nos obedeçam como a seu Metropolita? Concluamos pois não só por esta, mas por todas as outras razões que a Santa Sé pretendeu por meio das nossas Bullas collocar este Arcebispado na mesma situação, em que estava no tempo do nosso antecessor, e antes das invasões feitas por aquelle Breve á jurisdicção desta Metropole, e ao Real Padroado Portuguez. Mas que dizem os ambiciosos inimigos da jurisdicção, que a Santa Sé nos conferio em termos tão explicitos e amplos? Que a palavra *unica,* junta áquellas *Indiarum Orientalium,* etc., mostra que a nossa jurisdicção he restricta á

1844 Maio 24 India Portugueza; mas diga a boa razão, quando a palavra *unica* foi signal dessa pretendida restricção? Pois quando se diz que *a Igreja de Goa he a unica Metropole da India Portugueza,* será o mesmo que dizer-se que *a Igreja de Goa he só Metropole da India Portugueza?* São por ventura synonymas estas duas expressões? Quando no Symbolo dos Apostolos se diz que *Jesus Christo he filho unico de Deos,* será o mesmo que dizer-se que *Jesus Christo he só Filho de Deos?* Tanto não he o mesmo, que a primeira proposição he verdadeira, e orthodoxa; a segunda falsa, e anti-catholica.

«Conclua-se pois igualmente que he falsissimo o sentido, que se pretende dar áquella palavra *unica;* e que o verdadeiro he, como foi sempre, que na India Portugueza não ha outra Metropole, senão a de Goa. He o que ninguem ignora, e todos reconhecem; e jamais acreditaremos que seja de boa fé que possam suscitar-se duvidas sobre sentidos tão claros. Mas ainda que o não fossem, não havemos nós já declarado (paragrapho anterior), que as nossas Bullas são identicas nos seus termos com as dos nossos antecessores? Sendo assim, como não tardaremos a mostrar perante o mundo inteiro, o mundo inteiro se convencerá de que a palavra *unica,* em que tanta força tem pretendido achar alguns desses adversarios da nossa jurisdicção, de maneira nenhuma favorece a injustiça da sua causa. Se aquella palavra não apparecera nas Bullas dos nossos antecessores, poderia por ventura fazer-se disso hum argumento em favor da pretendida restricção do nosso poder espiritual aos dominios portuguezes na India; mas achando-se igualmente nas Bullas dos nossos predecessores, como nas da nossa confirmação, poderá a mesma palavra ser nestas hum signal de restricção do poder espiritual, e de maneira nenhuma naquellas? Se aquella palavra não foi para os nossos antecessores hum motivo para deixarem de exercer a sua jurisdicção fóra dos dominios portuguezes, deverá sel-o para nós? Decidam os juizes imparciaes á vista de tudo isto, quem he que acata mais o credito da Santa Sé, se aquelle que diz, como nós, que as suas palavras são hum contexto de verdade, e de coherencia; ou aquelle que aventa interpretações donde se deva concluir que a mesma Sentença, proferida nos mesmos termos pelo Vigario de Jesus Christo, significa cousas contradictorias? Todos por certo convirão comnosco que as palavras da Santa Sé, longe de serem dependentes de reprehensiveis, e caprichosas restricções mentaes, são pelo contrario em materia de tamanha importancia, qual a jurisdicção episcopal, sempre coherentes, como lhe cumpre. Todos finalmente convirão comnosco não só que a Santa Sé com a identidade de titulo (paragrapho anterior), e com o sentido obvio, e razoavel dos seus termos, nos concedeu huma jurisdicção tão ampla como aos nossos predecessores; mas tambem que sendo as nossas Bullas contrarias, e posteriores ao Breve *Multa Præclare*, e a seus respectivos Decretos, evidentemente os revogam. 1844 Maio 24

«§ 3.º Mas não era só por a identidade das nossas Bullas com as dos nossos antecessores (§ 1.º), e por a razoavel analyse dellas (paragrapho anterior), que julgavamos, como ainda hoje, revogados aquelles Breve, e Decretos. Sobejamente está demonstrado que aquelle Breve, postergando os valiosos serviços, prestados por os Soberanos Portuguezes á Religião Catholica em a India, fôra extorquido á boa fé do Santo Padre por as mãos da injustiça, da ambição, e da impostura. Esta convicção, que temos arreigada em a nossa alma, acrescendo ás razões, que ficam ponderadas (§§ 1.º e 2.º), nos firmou na idéa de que a Santa Sé por a nossa confirmação, julgando acabada a *provisoria razão* daquelle Breve, quiz com as nossas Bullas, contrarias, e posteriores a elle, reparar a injustiça, que se havia feito á Corôa Portugueza. Por estas ponderosas razões estavamos tão seguro, como ainda agora, á sombra de huma consciencia tranquilla, sobre a amplitude da nossa jurisdicção; quanto longe de conjecturar que a malicia de alguns homens, que se dizem catholicos, para a impugnar inventasse, e attribuisse ao Vigario de Jesus Christo (que deve ser, como este, a verdade) a mais negra das traições, qual nos não admirava que a heresia, a libertinagem, o scisma, ou a immoralidade se atrevesse a imputar-lhe.

1844 Maio 24 «Se a heresia proferisse que a Santa Sé, dictando as Bullas da confirmação de hum Bispo, como a lei unica, authentica, e solemne da sua jurisdicção canonica perante o mundo inteiro, lhe mandára ao mesmo tempo, e como furtivamente hum *Breve epistolar* contrario a ellas; e assim faltára tão escandalosamente á verdade; não era huma maravilha. O seu rancor ainda he capaz de proferir contra a Santa Sé calumnias mais aleivosas. Se a libertinagem dissera que a mesma Santa Sé n'hum objecto de tão grande momento ludibriára tambem por esse modo tão estranho, e inaudito o Governo de huma Corôa, perante a qual tem hum Internuncio, e com a qual se acha em boa paz e amizade; não era huma novidade. Homens, para quem a eternidade não he senão huma chimera, julgam poder pronunciar impunemente toda a serie de calumnias. Se o scisma proferira que as Bullas de hum Bispo, dictadas por o Santo Padre, longe de serem o authentico testemunho, e o fundamento da jurisdicção espiritual, outra cousa não são mais que hum tecido de sentenças enganosas, ou de phrases, que de nada valem, não era huma maravilha. Homens, que rejeitam como necessaria para a salvação eterna a jurisdicção canonica, são capazes de proferir proposições ainda mais escandalosas. Se a immoralidade dissera que á Santa Sé (depois de a hum Bispo haver prodigalisado os maiores elogios, e conferido direitos tão amplos como aos seus antecessores nas Bullas da sua instituição) era licito tirar-lhos ao mesmo tempo por hum *Breve epistolar,* porém mandado em segredo, e depois da intimação das Bullas, e sem que precedesse a audiencia do Bispo; e sem este haver praticado alguma acção, que merecesse affronta, e injuria, ou castigo; não era huma novidade. Homens, para quem as paixões são a regra unica do justo e do honesto, podem julgar licito esse acto, que a boa e sã moral ha de sempre rejeitar. Se finalmente o mundo catholico ouvira á heresia, á libertinagem, ao scisma, e á immoralidade tão escandalosas proposições, lamentaria por certo a triste cegueira dos seus auctores, mas não lançaria sobre elles o indelevel ferrete de tanta ignominia, quanta attrahem sobre si aquelles, que dizendo-se catholicos, e os mais fieis amigos, e subditos da Santa Sé, ousam a imputar-lhe crimes tão vergonhosos, de que ella he incapaz. 1844 Maio 24

«§ 4.º Infelizmente todos esses crimes são consequencias necessarias da tão gratuita, como escandalosa hypothese, que o Sr. Vigario Apostolico forma naquelle seu libello infamatorio, quando chamando em soccorro da sua ambição huma Carta de 3 de Fevereiro ultimo, que diz recebera de Sua Eminencia o Sr. Cardeal Franzoni; e abusando mais do nome de Sua Santidade, do que do de Sua Eminencia, suppõe que o *Breve epistolar*, a que o Sr. Cardeal se refere, fôra hum documento por nós recebido, e contrario ás nossas Bullas, e por consequencia á jurisdicção, que havemos exercido durante a nossa visita em Bombaim, e nas ilhas adjacentes. Se o Sr. Vigario Apostolico, referindo-se áquella Carta do Sr. Cardeal, em que se diz que *Sua Santidade nos não conferio jurisdicção alguma sobre os lugares dependentes dos Vigarios Apostolicos,* entendesse por esses *lugares* os que se acham marcados nas Letras Apostolicas da sua creação, ou as Igrejas que estão fóra do territorio da Diocese Metropolitana de Goa; se o Sr. Vigario Apostolico entendesse do mesmo modo que Sua Santidade *expressamente com o seu Breve epistolar nos recommendou de abster-nos de qualquer acto de auctoridade nos mesmos;* ainda por certo lhe responderiamos que tendo nós recebido por as Bullas da nossa confirmação a mesma auctoridade, que os nossos predecessores (§ 2.º); e não sendo louco para se suppor que exerceriamos alguma jurisdicção sobre *lugares,* não confiados por aquellas Bullas aos nossos cuidados pastoraes, não podia semelhante *Breve epistolar* ser obra da Santa Sé, porque sobre ocioso, era tendente a desacreditar-nos perante o publico sem o havermos merecido. Se o Sr. Vigario Apostolico suppozesse o pretendido *Breve epistolar* conforme com as nossas Bullas, e por isso censurasse a nossa jurisdicção exercida durante aquella visita, a sua censura, por louca e temeraria, não passaria de ser para nós hum objecto de irrisão. Consequentemente não podendo nós duvidar de que o Sr. Vigario Apos-

1844 Maio 24 tolico, convertendo em favor da sua ambição o sentido das palavras do Sr. Cardeal, censura tão acremente o exercicio da nossa jurisdicção durante aquella visita, porque suppõe (como se colhe do seu libello infamatorio) havermos recebido de Sua Santidade hum *Breve epistolar* contrario ás nossas Bullas, he mister fazer-lhe sentir todas as perniciosas consequencias da sua escandalosa hypothese. Pretende pois o Sr. Vigario Apostolico que a Santa Sé ao mesmo tempo que dictou as Bullas da nossa confirmação nos mesmos termos das dos nossos antecessores (§ 1.º), nos ordenou o contrario dellas por hum *Breve epistolar*. Por consequencia, nesta hypothese do Sr. Vigario Apostolico, Sua Santidade exprimio em aquellas Bullas o contrario do que sentia; e faltou á verdade moral (não dizemos já para comnosco) para com a Rainha Fidelissima, e para com todo o orbe Catholico, perante o qual aquellas Bullas deviam de ser a lei, e a regra da nossa jurisdicção! Pretende o Sr. Vigario Apostolico que Sua Santidade quiz desfazer por huma insinuação particular, e occulta, e mandada em segredo n'hum *Breve epistolar*, o que ao mesmo tempo fizera por as Bullas da nossa confirmação, titulo até agora reconhecido em muitos paizes catholicos, que não só em Portugal, como o documento unico, e solemne da extensão do poder episcopal. Por consequencia nesta hypothese do Sr. Vigario Apostolico a Santa Sé, alem de nos fazer huma affronta não merecida, estabeleceu huma maxima, que he não só subversiva da actual disciplina ecclesiastica, mas tambem altamente prejudicial á paz, e á tranquillidade das consciencias dos Fieis; por isso que conducente a tornar duvidosa em toda a parte a legitimidade da jurisdicção de todo e qualquer Bispo. Se humas Bullas, como o Sr. Vigario Apostolico pretende, não são a expressão sincera da vontade de Sua Santidade, porque houve contra ellas huma insinuação particular, e furtiva, que destruio a sua auctoridade, nunca os Fieis poderão ter certeza alguma sobre quaes sejam os documentos, que fielmente representam a vontade do Santo Padre a respeito do poder espiritual. Jámais poderá algum Bispo apresentar aos Fieis hum testemunho certo, e seguro da sua jurisdicção; sempre aos Fieis restará a cruel duvida, e incerteza se as Bullas do seu Bispo foram ou não destruidas por huma insinuação particular, ou se na mente de Sua Santidade, quando as dictou ficára ou não o contrario do que nellas exprimio! Escolha o Sr. Vigario Apostolico: ou ha de admittir todas estas proposições, que são consequencias necessarias da sua hypothese, e que não seriam tão escandalosas quando proferidas por a heresia, e pela libertinagem, por o scisma, e pela immoralidade (§ anterior); ou reconheça como nós que o pretendido *Breve epistolar* he huma ficção da impostura, hum invento da ambição. Concluamos pois que não podendo o Santo Padre querer á face do mundo inteiro o que he injusto e deshonesto, nunca o Sr. Vigario Apostolico poderá provar que a Santa Sé fizesse huma obra de tanta iniquidade... E se a fizera (o que parece impossivel) não seriamos nós tão ignorante dos canones, e da disciplina ecclesiastica que julgassemos revogadas as nossas Bullas por hum *Breve epistolar*. 1844 Maio 24

«§ 5.º Se Sua Eminencia o Sr. Cardeal Franzoni admittira como obra da Santa Sé aquelle *Breve epistolar* no mesmo sentido do Sr. Vigario Apostolico, residente em Bombaim, por certo que nós com a liberdade propria de hum successor dos Apostolos de Jesus Christo não só diriamos que Sua Eminencia era da mesma sorte responsavel por funestas consequencias, que acabamos de deduzir (paragrapho anterior) da hypothese daquelle Sr. Vigario Apostolico, mas tambem acrescentariamos que hum e outro appellando para o pretendido *Breve epistolar* se esqueceram dos graves inconvenientes, que resultavam dessa invenção. Não deixaremos de os notar, ainda que pareçam redundantes depois dos que ficam ponderados (paragraphos anteriores). Ou aquelle pretendido *Breve epistolar* he conforme, ou contrario ás Bullas da nossa confirmação. Se he conforme com ellas, qual a razão porque se diz que desobedecemos á Santa Sé, quando nesta hypothese obedecemos não só ao *Breve epistolar*, mas tambem ás nossas Bullas, que são conformes com elle? Se o pretendido Breve porém he contrario áquellas Bullas dicta-

1844 Maio 24 das pela Santa Sé ao mesmo tempo que elle, em qual destes documentos fallou a Santa Sé a verdade? Qual he o que devemos seguir, e os fieis acreditar? Poderá imputar-se á Santa Sé huma maior traição? Mas talvez que o não querermos aceitar o Breve *Multa Præclare* seja para os Padres da Propaganda a pedra do escandalo, e o motivo para nos taxarem de desobedientes á Santa Sé. Não deixemos pois de advertir que ou as nossas Bullas são conformes a esse Breve, ou contrarias a elle; se conformes, para que fim havia de a Santa Sé mandar-nos hum *Breve epistolar?* Não seria elle neste caso huma ociosidade, e por consequencia huma ficção? Se contrarias porém, como já he demonstrado (§ 2.°), temos em as nossas Bullas huma Lei posterior ao Breve *Multa Præclare*, e que por ser contraria a elle plenamente o revoga.

«Finalmente as Bullas da nossa confirmação, identicas com as dos nossos antecessores (§ 1.°), posteriores, e contrarias ao Breve *Multa Præclare* (§ 2.°), foram aceitas pelo Governo de Sua Magestade Fidelissima, e mandadas executar, não só como a Lei, que segundo a actual disciplina ecclesiastica devia regular a nossa jurisdicção, mas tambem naquelle sentido proprio, e natural, em que os nossos predecessores a exerceram, e que o bom senso deduz da analyse dos seus termos (§ 2.°). Mas na hypothese dos Padres da Propaganda a Santa Sé mandou por hum *Breve epistolar* e furtivo que fizessemos o contrario das Bullas da nossa confirmação; por consequencia obedecendo nós áquelle Breve da Santa Sé, o nosso Governo, como protector dos Canones, e da disciplina ecclesiastica, tem o direito, e obrigação de nos punir como desobediente ás Bullas da Santa Sé. Eis-nos portanto punido como desobediente á Santa Sé, sendo obediente a ella!! Haverá maior absurdo?! Não o preveriam aquelles Padres, quando inventaram o pretendido *Breve epistolar?* Ou quereria o Sr. Vigario Apostolico, residente em Bombaim, e os seus collegas, inventando a existencia do tal Breve, armar-nos huma cilada? Tudo parece indicar que pretendiam sacrificar-nos, e comprometter por esse ardil a nossa obediencia para com a Santa Sé, e o Governo da nossa patria. E com que fim? Para que, ficando a Santa Igreja Primacial de Goa em novo desamparo, podesse continuar a ser alvo dos seus ambiciosos projectos. Confiamos porém na Providencia Divina que jamais nos sacrificaremos senão pelo bem do povo, que o Espirito Santo entregou aos nossos cuidados pastoraes.

1844 Maio 24

«§ 6.º Poucas horas haviam passado depois do nosso desembarque em Bombaim, quando podemos conhecer a existencia de hum systema combinado, que conspirava a nada menos do que a obter por meio de imposturas, falsidades, e intrigas que abandonando os deveres, que tinhamos a cumprir naquella parte da nossa Diocese, nos tornassemos pela omissão delles indigno da consideração, com que a Santa Sé nos honrára, digno da censura do Governo da nossa patria, e por tão justos motivos objecto de desprezo aos olhos do mundo catholico. Foi o Sr. Vigario Apostolico, residente em Bombaim, hum dos primeiros que nos fez conhecer a referida conspiração, enviando-nos, não como elle diz no seu libello infamatorio *aquelles documentos, que a Sagrada Congregação em differentes epochas enviára ao seu antecessor, e a elle*; mas copias desses chamados documentos, pelos quaes na carta, que os acompanhava, nos dizia tão sómente que *de tudo isto podiamos conhecer a nossa situação.* Por certo o Sr. Vigario Apostolico pretendia por esse meio tolher logo na sua origem o livre exercicio da jurisdicção, que nos propunhamos exercer em a nossa Diocese! Ainda entre os Catholicos não appareceu pretenção mais desarrazoada e absurda! He por Breves, Decretos, ou Cartas, que jamais chegaram à nossa noticia por hum modo isento de incertezas, e em que o mesmo Internuncio de Sua Santidade em Lisboa nos não fallou; he por as suas copias despidas de authenticidade, que se ha de regular a conducta de hum Bispo em materia de tamanha importancia, qual a sua jurisdicção, e em menosprezo das Bullas da sua instituição! He por esses modos clandestinos, sujeitos a tantas duvidas, que se ha de governar a Igreja visivel de Deos? Persuadido de que a Santa Sé

1844 Maio 24 deve de ser como o luzeiro collocado, não no lugar occulto reprovado pelo Evangelho, mas n'hum lugar tão elevado, que possa allumiar a todos os que estão na casa do Senhor, a *Igreja Catholica,* não podemos ver sem grande magua que o Sr. Vigario Apostolico pretendesse que por as suas copias de Breves, Decretos, e Cartas houvessemos de abandonar os deveres prescriptos em as nossas Bullas, sendo indubitavel que esses pretendidos documentos, se a elle allumiam, a nós por certo deixam nas trevas da ignorancia; se a elle conduzem a porto de segurança, a nós por certo deixam no meio de hum mar de duvidas, de perigos, e de incertezas. Teremos tambem sempre por sem duvida que esses meios, por os quaes se pretende governar a Igreja de Deos, são inspirados pelo espirito do erro, e da mentira, e nunca por o do Santo Padre. Mas ainda quando o Vigario de Christo nesses meios tivera parte (o que não podemos admittir), sempre as suas eminentes virtudes nos farão acreditar que elles não podem ser senão *ob,* ou *subrepticios;* nem ter por consequencia força alguma para obrigar em consciencia. Só a omissão de razões verdadeiras, ou a allegação de falsas, he que póde mover a sua eminente santidade a revogar por meios occultos, e sujeitos a incertezas o que acabára de estabelecer por huma Lei publica, canonica, e solemne. Nunca, nunca a boa razão poderá approvar que nós, dirigido por a simples asserção de hum Vigario Agostolico, ou por copias de Breves, Decretos, ou Cartas, que elle nos apresente, ou ainda por os mesmos originaes, que elle diz vindos de Roma, e de cujo auctor não conhecemos a letra, e menos a probidade, que o torna digno de credito, deixassemos de praticar o que nos fôra ordenado n'humas Bullas, não só mandadas por a Santa Sé de Roma, e por o Governo da nossa patria; mas tambem acreditadas pelos seus respectivos Embaixadores; e nos pozessemos em tão evidente risco de desobedecer, ao mesmo tempo ao Santo Padre, e á Rainha Fidelissima. Onde existe o artigo de fé, que nos manda ter como infalliveis os Vigarios Apostolicos? Onde as razões, por as quaes os povos devam acreditalos como depositarios dos oraculos da Santa Sé? Onde as suas credenciaes, que nos devam convencer de que são homens, que nunca faltam á verdade, quando tantas provas (como as seguintes) nos sobejam para asseverar o contrario? 1844 Maio 24

«§ 7.º *Bem illusiva* chama o Sr. Vigario Apostolico a resposta, que demos á Carta, na qual elle nos dissera que *de tudo isto podiamos conhecer a nossa situação* (paragrapho anterior). Se á franqueza, e á expressão sincera dos sentimentos de qualquer se deve chamar illusão, *bem illusiva* foi a nossa resposta; mas se esta foi tão franca, e sincera como provamos por a copia authentica, que della remettemos, decidam os homens imparciaes de que lado está a verdade, ou a pretendida illusão. Depois que a conspiração referida no paragrapho anterior se tornou para nós tão evidente, quantas foram as provas, que acresceram áquellas, que nos ministrou a Carta do Sr. Vigario Apostolico, não podia então esquecer-nos o dever de nos dirigirmos ao Santo Padre para lhe referir com tanta submissão, como verdade, tudo o que se passava; e humildemente lhe supplicámos como ao sapientissimo piloto, que rege a barca mystica da Igreja Universal, que nos pozesse ao abrigo da horrivel tormenta, com que as paixões dos homens pretendiam fazer sossobrar esta Igreja, que elle nos confiára em as Bullas, que de Roma nos remettera por o Governo da Rainha Fidelissima; e tambem declaramos que de muito bom grado aceitariamos outras Bullas contrarias ás da nossa instituição, quando nos fossem remettidas com as mesmas solemnidades, e pelos mesmos meios. Não só naquella nossa humilde Carta, senão em todas as outras, que antes della tivemos a honra de dirigir-lhe, protestámos que as Bullas da nossa confirmação seriam a Lei unica, segundo a qual dirigiriamos a nossa jurisdicção, por isso que nenhuma outra, segundo a actual disciplina canonica, póde revelar de hum modo publico, e authentico as venerandas determinações da sua vontade, relativas ao poder episcopal, que o Espirito Santo nos conferio no acto da nossa Ordenação.

«§ 8.º Repetindo hoje, como sempre, e perante o mundo

1844 Maio 24 inteiro os votos da nossa submissão ao Vigario de Jesus Christo, e do modo declarado no paragrapho anterior, importa não deixar em silencio a falta de verdade, com que o Sr. Vigario Apostolico no seu libello infamatorio indignamente affirma que nos mandára entre os pretendidos documentos huma Carta da Sagrada Congregação, datada de 12 de Agosto de 1843, *na qual faz sciente aos Vigarios Apostolicos que prometteramos ao Encarregado de Sua Santidade em Lisboa de observar os conhecidos Breves.* Pondo de parte a denominação de *conhecidos*, que o Sr. Vigario Apostolico dá a *Breves*, que nem de Roma nos foram remettidos com as Bullas da nossa confirmação, nem de algum outro modo certo, legitimo, e authentico; pondere-se a referida Carta, e note-se n'ella hum só periodo, em o qual se declare que fizeramos ao Internuncio a promessa tão falsamente asseverada por o Sr. Vigario Apostolico. Confiamos sobejamente na honra, e probidade daquelle Encarregado da Santa Sé para o suppor capaz de tanta aleivosia. Elle por certo dirá que sempre protestámos não só obedecer ás Bullas, que Sua Santidade nos enviasse, como a Lei unica, e authentica da nossa jurisdicção; mas tambem não exercer jamais outra, que não fosse a determinada por ellas. Em todas as cartas, que enviámos ao Santo Padre, e áquelle Internuncio antes da nossa confirmação, appareça, se he possivel, hum só periodo, pelo qual se mostre que promettemos á Santa Sé huma obediencia illimitada, e não dirigida por os outros deveres, que tambem o Evangelho nos marca, quando nós determina *dar a Deos o que he de Deos, e a Cesar o que he de Cesar.* Tambem essas cartas não deixarão de ver a luz em toda a sua claridade, e todo o mundo se convencerá que não foi huma obediencia cega a que promettemos á Santa Sé, mas sim a que a boa razão inspira a todo o catholico sensato. Se porém a obediencia, por nós promettida á Santa Sé, fôra tão indefinida, que houvessemos prescindido da justa consideração de todos os outros nossos deveres, e de todas as condições, e circumstancias, com que a Lei eterna circumscreve todos os poderes humanos, seria em tal caso a nossa promessa licita e valiosa? Poderiamos fazel-a, ou alguem exigir de nós o cumprimento della? Se tivessemos a indiscrição de prometter ao Internuncio o contrario do que houvesse de ser expresso nas Bullas da nossa confirmação, deveria elle ter a imprudencia de nos aceitar essa promessa? Ah! que se a eternidade não fôra huma realidade, todas essas fraudes, inventadas pela malicia, poderiam desculpar-se; mas, n'hum objecto de tão grande transcendencia, qual a jurisdicção ecclesiastica, de que a salvação he dependente, confessamos que deveras nos espantam as pretenções desses homens, que se dizem catholicos. 1844 Maio 24

«§ 9.° Convencido de que huma lei não póde jamais acabar, senão com as mesmas solemnidades, e pelos mesmos meios, a que deve a sua origem, não podemos tambem deixar de admittir que a revogação della he huma realidade, não só quando se sabe com certeza que longe de ser obra ou invento da mentira, e da impostura, he feita pelo mesmo legislador; mas tambem quando envolvendo direitos de outrem he dictada pela justiça, ainda que não seja ouvido aquelle, que tendo-os recebido, contrahio com elles ao mesmo tempo penosas obrigações. Eis hum modo de pensar que o Sr. Vigario Apostolico parece julgar digno de censura, quando no seu libello infamatorio declara que nós em a nossa resposta *protestavamos de não obedecer a ordem alguma do Summo Pontifice, se não viesse como vieram as Bullas da nossa confirmação e sagração*. Se outro fosse o nosso pensar, por ventura guiado pelos Vigarios Apostolicos, não nos exporiamos a faltar aos nossos deveres para com a Santa Sé, quando nos sobejam tantas provas da falta de sinceridade em alguns delles? Sua Santidade não póde consentir que as nossas Bullas, que são a nossa Lei publica, e solemne, sejam revogadas senão seguindo-se o trilho da razão, e da justiça. Não foi senão depois que alli vimos marcados os nossos direitos, e obrigações, e por consequencia depois de ouvido, que as acceitamos da Santa Sé, e do Governo da nossa patria, que nos ordenou a sua devida execução. E quereria agora a Santa Sé que ellas fossem revogadas (já não dize-

1844 Maio 24 mos sem audiencia nossa) por meios estranhos áquelles, por os quaes hum subdito Portuguez deve de receber os mandados da Santa Sé, como he uso observado em todos os paizes catholicos pelos Soberanos os mais catholicos, e fundado não só em boas razões, mas tambem em auctoridades de Theologos mui respeitaveis? He hum crime rejeitarmos para as nossas Bullas outro meio de revogação?! Se a Rainha Fidelissima, tendo-nos enviado publica, e solemnemente hum Decreto, nos ordenasse clandestinamente a infracção delle, nós por certo lhe diriamos que essa infracção nos deshonrava perante a opinião do publico; que o mundo nos consideraria como hum homem sem consciencia; que huma ordem clandestina a par de outra publica, e contraria he huma acção indigna de quem se acha em tão elevada posição; que sendo Sua Magestade incapaz de hum tal crime, só perfidos conselheiros lho podiam inspirar; e que emfim a Lei eterna não manda executar ordens iniquas. Protestariamos finalmente que por outro Decreto tão publico, e solemne como o primeiro, lhe obedeceriamos de bom grado, e mostrariamos ao mundo inteiro que nos prezamos de ser hum subdito obediente, e fiel. Eis as respostas, que ainda hoje dariamos ao Santo Padre, se pretendesse revogar as Bullas da nossa confirmação por hum *Breve epistolar*, ou por outro qualquer meio, que não aquelle, por o qual nos impoz tão pesadas obrigações.

«§ 10.° Aquellas Bullas, identicas em os seus termos com as dos nossos antecessores (§ 1.°), não só por esta identidade, mas tambem por a sua rigorosa analyse, e por o respectuoso conceito que tributamos á Santa Sé (§ 2.°), nos tem mostrado evidentemente que nos achamos revestido de huma jurisdicção tão ampla como a de que elles gosaram, em quanto nos não for ordenado o contrario por humas Bullas acompanhadas das mesmas solemnidades, e transmittidas pelos mesmos meios que as primeiras (paragrapho anterior). Em consequencia nos não parece possivel que algum catholico, a não ser ignorante, ou de má fé, se atreva a dizer que o Vigario de Jesus Christo, para dar-nos huma jurisdicção mais limitada do que aos nossos antecessores, usára dos mesmos termos, e pretendêra que elles fossem entendidos, não no sentido que he obvio a todos, e inspirado por as regras da boa hermeneutica, senão de hum modo contradictorio, e semelhante ao de que eram susceptiveis os antigos oraculos do paganismo. Nenhum catholico sensato fará por certo á Santa Sé huma tão atroz injuria. Em que conceito pois deverá ser tido o Sr. Vigario Apostolico quando, sem negar a identidade das nossas Bullas com as dos nossos antecessores, nem tambem a authenticidade da copia, que lhe remettemos, diz no seu libello famoso que *estas Bullas bem consideradas devem convencer-nos de não ter auctoridade alguma sobre estas Igrejas em questão?* Se por as *Igrejas em questão* o Sr. Vigario Apostolico entende as que visitámos em Bombaim, e nas ilhas adjacentes, e as que se acham em territorio da nossa Diocese, não se póde duvidar de que admitte que as mesmas palavras da Santa Sé conferiram aos nossos antecessores hum poder, que negaram a nós. Ah! o Sr. Vigario Apostolico certamente não previo que com a sua gratuita asserção dava ansas á impiedade para comparar as sentenças da Santa Sé com os oraculos do paganismo, quasi sempre amphibologicos, e susceptiveis de interpretações contradictorias, deixando a salvo em qualquer caso a pretendida infallibilidade de seus deoses, e sacerdotes! Em quanto a nós podemos afiançar ao Sr. Vigario Apostolico que jamais imitaremos a estupidez, e ignorancia dos que abraçavam, e applaudiam aquelles pretendidos oraculos; e que a Santa Sé á semelhança do Reino de Deos, a Igreja Militante, cuja he a cabeça, será sempre a cidade collocada sobre o monte, que de ninguem se esconde, e occulta, e sobre cujos muros devem estar escriptos, para todos lerem, caracteres, que representem a verdade, e a certeza, e nunca falsidades, ou sentidos amphibologicos.

1844 Maio 24

«§ 11.º Repetindo hoje perante o mundo inteiro aquella solemne promessa, que tantas vezes temos feito (§§ 7.º e 8.º) de fidelidade, e obediencia ao Vigario de Jesus Christo, em conformidade com as Bullas da nossa confirmação, identicas

1844 Maio 24 com as dos nossos antecessores (§ 1.º), entendidas n'hum sentido proprio, e natural, e não contradictorio (§ 2.º), estamos convencidos de que acatamos o credito da Santa Sé (paragrapho anterior), fazemos hum importante serviço á disciplina ecclesiastica (§§ 3.º e 4.º); e que finalmente advogamos a causa de todos os Bispos Catholicos, não só a nossa; e de maneira nenhuma faltamos ao solemne juramento da nossa sagração. Mas o Sr. Vigario Apostolico parece não pensar da mesma sorte; por quanto diz no seu libello diffamatorio que depois daquelle solemne juramento, que prestámos ao Summo Pontifice, *desprezamos de huma vez todas as sabias determinações do mesmo*. Tão gratuitas, e despidas de razões são todas as censuras, que faz contra nós o Sr. Vigario Apostolico, quanto nos he difficil aventar quaes sejam essas *determinações*, a que elle se refere, e que diz havemos *desprezado*; e por consequencia atinar com o genuino sentido desta sua expressão. Se o Sr. Vigario Apostolico se refere ao pretendido *Breve epistolar*, leia outra vez os nossos §§ 3.º, 4.º, 5.º e 10.º, e pondere as damnosas, e horriveis consequencias que nascem da sua escandalosa hypothese; e que só a heresia, e libertinagem, o scisma, e a immoralidade poderiam attribuir á Santa Sé. Se porém affirma que *desprezamos as sabias determinações* do Santo Padre, por que desejando como nos cumpre proceder no exercicio da nossa jurisdicção com tanta segurança, quanta este objecto exige, prezamos mais as nossas *Bullas*, do que a *palavra de honra* do Sr. Vigario Apostolico; e porque finalmente em lugar de observar as nossas Bullas, não obedecemos ás copias dos Breves, Decretos, e Cartas, que elle nos mandou (§ 6.º); ponderem os homens imparciaes, e decidam (he para o Tribunal da imparcialidade que sempre appellaremos) decidam se faltámos, como assevera o Sr. Vigario Apostolico, ao solemne juramento da nossa sagração. Não foi esta huma consequencia das Bullas da nossa confirmação? Foi ás *determinações* do Santo Padre, alli expressas, ou aos Breves, Decretos, e Cartas, copiadas por o Sr. Vigario Apostolico, que promettemos fidelidade, e obediencia! Decida pois a imparcialidade se poderiamos ser escusado de leveza ou temeridade, quando dirigido por a simples palavra do Sr. Vigario Apostolico, ou por as suas pretendidas copias, nos apartassemos da Lei solemne, e authentica do nosso poder espiritual, as Bullas da nossa confirmação; e em qual destes casos nos exporiamos ao risco de faltar ao solemne juramento da nossa sagração; e decida finalmente depois de todas estas ponderosas reflexões, se he ou não calumnioso o *desprezo*, que o Sr. Vigario Apostolico nos attribue das *sabias determinações* do Santo Padre.» 1844 Maio 24

Não se deram por vencidos os homens das *precauções*, e como dominavam na Curia, fizeram expedir hum Breve Monitorio ao Arcebispo no 1.º de Março de 1845, compendiando nelle as informações dadas por seus parciaes da India, e admoestando o Arcebispo para não fazer caso das Bullas da sua instituição, porque de maneira alguma se podia imaginar (diz o Breve) que se quizesse fazer argumento das palavras que constituem a fórma habitual das collações deste genero, e que por isso foram empregadas quando o Santo Padre lhe conferio o Arcebispado de Goa!!! A este absurdo, reprehensivel nos provarás de qualquer rabula trapasseiro, mas inqualificavel n'hum diploma, que havia de correr debaixo do nome do Vigario de Christo, teve o Arcebispo a paciencia de responder com gravidade em sua Pastoral de 29 de Janeiro de 1846, onde se lêem as seguintes palavras:

«§ 3.º ... Que he na verdade, o que o mundo catholico tem observado, mas não por certo sem assombro, desde a epocha, em que conforme com os nossos deveres vos annunciámos acharmo-nos investido de jurisdicção tão ampla, como a dos nossos antecessores, e identica com a que elles houveram tambem da mesma fonte purissima? Constrangidos pela força da verdade, que só a mais desatinada cegueira poderia negar, os nossos contendores, ou antes os inimigos da paz catholica, e do nome Portuguez, confessaram a identidade das nossas Bullas com as dos nossos antecessores; e na impossibilidade de, ao menos com alguma sombra de verdade, torcer o razoavel sentido dellas, para harmonisar as suas

1844 Maio 24 disposições com as do Breve *Multa Præclare,* buscaram abrigo, e procuraram encastellar-se contra o desbarato, e derrota das suas injustas pretenções nesses escriptos tão refalsados, como infamatorios, a que, por os sanctificar, deram o nome de *Breves epistolares;* e tem finalmente feito pela Imprensa publicações equivalentes a asseverar que o Santo Padre (não o podemos repetir sem horror) no mesmo momento, em que ordenára, e dictára as Bullas da nossa confirmação, identicas com as dos nossos antecessores, e tão amplas como as delles, as *restringíra mentalmente,* ou revogára privadamente, e em segredo, o que em publico, e solemnemente declarára nessas mesmas Bullas a todo o mundo catholico, e não só á Rainha Fidelissima, sobre a integridade do Real Padroado Portuguez, e extensão do nosso poder espiritual! E não será hum passo para a ruina do Catholicismo na India o apresentar por est'arte aos olhos dos Fieis, como hum misero exemplar de falsidade, e impostura, de perfidia, e divisão a Santa Sé, que, mercê de Deos, sempre olharemos como o Sanctuario da unidade, e da verdade?

«§ 4.º Mas não he sómente desacreditando, ou antes blasphemando o sagrado nome de Sua Santidade (paragrapho anterior), senão tambem derrocando as mais solidas bases da moral evangelica, que o inferno ha trabalhado por cavar a ruina do Catholicismo na India. Essa moral santa, que explicou, desenvolveu, e corroborou as maximas, e principios da Lei natural, e a qual por consequencia nenhum poder sobre a terra póde revogar, ou mudar, ordena que obedeçamos em consciencia aos Governos temporaes, que sejamos fieis aos nossos Soberanos visto como em seus thronos erguidos, e firmados pelas proprias mãos do Eterno são elles os Ministros do mesmo Deos, e tambem, quando catholicos, os protectores da Igreja.

«Esta obediencia, que por todos esses titulos devemos em consciencia á Rainha Fidelissima, como Portuguez, que nos gloriamos de ser; esta obediencia, que, segundo a vontade do mesmo Deos, não podemos deixar de lhe tributar, quando tão explicita, e amplamente nos mandou executar, e guardar as solemnes Bullas da nossa confirmação, ha de ser substituida pela acceitação de Breves, e Decretos, que se algum sêllo indubitavel trazem comsigo, outro não he, senão o da falsidade, ou de não poderem ser attribuidos á Santa Sé, sem se lhe fazer gravissima injuria (paragrapho anterior)? 1844 Maio 24

«De mais o juramento, que no acto da sagração prestámos a essas mesmas Bullas, não só acceitas, e mandadas executar pela Augusta Rainha dos Portuguezes, mas tambem lidas e publicadas nessa occasião solemne segundo a pratica da Igreja Catholica, collocou-nos na dobrada obrigação de lhes sermos fiel, pela santidade do mesmo juramento, e pela obediencia, que igualmente devemos aos dois Poderes Supremos que Deos constituio sobre a terra. Poderia alguem pretender em boa fé, que nesse acto do nosso juramento fizessemos *restricções mentaes*, como impiamente se attribuem ao Summo Pontifice no acto da nossa confirmação (paragrapho anterior); ao Summo Pontifice, digno successor de S. Pedro, que tão conforme com a Lei natural prohibe, e condemna todo o genero de malicia, dolo, e simulação!?

«Este juramento, pelo qual nos obrigámos a fielmente guardar essas Bullas, que ninguem poderia nessa conjuncção olhar, senão como a Lei unica, solemne, e authentica do nosso poder espiritual, deverá ser trocado pelo nosso assenso a outras Leis, e a quaes? A Breves, e Decretos, que, alem de inevitavelmente nos conduzirem ao perjurio, invadem os magestaticos, e imprescriptiveis direitos da Corôa Fidelissima, relativos ao Regio Beneplacito; postergam, sem a ouvir, nem convencer de algum abuso, as suas Reaes Prerogativas; e revogam finalmente o seu Real Padroado, que não só naquellas mesmas Bullas se declara *não revogado em algum ponto;* mas tambem, por ser fundado nos onerosos titulos de conquista, fundação, e dotação, he huma verdadeira propriedade da mesma Corôa, que tambem a moral evangelica nos manda respeitar; e não huma mera graça, ou privilegio apostolico, que o arbitrio, ou capricho possa tornar amovivel! A Breves, e Decretos, que alem de encerrarem huma injusta invasão da propriedade alheia, limitam ao territorio

1844 Maio 24 Portuguez a nossa Igreja, e jurisdicção metropolitica, posto que as Bullas da nossa confirmação sobejamente a mostrem identicas com a daquelle, de quem somos nas mesmas Bullas declarado o successor legitimo; e nos dêem consequentemente os mesmos suffraganeos que elle tivera!! A Breves, e Decretos finalmente, que por estas ponderosas razões trazem comsigo mesmos tão manifesto cunho de traição, e de malicia, quanto he certo, que ainda os nossos adversarios não poderam refutar esses argumentos, com que se lhes ha demonstrado, que elles com as suas pretenções abalam em seus fundamentos a Lei natural, e evangelica, e que não podem persistir na tentativa de acabar com o Real Padroado Portuguez no Oriente, sem santificar ao mesmo tempo a mentira, e o perjurio, o roubo, e a perfidia, a rebellião dos subditos contra os seus Soberanos, e contra as Leis do seu Paiz; os crimes n'huma palavra, que as leis da razão, e do Christianismo igualmente condemnam.

«Deponham os inimigos do Real Padroado por hum momento as armas da calumnia; e retirando-se tambem por hum instante do campo dos doestos, venham para o dos argumentos; mostrem-nos, que nos enganamos, e que recta, e segura não he a nossa consciencia. Temos assás docilidade, e jamais seguiremos outra vereda, senão a que se nos afigurar, que conduz á verdade, e á justiça.

«§ 5.º Para minar pelos alicerces o Catholicismo na India, não se ha contentado o inferno com espalhar entre os Fieis maximas diametralmente oppostas ás da santa moral do Evangelho (paragrapho anterior); tambem a destruição do Episcopado, qual foi instituido por Christo, parece hum grito da guerra, e parte do plano, que Satanaz premeditou contra a Santa Igreja Lusitana do Oriente.

«O Episcopado, sem o qual não póde haver Igreja Catholica, por ser o alicerce, em que a edificou a vontade Divina; o Episcopado, que não passará de hum nome vão, e poder imaginario, se os Bispos forem privados do governo, da superintendencia, e da vigilancia, para que o Espirito Santo os constituio na Igreja; governo ordinario, que receberam immediatamente do mesmo Deos; superintendencia livre, de que a Deos hão de dar estreita conta; vigilancia amplissima, pela qual são obrigados a velar com esforço sobre a manutenção dos seus direitos, e conservação de todo o seu rebanho; este Episcopado finalmente, pelo qual, sem embargo da nossa indignidade, e pobreza de merecimentos, podemos tambem denominar-nos Vigario de Jesus Christo; como se pretende que desempenhemos os seus importantes deveres? 1844 Maio 24

«Guiando-nos, ou pelos testemunhos de homens sem credito, e temor de Deos, ou por escriptos despidos de todos os signaes de authenticidade, de cujo pretendido auctor nos he impossivel reconhecer a letra, e destructivos finalmente das santas maximas da moral evangelica (paragrapho anterior); consentindo cegamente na desmembração do territorio da nossa Diocese, e na do nosso rebanho conseguintemente, só porque esses homens, esses escriptos a proclamam qual obra daquelle que tem na Igreja o Primado de honra, e de jurisdicção; como se esse Primado ou Administração Suprema do Summo Pontifice, que Deos lhe concedeu só para edificação, e de maneira nenhuma para destruição dos fieis, podesse por taes meios derogar aquella vigilancia, que tambem por direito divino, e não só pelas Bullas da nossa confirmação (§§ 3.º e 4.º) exercemos em a nossa Diocese; vigilancia, pela qual temos, como he evidente, a rigorosa obrigação de escrupulosamente examinar a authenticidade de todos, e quaesquer Rescriptos, e Leis disciplinares Pontificias, a verdade, e subsistencia dos seus fundamentos, e a sua conveniencia finalmente em relação ao bem espiritual do rebanho que o Espirito Santo confiou de nós.

«E se assim procederamos, como pretendem os nossos adversarios, seriamos hum daquelles Pastores, e Mestres, que Deos concedeu á sua Igreja, para promover a santidade dos seus Ministros, edificar a mesma Igreja, que he o corpo mystico de Jesus Christo, e obstar finalmente a que os Fieis volteiem, como idiotas, levados por todos os ventos de doutrina, que tanto a malicia dos homens, como o espirito de erro assopra muitas vezes? Seriamos hum Bispo, qual deve-

1844 Maio 24 mos ser, e descrevem as Sagradas Letras, e os Santos Padres, se permittissemos, ou tolerassemos, como pretendem os nossos contendores, que sejam arvorados em nossos Juizes, Juizes entre nós, e elles, os Ecclesiasticos, e Seculares, aos quaes, como nossos subditos, que são pelas Bullas de 19 de Junho de 1843 (§ 3.º), só cumpre obedecer-nos, e ouvirnos?

«E não farão todas essas pretenções o semblante de querer confundir, e aniquilar os direitos episcopaes, direitos de instituição divina? Póde o Santo Padre ser o auctor desta desordem, e anarchia; ou não será ella pelo contrario huma obra do inferno, e de Satanaz?

«§ 6.º E porque assim pensamos (paragrapho anterior), desobedecemos á Santa Sé, e menosprezamos porventura a sua auctoridade? Não lhe daremos pelo contrario o mais seguro penhor de que ninguem mais do que nós zela a sua honra, e devidamente acata a sua elevada posição?

«Não foi por caminhos tortuosos, e secretos, senão pela estrada direita, e franca do Governo da nossa Patria, que a Santa Sé mandou, e nós recebemos as Bullas da nossa confirmação; e com quanto, pela rigorosa analyse dos seus termos, e pela sua identidade com as dos nossos antecessores, as achassemos evidentemente conformes com os sagrados, e imprescriptiveis direitos da Corôa Fidelissima; por certo as não acceitáramos, se por outra vereda nos foram remettidas. Ah! Sejam ellas por esses mesmos meios feitas pedaços, e reduzidas a pó; que a Deos daremos muitas graças por haver retirado de sobre nós o peso de tantas almas!

«Já depois que estamos na India, recebemos, como hum filho, que nos prezamos de ser submisso, e obediente á Santa Sé, o Breve, que sobre a reducção dos dias santos fôra expedido pelo Santo Padre Gregorio XVI em 14 de Junho de 1844; e posto que não podessemos duvidar da sua authenticidade, nem tambem da sua conformidade com as prerogativas, e interesses da Corôa Fidelissima, desde que acompanhado do Beneplacito Regio nos foi remettido pelo Governo da nossa Patria; nem por isso deixámos de mui escrupulosamente o examinar, respeito do bem espiritual dos nossos subditos; e só o publicámos, depois que o reconhecemos como util, e vantajoso á nossa Diocese. E porque fizemos esse exame, a que pelo nosso officio somos obrigado (paragrapho anterior); dirá alguem que não cumprimos com o respeito, que devemos ao Summo Pontifice, que ordenou esse Breve, e á Rainha Fidelissima, que o mandou executar? Se qualquer dos Prelados, e Governadores Episcopaes das Dioceses nossas suffraganeas, a quem na razão de Vigarios Capitulares, tambem compete pela actual disciplina ecclesiastica a jurisdicção ordinaria, livre, e amplissima nas suas respectivas Dioceses (paragrapho anterior), examinasse, em relação ao bem espiritual do seu rebanho, esse mesmo Breve, que de ordem da Rainha Fidelissima remettemos a cada hum; e se por tal motivo nos dessemos por offendido, e menosprezado em nossa dignidade, não seriamos hum objecto digno de irrisão?

1844 Maio 24

«E porque cada hum de nós, conforme com os deveres do seu cargo (paragrapho anterior), vela sobre o bem do seu rebanho, defende a integridade da sua Igreja, e não he, qual o Pastor mercenario, que amedrontado á vista do lobo foge, e desampara as suas ovelhas, e impassivel deixa dispersar humas, e devorar outras; *somos taxados de schismaticos!* Porque não queremos acreditar, como obra da Santa Sé, senão como producção de Satanaz (§ 2.º), esses Breves, e Decretos, que a infamam (§ 3.º), que attentam contra as santas maximas do Evangelho (§ 4.º), que invadem os direitos episcopaes (paragrapho anterior), e que versando finalmente sobre assumptos meramente disciplinares, não podem, segundo as leis da nossa Patria, ser acceitos por nós sem o Real Beneplacito da Rainha Fidelissima, porta unica, por onde, que não pela Sagrada Congregação da Propaganda Fide, tem sido desde tempo immemorial intimados aos Prelados Portuguezes os Rescriptos Apostolicos, *somos taxados de schismaticos!* E porque emfim, por segurança da nossa consciencia, e em conformidade com os nossos mais sagrados deveres estamos na firmissima resolução de jamais acceitar, ou pu-

1839 Dezembro 3 blicar alguns Rescriptos Apostolicos, que só pelo facto de se desviarem desse caminho franco, e de ha tantos seculos trilhado em Portugal, trazem comsigo mesmos, como huma desgraçada experiencia sempre ha mostrado, o cunho de apocriphos, ou ob, e subrepticios, de damnosos ás prerogativas dos Soberanos ou aos direitos dos Bispos; *somos taxados de schismaticos!*...

«§ 7.º Mas tratar a fundo esta materia não foi agora o nosso animo; ponderal-a ao menos com breves razões, e declarar os fundamentos, em que firmamos a extensão do nosso poder espiritual, foi huma necessidade, a que nos conduzio a porfiada guerra, que se nos faz; e sem embargo da qual temos o firme proposito de visitar com os auxilios do Ceo todo o antigo territorio da nossa Diocese, que pelas razões expendidas, não podemos julgar mudado pela vontade do Santo Padre; visto que elle não póde querer com justiça, nem mandar em consciencia, nem santificar com o seu poder, o que he contrario (paragraphos anteriores) ás leis divinas, e não só humanas.

«Perdoemos pois, filhos dilectissimos, perdoemos aos detractores, que nos calumniam, e quando continuarem a dirigir-nos esse affrontoso nome de *schismaticos* (paragrapho anterior), façamos ao Ceo por elles fervorosos votos em conformidade com as lições, que tambem aprendemos na escola do Evangelho; mas se ardilosos vos prégarem, ainda que revestidos vos appareçam em trajos angelicos, outra doutrina, e não esta, que vos annunciamos, ou lhes dizei *anathema*, ou sómente lhes tornai em resposta: Foi o Apostolo S. Pedro a pedra principal, sobre que Jesus Christo edificou a sua Igreja; mas nem por isso os outros Apostolos deixaram de ser tambem os fundamentos della. Não póde pois o Summo Pontifice, Successor daquelle, prejudicar essencialmente os direitos dos Bispos, successores destes. Porque o Santo Padre he o Pastor Supremo da Igreja Catholica, nem por isso os outros Bispos deixam de ser tambem Pastores nella (§ 5.º). De todos he Jesus Christo a pedra angular; todos por consequencia, até o Summo Pontifice inclusivamente, são subordinados a elle; e isto vale o mesmo que dizer, que nenhum em pastoreando, e governando aquella porção do rebanho, que lhe foi confiada, póde apartar-se das leis immutaveis da justiça (§ 4.º), nem da vontade de Jesus Christo, Principe dos Pastores, que he a *Verdade* por excellencia.» 1844 Maio 24

Á vista disto julguem agora os Catholicos, e todos os animos sinceros de qualquer lei, ou crença, se foi o Arcebispo de Torres quem encheu a India de confusão, escandalo, e afflicção, ou se foram os Cardeaes das *precauções*, e os innovadores, seus adeptos, e clientes, quem escandalisou o Orbe catholico com actos de tão relaxada moral, de tão negra perfidia, e de tão abominavel memoria. E quanta gente julgaria com precipitação ao venerando Chefe da Igreja por cumplice nestas tenebrosas maquinações! Felizmente hum dos iniciados na conspiração, arvorando-se em *historiador* do pretenso schisma, se encarregou de delatar á vindicta da opinião publica os verdadeiros auctores de taes monstruosidades, e salvar a innocencia (§ 8.º).

As conveniencias da Igreja Lusitana moveram o Governo de Portugal a chamar ao solo natal aquelle Prelado, para o elevar a novas dignidades na ordem civil e ecclesiastica.

Depois de estar em Lisboa escreveu o Arcebispo ao Papa huma carta, notada com aquella cortezia, e respeito, que nunca deixa de usar qualquer catholico, quanto mais hum Bispo para com o Pai commum dos Fieis. Nella rogava o Arcebispo ao Santo Padre que recebesse com benignidade, e clemencia os seus votos de justissima adhesão, e sujeição canonica a Sua Santidade, pois sempre em seu coração havia estado profundamente arraigada a doutrina catholica.

Como era natural fez-se muita bulha com esta carta, e o novo Pontifice Pio IX alludio a ella na sua Allocução no Consistorio secreto de 17 de Fevereiro de 1851, o que obrigou o Governo de Sua Magestade Fidelissima a declarar mui positivamente que nunca entendêra, nem entendia que da carta de submissão, e respeito do Arcebispo Torres, publicada com aquella Allocução, se devesse ou podesse deduzir a retractação dos principios, que elle como Prelado sustentára

1844 Maio 24 quanto ao direito do Padroado da Corôa Portugueza, e quanto aos termos regulares, pelos quaes devem tomar-se resoluções definitivas sobre o mesmo Padroado. Que o Governo sómente vira, e ainda considerava nas expressões do Arcebispo a linguagem propria de hum Prelado Catholico, que rende ao Supremo Pastor da Igreja Universal, e Vigario de Jesus Christo, aquelle tributo de canonica veneração, e sujeição, que lhe he devida; sem que jamais reconheça attribuições, que por divina instituição lhe não possam pertencer, sem offensa daquellas que, segundo o mesmo direito, competem á soberana auctoridade dos Principes temporaes.

O Arcebispo não contradisse as declarações do Governo, antes, por se conformar inteiramente com ellas, foi exaltado ás altas dignidades de Par do Reino, e Gran-Cruz da Ordem de S. Thiago da Espada; e mais provas da Real munificencia recebêra, se a morte o não colhêra quando ainda a idade lhe promettia longa vida.

(Reflexões sobre o Padroado Portuguez no Oriente)

Instrucções dadas pelo Ministro da Marinha e Ultramar ao Arcebispo de Goa

(Boletim da India, n.º 6, de 1846.)

1843 Novembro 6 Manda a Rainha, pela Secretaria de Estado dos Negocios da Marinha e Ultramar, remetter ao Reverendo Arcebispo de Goa, Primaz do Oriente, as inclusas instrucções, por mim assignadas na data de hoje, para por ellas se dirigir no desempenho das funcções do alto ministerio que lhe foi confiado.

Paço das Necessidades, em 6 de Novembro de 1843. — Joaquim José Falcão.

Instrucções (referidas na portaria antecedente) que pela Secretaria d'Estado dos Negocios da Marinha e Ultramar se dão ao Reverendo Arcebispo de Goa, Primaz do Oriente, D. José Maria da Silva Torres

Preambulo

A interrupção das relações com a Santa Sé, mortificando por muitos respeitos o piedoso animo de Sua Magestade a Rainha, que, como os seus augustos antepassados, antepõe o titulo de fidelissima a todos os outros que adornam a sua Real Corôa, mais o angustiava na consideração dos estragos e ruinas que os propagandistas iam fazendo na Igreja do Oriente, que Portugal creou, e tem sustentado á custa dos maiores sacrificios de sangue, e de fazenda. 1843 Novembro 6

Muitos annos ha que os ditos propagandistas, que parece terem herdado no espiritual a ambição que no temporal tiveram os antigos Romanos, se he que não unem huma a outra, forcejam por usurpar á Corôa Portugueza o Padroado das Igrejas, que ella foi fundando, e dotando á proporção das descobertas gloriosas das terras até alli desconhecidas desde a Madeira até ao Japão; porém nunca se pronunciaram tão claramente, como depois que teve logar a dita interrupção de relações com a Santa Sé. Deste acontecimento accidental fizeram hum uso terrivel, porque ao mesmo tempo que illudiam os povos com o supposto schisma, em que se achava Portugal, figuravam perante a mesma Santa Sé o total abandono das Igrejas, e missões pertencentes aos bispados suffraganeos do arcebispado primaz, Cranganor, Cochim, Meliapor, e Malaca (alem dos da China), e surprehendendo a boa fé do Santo Padre Gregorio XVI, que actualmente governa a Igreja Universal, obtiveram delle os Breves *Latissime terrarum* de 18 de Abril de 1834, e o *Ex munere Pastorali* de 29 de Novembro de 1836, pelos quaes foram nomeados Vigarios Apostolicos para os ditos bispados; e não contente ainda com isto a Congregação de Propaganda Fide, fez com que Sua Santidade, pelo Breve *Multa præclare* de 24

1843 Novembro 6 de Abril de 1838, desannexasse do arcebispado os mesmos bispados.

Destas disposições da Santa Sé, apesar de serem contrarias a tantas outras recopiladas nos escriptos do Arcebispo eleito de Goa, D. Antonio Feliciano de Santa Rita Carvalho, e que nenhum vigor podiam ter sem o assentimento, e beneplacito de Sua Magestade a Rainha, segundo as concordatas com a mesma Santa Sé, têem resultado gravissimos conflictos, sempre funestos á causa da religião, principalmente na presença de idolatras, e de gentes de differente communhão; têem resultado perplexidades, e desassocegos nas consciencias dos fieis; e os Parochos, e Missionarios Portuguezes, que não têem querido ceder ás seducções dos Agentes da Propaganda, têem-se visto privados dos proventos que lhes pertenciam, proventos que a experiencia tem mostrado serem o principal objecto da ambição dos propagandistas.

Sua Magestade a Rainha, para evitar tantos males, e para reivindicar, e conservar illesos os direitos do Padroado da sua Real Corôa, tem feito dirigir á Côrte de Roma as mais energicas reclamações; e assim tambem á de Londres, compromettida pela Convenção de 1665, por occasião da entrega de Bombaim, estipulada no Tratado de 1661, a garantir a Igreja Lusitana, não só naquella ilha, e Salsete do Norte, mas em todos os dominios que a Inglaterra occupasse na Asia.

A Santa Sé, depois de restabelecidas as relações com este reino, tem confirmado a nomeação que Sua Magestade fez de V. Ex.ª com conhecimento do seu merito e virtudes para Arcebispo Primaz do Oriente; e tem na Bulla desta confirmação reconhecido a V. Ex.ª como Metropolitano, em toda a plenitude em que o foram os seus antecessores, dos bispados que se dizem desannexados... porém a Congregação da Propaganda, tenacissima, como sempre o foi, em conservar aquillo que por bem ou por mal adquirio, he de crer que, prevalecendo-se das suas costumadas interpretações, não retire os Vigarios Apostolicos nem reconheça a esphera do Padroado Portuguez para não a invadir; e nestes termos vá V. Ex.ª preparado para entrar na lucta, na qual Sua Magestade espera que V. Ex.ª se manterá com a energia, e zelo proprio das suas virtudes christãs, unidas ás de hum verdadeiro Portuguez. 1843 Novembro 6

Resumo das differentes providencias conteúdas nas instrucções mencionadas

1.º Recommenda que impressa, e publicada a Bulla da confirmação, se lhe ajuntem as provas dos incontestaveis direitos do Padroado, com todas as reflexões a que dá lugar a amplitude da mesma confirmação; e declara outrosim que na mesma data se expediram as competentes providencias para a Imprensa Nacional de Goa dar a semelhantes impressões, e publicações toda a facilidade, e preferencia a par das publicações officiaes do Governo.

2.º Insinua que não só visite, podendo ser, todas as Igrejas do Padroado para conhecer as necessidades, e conveniencia de cada huma dellas, animar os pusillanimes, e fortalecer os robustos, mas tambem agradeça, da parte de Sua Magestade, o zelo, e patriotismo com que muitos se têem distinguido no empenho de defender os direitos da Corôa Fidelissima, devendo finalmente aproveitar-se qualquer occasião de mostrar ao Governo Britannico as obrigações contrahidas pela Convenção de 1665 em Bombaim, e a inconsequencia e má fé com que a Propaganda tem continuado as suas usurpações, apesar do termo que os seus agentes alli assignaram em 15 de Maio de 1789 para mais não perturbarem a jurisdicção archiepiscopal de Goa.

3.º Declara que por portaria de 4 de Novembro de 1843 se mandou fazer extensivo, e applicar aos dominios ultramarinos o decreto de 23 de Outubro de 1835, que obriga aos egressos das extinctas Congregações regulares a prestarem os serviços que a Igreja, e o Estado, que os prestaciona, tem direito a exigir delles, podendo essa exigencia fazer-se effectiva segundo as qualidades, e capacidade de cada hum. Tocando a necessidade de elevar o Clero ao mór estado de perfeição possivel, e em numero sufficiente para não faltarem na

1843 Novembro 6 diocese, e nas missões operarios dignos; a incumbencia commettida a huma commissão presidida pelo Em.mo Cardeal Patriarcha de Lisboa sobre a creação de seminarios nas provincias ultramarinas, onde os não ha, e bom regulamento dos existentes; o pensamento de se fazer alguma conveniente diminuição no pessoal da Cathedral para se poderem avantajar as respectivas congruas; e a revisão finalmente do projecto sobre a razoavel aggregação ou suppressão de algumas parochias do Estado, he terminada esta parte das instrucções por as seguintes notaveis palavras: — Esperando Sua Magestade que V. Ex.ª componha de tal fórma os negocios ecclesiasticos do Oriente, que a Igreja alli conheça que tem hum Pastor que a indemnisa da orphandade em que tem existido, e a Propaganda recue diante dos esforços, e virtudes do Clero Portuguez, sem lhe ficar o minimo pretexto com que possa illudir os povos, e a Sua Santidade.

4.º Manda tomar conhecimento sobre a conveniencia de o Ex.mo Bispo eleito de Cochim ir munido da jurisdicção conferida por o seu Metropolitano, apascentar o rebanho que lhe fôra destinado, e declarar ao mesmo Bispo que a pretenção àcerca do augmento da sua congrua merecerá attenção nas medidas geraes que hão de tomar-se sobre a subsistencia do Clero da India.

5.º Determina energicamente que de prompto se acuda com Ecclesiasticos de Goa ás urgentes necessidades das igrejas de Moçambique, visto que do reino ninguem accedêra aos convites feitos para esse fim, e de Moçambique nenhum dos alumnos sustentados pelo Estado tinha ido com vocação para a Igreja.

6.º Finalmente manda que o Ex.mo Arcebispo Primaz actual siga, como se pessoalmente lhe fossem dirigidas, as instrucções que se deram ao Ex.mo Arcebispo eleito D. Antonio Feliciano de Santa Rita Carvalho.

Secretaria de Estado dos Negocios da Marinha e Ultramar, 6 de Novembro de 1843. — Joaquim José Falcão.

Copia das instrucções a que se refere o ultimo paragrapho das antecedentes

Artigo 1.º Sendo certo, e indubitavel que os direitos do Padroado das Igrejas Ultramarinas constituem huma das grandes prerogativas da Real Corôa Portugueza, e que tanto ao poder civil como ao ecclesiastico compete zelar a conservação, e integridade destes direitos: ordena Sua Magestade a Rainha que o Reverendo Arcebispo eleito da Sé Primacial do Oriente empregue todos os meios prudentes, e justos que couberem na sua auctoridade, e influencia para obstar a qualquer usurpação ou ingerencia estranha que pretenda offender os referidos direitos. 1837 Maio 23

Para este fim ordena igualmente Sua Magestade que o referido Reverendo Arcebispo Primaz eleito dirija aos Bispos ou Governadores dos bispados, seus suffraganeos, as mais energicas insinuações, e mesmo preceitos, para que empreguem a resistencia juridica, e legal, mas firme, e resoluta, que lhes compete, contra todas as tentativas de qualquer poder estrangeiro que pretenda intrometter-se na administração das Igrejas Lusitanas Orientaes, por mais respeitavel que seja esse poder, por isso que a nenhum jamais he permittido arrogar *via facti* direitos que lhe não competem, despojando a Corôa Portugueza dos que possue, e tem constantemente exercitado por titulos legitimos, e valiosos, e ingerir-se no governo daquellas Igrejas por meios improprios, e até contrarios ás regras canonicas.

Sua Magestade quer ainda que o Reverendo Arcebispo Primaz eleito faça sentir aos ditos seus suffraganeos pelo modo mais explicito e energico quanto importa que se unam e concordem naquella resistencia *juridica* e legal ás referidas tentativas, mostrando-lhes quão oppostas são não só aos sagrados direitos da Corôa Portugueza, mas tambem ao poder, e jurisdicção ordinaria, que elles mesmos exercitam, de que a cada hum resulta particular offensa, tornando-se por isso tão conveniente, e como necessaria a união, e conformidade de todos para conservarem illesa a liberdade, e inde-

1837 Maio. 23 pendencia canonica das suas Igrejas. Sua Magestade recommenda comtudo ao Reverendo Arcebispo Primaz eleito, que na marcha deste importante negocio se entenda, e vá de accordo com o Governador Geral dos Estados da India, a quem se expedem instrucções no espirito destas, e com a incumbencia de se dirigir ás auctoridades Britannicas, e de qualquer outra Nação, para que facilitem, coadjuvem, e protejam as liberdades, e independencia da Igreja Lusitana Oriental: he desta harmonia, e accordo que póde vir o bem da mesma Igreja, e do Estado, e seria bem penoso, e desagradavel a Sua Magestade que os meios que se empregarem para o obter viessem a ser origem de discordia, ciume, e perturbação.

Art. 2.º Achando-se extinctas as Ordens religiosas nos Estados Portuguezes, e devendo por consequencia os membros dellas prestar immediatamente obediencia aos respectivos Bispos ou Governadores dos bispados, e conformar-se no traje exterior, e publico com os outros individuos do Clero secular: ordena Sua Magestade que o Reverendo Arcebispo Primaz eleito assim o faça executar, procedendo comtudo para este effeito com a maior prudencia, visto que ella produz sempre melhores resultados do que a força empregada com aspereza, e fóra de tempo.

Art. 3.º Bem como os membros das corporações religiosas ficam debaixo da immediata inspecção dos Ordinarios, as igrejas parochiaes das missões, que até agora pertenciam ao governo dos Prelados de certas Ordens regulares de Goa, por doação de seus fundadores, bem entendido quanto ao espiritual, porque quanto ás temporalidades deverão as auctoridades administrativas proceder aos competentes inventarios para se conhecer, e distinguir o que constitue propriamente as congruas parochiaes, do que pertence á fazenda publica, para se lhe dar o destino que mais convier.

Quanto ás missões, que ás expensas do Estado, e servidas pelas corporações religiosas existiam em Ceilão, Vaipicote, Muzilipatão e Bengala compete ao Reverendo Arcebispo Primaz eleito o considerar este negocio debaixo de todos os pontos de vista que elle possa offerecer, tanto pelo que respeita á religião como á politica, para se lhe dar favor ou se restringirem, como mais convier ao bem da Igreja, e do Estado, dando ás ditas missões, que têem de ser servidas por Clerigos seculares debaixo da direcção delle, e ao Arcebispo eleito, a mais perfeita, e regular organisação que for possivel; e como existem os seminarios de Rachol, e Chorão, em que d'antes se instruiam alumnos para as mesmas missões, attenderá particularmente ao estado destes estabelecimentos, se devem conservar-se ou mudar de situação por causa de insalubridade, se convirá passarem para quaesquer das casas das extinctas religiões, e mesmo applicarem-se-lhes alguns dos seus rendimentos, no que poderá servir-lhe de base para sua illustração o mappa dos bens, e rendimentos dos extinctos regulares, não esquecendo quaesquer vantagens que possam obter-se, não só para a educação ecclesiastica, mas ainda para a civil, e litteraria, indo em todo o caso de accordo com o Governo Geral, ao qual estes objectos são simultaneamente incumbidos.

Art. 4.º Finalmente, ordena Sua Magestade que o Reverendo Arcebispo Primaz eleito procure conservar constante e regular correspondencia com o Ministerio dos Negocios da Marinha e Ultramar, não só sobre os indicados objectos, mas sobre quaesquer outros em que vá o interesse da religião, e do Estado.

Secretaria de Estado dos Negocios da Marinha e Ultramar, em 23 de Maio de 1837. — Antonio Manoel Lopes Vieira de Castro.

Está conforme. — Manoel Jorge de Oliveira Lima.

Monitorio do Papa Gregorio XVI dirigido ao Arcebispo de Goa D. José de Silva Torres

(Hist. du Schisme Portugais dans les Indes.)

AU VÉNÉRABLE FRÈRE JOSEPH DE SILVA E TORRES, ARCHEVÊQUE DE GOA

LE PAPE GRÉGOIRE XVI

1845 Março 1 Vénérable frère, salut et bénédiction apostolique. — Nous croyons que vous-même, vénérable frère, qui connaissez notre désir d'étendre et de répandre la religion dans les contrées où vous vous trouvez, comprenez la joie dont nous fûmes pénétré lorsque nous acquîmes la certitude de votre promotion à la dignité épiscopale et de votre dévouement envers nous et envers le Saint-Siége de Saint-Pierre; et assurément nous avions de fortes raisons pour nous féliciter. Car, en effet, que ne devions-nous attendre, pour le bien de l'Église catholique, de la part d'un homme, que l'on nous disait plein du désir de venir en aide à notre sollicitude apostolique, et qui, en recevant et en exerçant les devoirs des fonctions épiscopales, avait promis d'agir conformément à notre opinion et à nos désirs? En vérité, ce n'était pas légèrement que nous avions admis comme vrai, ce qui nous avait été dit touchant votre attachement à notre personne et à la chaire du Prince des Apôtres. Car, outre les lettres que vous nous aviez écrites sous la date du 13 mars 1843, nous avions reçu un témoignage important sur toute cette affaire, de notre très-cher fils, l'illustre François Capaccini, notre Internonce et délégué auprès de la Très-Fidèle Reine de Portugal, tandis qu'il était à Lisbonne et qu'il traitait de votre promotion à l'archevêché de Goa; — non-seulement il s'étendit beaucoup sur les différentes vertus qui brillent en vous, mais il fit surtout l'éloge de votre intention et de votre très-ferme propos de ne jamais rien faire qui pût être contraire à votre vénération particulière pour le Saint-Siége. Vous témoignâtes en cette occasion un désir qui partait du fond de l'âme et vous répandîtes des larmes; notre Internonce fut si touché de vos sentiments religieux, qu'il ne put s'empêcher de pleurer lui-même. Nous pensons, vénérable frère, que vous comprîtes aisément combien toutes ces choses nous avaient plu, lorsque peu de temps après vous reçûtes nos lettres apostoliques du 19 juin 1843, données sous les sceau de plomb, et dans lesquelles nous déclarions que nous avions consenti volontiers à vous constitüer Archevêque de l'église de Goa. Mais notre joie et notre félicité en cette affaire ne durèrent pas. Car quelques mois à peine s'étaient écoulés depuis votre départ pour les Indes, lorsque nous reçûmes des nouvelles relatives à vous, vénérable frère, qui nous causèrent une grande affliction. Il nous a été rapporté que vous semblez agir de manière à troubler, par tous les moyens possibles, la forme du gouvernement ecclésiastique constitué par nous dans les vastes provinces des Indes orientales situées en dehors des domaines portugais, et que vous ne tenez aucun compte de nos décrets touchant cette affaire, expliquant mal et comprenant d'une façon contraire à notre opinion quelques-unes des paroles des lettres apostoliques ci-dessus mentionnées, et relatives à votre nomination à l'archevêché de Goa. D'abord nous ne pûmes croire ces choses. Car au temps où nous vous envoyâmes les lettres apostoliques qui vous mettaient à la tête de l'archevêché de Goa, et en ce même huitième jour de juillet 1843, nous vous écrivîmes d'autres lettres, vénérables frère, par lesquelles nous vous signifiâmes distinctement que nous voulions que ces décrets fussent observés, et nous ne négligeâmes pas de vous louer et de vous dire de demeurer ferme dans le propos que vous aviez précédemment manifesté, à savoir: de ne jamais exercer d'autre autorité que celle qui vous serait accordée par nous. Cependant nos lettres apostoliques, connues de tous, écrites sous l'anneau du pêcheur, le 24 avril 1838, qui commencent par: *Multa praeclare,* et relatives à l'institution des vicaires apostoliques dans les Indes orientales, vous étaient parfaitement connues. Or la forme et le contexte de ces lettres est tel, que quiconque se laisse diriger par la bonne foi,

1845 Março 1

1843 Março 1 ne peut, en aucune façon, imaginer qu'il soit legal de changer le gouvernement ecclésiastique établi par nous dans ces régions, et de se faire un argument des mots qui constituent la formule habituelle des collations de ce genre, et que nous avons employés en vous conférant l'archevêché de Goa. Quant aux autres décrets qui suivirent ces lettres, en la même année 1838, et qui sont relatifs à la défense d'exercer le gouvernement ecclésiastique dans les contrées limitrophes, nous croyons également qu'ils ne vous sont pas inconnus, car ils ont eu une grande publicité; d'ailleurs nous n'avions pas négligé de vous faire mention de ces mêmes décrets, vénérable frère, dans la lettre ci-dessus mentionnée, du 8 juillet 1843. Qu'est donc devenue la promesse si sérieuse que vous fîtes, dans votre entrevue avec notre Internonce et avant d'être consacré Évêque, d'adhérer à ces décrets, pour tout ce qui touche à ces affaires? D'après cette promesse, nous ne pouvions assurément pas soupçonner que vous feriez ou changeriez rien de ce qui touche à l'autorité qui doit être exercée dans ces régions. Car le même Internonce témoigne, vénérable frère, que vous avez affirmé clairement et distinctement que votre détermination était telle, que si même le pouvoir civil venait à vous solliciter touchant ces choses, vous répondriez: Qu'il était nécessaire que toute affaire fût déférée à notre jugement et á celui du Siége apostolique, et que vous étiez irrévocablement décidé à ne rien entreprendre de nouveau avant de connaître notre opinion. Il est sûr que tout ceci nous avait semblé tellement positif, que d'abord nous n'ajoutâmes guère foi aux plaintes qui furent portées à Rome, touchant votre manière d'agir, si contraire à ces témoignages. Plus tard, nous comprîmes à regret et avec grande affliction que, trompé peut-être par de faux avis, et instigué par des hommes qui méprisent le centre de l'autorité catholique, vous avez renoncé à ces desseins qui avaient d'abord été pour nous une si grande cause de joie.

Car vos lettres, dans lesquelles vous ne rougissez pas de nous signifier de semblables opinions, nous ont été remises, et fréquemment des hommes de bien ont recours à nous et implorent notre autorité et notre assistance pour vous faire rentrer dans le devoir. Il ne serait pas facile de rapporter et d'énumérer toutes les plaintes faites à ce sujet par des personnages de haute autorité. Quoi qu'il en soit, toutes ces lettres, aussi bien que celles que vous nous avez adressées, sont telles, qu'elles ne permettent plus de douter que vous méprisez nos décrets et ceux du Saint-Siége touchant l'institution des vicariats apostoliques dans les Indes orientales; que vous éprouvez également du mépris, et pour les vicaires apostoliques et les prêtres missionnaires leurs sujets, et pour la congrégation de nos vénérables frères les Cardinaux de la Sainte Église Romaine qui président les affaires de la propagation de la foi et qui avaient pourvu avec tant de soin aux besoins de la religion catholique dans ces provinces; — ces lettres prouvent encore que vous portez préjudice aux ecclésiastiques qui soutiennent notre autorité, que vous troublez l'ordre de la juridiction ecclésiastique, que vous n'avez aucun souci de nos ordonnances apostoliques et spécialement du bref apostolique *Multa praeclare* ci-dessus mentionné, et qu'un libelle rempli d'insultes contre le gouvernement ecclésiastique actuellement existant dans les vicariats apostoliques a été répandu parmi le peuple, si ce n'est avec votre consentement, au moins sans que vous y fussiez contraire; et qu'enfin tout ce qui pouvait produire le schisme le plus déplorable a été fait.

1845 Março, 1

Les choses étant ainsi, nous pensons qu'il est de notre devoir, vénérable frère, de vous reprendre par ces lettres, et de vous exhorter fortement en Notre-Seigneur, afin que vous compreniez qu'il faut que vous adoptiez de plus sages desseins. Nous savons quel mal grave c'est qu'exciter le schisme dans l'Église, et nous comprenons aussi ce que le pouvoir de nourrir, de régler et de gouverner l'Église universelle, qui nous a été donnée en l'apôtre Pierre par Notre-Seigneur Jésus-Christ, exige de nous pour détourner une si grande calamité. C'est pourquoi nous vous recommandons de montrer par vos actions que vous éprouvez réellement un

1845 Março 1 sentiment de profond respect pour le serment que vous nous avez prêté, à nous et au Siége apostolique, le jour de votre consécration épiscopale.

Nous ne doutons point que vous n'honoriez, en notre humble personne, celui dont la dignité ne subit aucun échec par l'indignité de son successeur. Aussi, nous avons la confiance que dorénavant vous exécuterez les promesses que vous avez faites autrefois et qui nous avaient causé tant de joie, et que spécialement vous observerez les choses prescrites dans le bref souvent mentionné relatif à l'institution des vicariats apostoliques, et établies par les décrets qui ont été postérieurement publiés dans le même but.

Attendant de vous ce témoignage de soumission qui nous donnera de la consolation, qui sera à l'avantage de l'Église dans les contrées dont nous avons tant parlé et qui tournera à l'utilité de la religion dans les temps présents, nous vous donnons avec amour la bénédiction apostolique, à vous, vénérable frère, et à votre troupeau.

Donné à Rome, à Saint-Pierre, le 1er jour de mars de l'an 1845, dans la quinzième année de notre pontificat. — Grégoire XVI, Pape.

Edital de Quang-Chou-Fu (Governador da Cidade de Quang-Chou, Capital da provincia de Cantão) publicando todos os artigos dos regulamentos e ordens que estão em execução, concernentes aos objectos chinezes e estrangeiros em consequencia da abertura dos cinco portos de Quang-Chou ao commercio de todas as nações.

(Annaes maritimos, serie 5.ª, pag. 337.)

1845 Outubro 10 Leo, Governador da cidade de Quang-Chou, etc. Faço publicar o seguinte para o geral conhecimento de todos. Havendo sido concedida por decreto imperial a abertura dos cinco portos de Quang-Chou, etc., ao commercio de todas as nações, varios artigos de regulamentos foram estabelecidos pelo alto Commissario Imperial, conjunctamente com o Vice-Rey, e Soto-Vice-Rey (Cantão), e sanccionados pelo Imperador, cujos artigos se acham agora em execução. Porém, como acabo agora de entrar de posse do governo desta cidade, e duvidoso de que talvez todo o povo chinez não esteja inteiramente sabedor dos artigos que comprehendem estes regulamentos, para os poder bem cumprir, mandei portanto, recopilar, e publicar neste edital todos os artigos dos regulamentos, e ordens que estão em execução, concernentes aos objectos chinezes, e estrangeiros (excepto porém no tocante aos direitos das alfandegas, que pertence a esta repartição dirigir, e não he necessario publicar-se aqui), para o geral conhecimento de todo o exercito, e povo, a fim de os cumprir inteiramente sem opposição a este especial edital.

1845 Outubro 10

1.º Daqui em diante o povo chinez deverá estar em perfeita harmonia com os povos de todas as nações, não se insultando mutuamente, para assim se garantir a paz.

2.º Daqui em diante he permittido aos individuos de qualquer nação vir habitar com suas familias nos cinco portos da beira mar de Quang-Chou, Fu-Chou, Hia-Men (Homui), Nimpo, Hang-Hay, e alli commerciar sem embaraço algum.

3.º He permittido aos negociantes de qualquer nação ter suas familias nos cinco portos, ou em longa estada, ou temporariamente; em qualquer destes casos he-lhes concedido alugar as casas dos chinas, ou aforar terreno, e nelle fabricar casas, estabelecer feitorias, hospitaes, templos, asylos da mendicidade, casas de escola, etc., e cemiterios. Para o que, as auctoridades chinezas dos respectivos lugares, de acordo com os Consules, ou outros empregados semelhantes, depois de ouvida a opinião da gente da terra, fixarão o limite do terreno, deixando porém ao arbitrio dos estrangeiros contratarem com os chinas sobre os arrendamentos com equidade; os chinas não poderão extorquir aos estrangeiros nos preços, nem estes áquelles em diminuil-os á força. Huma relação annual de todas as casas que se fabricarem, e das que estiverem alugadas, será dada pelos respectivos Consu-

1845 Outubro 10 les ás auctoridades dos districtos, e estas ás auctoridades superiores para a lançar nos archivos.

4.º Aos navios mercantes de qualquer nação he permittido vir negociar sómente nos cinco portos, e fóra destes em nenhum outro mais. Faltando, porém, a execução do tratado, e oppondo-se ás ordens prohibitivas, induzindo-se a ir animosamente divagar, e contratar a outros lugares, poderá a China fazer tomadia tanto da embarcação, como da carga, e introduzil-as no fisco. Proceder-se-ha, tambem, na conformidade das Leis vigentes, contra os chinas que n'outros portos (alem dos cinco abertos ao commercio) entrevierem clandestinamente relações commerciaes com os navios mercantes.

5.º Estão extinctos os antigos Hãos de Anistas. Daqui em diante he permittido aos negociantes de todas as nações vir contratar aos cinco portos tanto em fazendas de exportação, como de importação, e ter relações commerciaes com quaesquer chinas, que lhes convierem. Aquelle, porém, que de combinação fizer monopolios, os Consules darão delle parte ás auctoridades chinezas para o prender, e castigar.

6.º Todo aquelle negociante de qualquer nação, que ficar defraudado pelos negociantes chinas, com quem elle teve relações commerciaes, escapulindo-se esses chinas com as fazendas, ou não lhes satisfazendo o importe dellas, he permittido requerer ás auctoridades do districto para as investigar, e obrigar a satisfazer. Porém, se o criminoso, que commetter a fraude, se ausentar para onde se não tenha delle noticia, e o devedor ver a fallecer, e os seus bens de raiz se arruinarem, não se poderá então fazer a mesma exigencia de pagamento que se faria pela Lei antiga, obrigando aos Anistas a pagar pelo devedor. O mesmo se praticará com os negociantes de todas as nações, que contrahirem dividas com os chinas.

7.º He livre aos negociantes de todas as nações embarcar, e desembarcar fazendas em qualquer embarcação que elles alugarem, quer sejam em Pintans, quer em outras quaesquer lorchas, sem restricção alguma; podendo elles contratar com os donos das embarcações sobre os fretes, sem necessidade de interposição das auctoridades; ficando porém sujeitos ás penas da Lei os donos das embarcações que passarem fazendas por alto, ou se ausentarem com as fazendas que vierem conduzidas a bordo das suas embarcações. Os donos das embarcações, que saem para carga, ou descarga de fazendas, e os cullis acarretadores não farão monopolios disto, arrogando-se a si este modo de vida, sob pena de serem processados. 1845 Outubro 10

8.º Nos logares de ancoradouro dos navios mercantes de todas as nações, os respectivos Consules estabelecerão, distributivamente com os empregados subordinados, guardas de segurança, para cohibir os marinheiros a não travarem desordens com a gente da terra, e dar promptas providencias para obvial-as, quando succedam. Os marinheiros, que desembarcarem em terra, serão acompanhados de hum dos empregados subordinados, e de hum piloto do navio a que elles pertencerem, ficando por elles responsavel o dito piloto. He permittido á gente da plebe approximar-se com as suas embarcações aos navios, e contratarem com os marinheiros em fazendas de uso, ao que as auctoridades do districto não porão obstaculo.

9.º Nos cinco portos, os negociantes de qualquer nação que tenham alli estada ou permanente, ou temporaria, não poderão ir *ad libitum* para o interior daquelles lugares, e passear á vontade, vindo com isso a introduzir-se os estrangeiros pelas terras chinas a commerciar. As circumstancias do terreno acommodadas ás opiniões dos povos daquelles lugares estão já prefixas, e segundo ellas se marcarão limites, que já se não permitte ultrapassar. Todo aquelle, pois, que contrariar a ordem prohibitiva, e entrar afoutamente pelas terras do interior, e ir longe, ficará sujeito a ser agarrado pela gente daquellas terras, que o entregará aos respectivos Consules para o castigar, e não fará desordens com elle espancando-o, e ferindo-o.

10.º Pois que está concedido aos negociantes de todas as nações vir habitar nos cinco portos o povo chinez não pode-

1845 Outubro 10 rá, portanto, procurar pretextos para os insultar, e inquietar, nem commetter contra elles animosidades, destruindo suas feitorias, hospitaes, e outros edificios, que elles tiverem fabricado, e os seus cemiterios. Todo aquelle, pois, que commetter essas insolencias, e inquietações, roubando, saqueando, pondo fogo, etc., as auctoridades do districto o subjugarão immediatamente, mandando-o prender, e castigar sem a menor contemplação.

11.º Os negociantes de todas as nações, que vierem aos cinco portos, devendo nelles servir-se de compradores, escrivães, obreiros, criados, marinheiros, etc., he-lhes permittido tel-os em o seu serviço. Tambem se lhes não prohibe chamar chinas litteratos para lhes ensinar a lingua chineza, e suas composições; e a outros para lhes coadjuvarem na escripta, etc., sendo-lhes livre estipular entre si os salarios, ou com interferencia dos Consules. Tambem não he prohibido a qualquer nação comprar livros chinezes.

12.º Todo o individuo de qualquer nação, tendo de fazer suas reclamações ás auctoridades do districto sobre negocios que lhe dizem respeito, dirigirá o seu requerimento por via do Consul. O mesmo fará todo aquelle china, que tiver de reclamar ao Consul, recorrendo primeiro ás auctoridades do districto.

13.º Tendo os chinas de demandar contra algum negociante estrangeiro em negocios que lhes dizem respeito, recorrerão ao Consul da respectiva nação, que procederá primeiramente ás investigações, para ver quem tem razão, e depois á conciliação, persuadindo-os a desistir da questão. Se a final não poderem reconciliar-se, recorrerão então ás auctoridades do districto, as quaes, conjunctamente com o Consul, examinarão a questão, e decidirão com imparcialidade. Quanto ao negociante estrangeiro, o Consul procederá contra elle conforme for julgada a sua culpa; e quanto aos chinas, conforme for julgada a sua culpa, assim serão castigados pelas Leis do Imperio.

14.º Se hum marinheiro, ou outro individuo de outras classes de qualquer nação que seja, se ausentar para as terras chinas, as auctoridades do districto o farão prender, e entregar aos respectivos Consules. Se hum criminoso china se ausentar para as habitações de outra qualquer nação, ou se refugiar para bordo dos seus navios, o respectivo Consul, logo que delle tenha conhecimento, o fará immediatamente entregar ás auctoridades do districto para ser castigado na fórma da Lei; e se antes de ter noticia do refugio, as auctoridades do districto o exigirem officialmente, o Consul o mandará indagar, prender, e entregar ás ditas auctoridades. Tanto em huma como em outra parte não se dará acolhimento algum. 1843 Outubro 10

15.º Suscitando-se desordens entre os chinas, e os negociantes de qualquer nação, de que resultem mortes, o aggressor, sendo china, será rigorosamente preso pelas auctoridades do districto, e sentenciado segundo as Leis. Sendo, porém, de outra qualquer nação, será entregue ao respectivo Consul, para ser castigado segundo as Leis do seu paiz.

16.º Todo o navio mercante de qualquer nação, que for atacado nos mares da China pelos piratas, e der parte ás auctoridades civis e militares do logar mais proximo ao em que tenha sido atacado, estas irão immediatamente prendel-os, para serem castigados na fórma da Lei; e os roubos que poderem colher, entregarão ao respectivo Consul, para este os fazer entregar a seus donos, cobrando o competente recibo. Não podendo ser apprehendidos os ladrões, as auctoridades do districto ficarão sujeitas a ser demittidas segundo a Lei, mas não obrigadas pela indemnisação.

17.º Succedendo a hum navio de qualquer nação algum destroço nas aguas da China, causado pelo tempo, ou por algum encalhe ou abalroação, ou finalmente por encontros com piratas, as auctoridades dos lugares da beira mar, logo que disto tenham conhecimento, darão promptas providencias para acudir á embarcação, e salvar as fazendas, prestando-lhe todo o soccorro até chegar ao porto do seu destino, e ali se concertar. Os povos da beira mar, e as embarcações da gente da terra não aproveitarão occasião do perigo para

1845 Outubro 10 roubarem o que houverem salvado, sob pena de serem rigorosamente castigados. O mesmo se praticará com o navio que chegar ás aguas da China com destroços soffridos no mar alto.

He permittido a todos os navios de qualquer nação, que tiverem soffrido destroços, comprar materiaes para fabricar-se em qualquer lugar mais proximo, obter comestiveis, e fazer ali aguadas, ao que nenhum dos habitantes da beira mar porá obstaculo algum.

10 da nona lua do anno 25 de Jaukuang (10 de Outubro de 1845).

Traduzida pelo abaixo assignado. — João Rodrigues Gonçalves.

Decreto declarando portos francos os portos da cidade de Macau, para o commercio de todas as nações

(Diario do governo n.° 303 de 1845.)

1845 Novembro 20 Tendo, pela abertura de alguns portos do Imperio da China ao commercio, e navegação de todas as nações, cessado as circumstancias excepcionaes que favoreciam o commercio da cidade do Santo Nome de Deos de Macau, não obstante as restricções que nelle eram impostas, e tornando-se de rigorosa necessidade, em vista da mudança de situação que para a dita cidade produzio aquelle acontecimento, adoptar providencias, pelas quaes, modificado o systema restrictivo até agora seguido, e aproveitando-se a vantajosa posição geographica daquella cidade, se possa fomentar, e desenvolver o seu commercio: Hei por bem, usando da auctorisação conferida pelo artigo 1.° da Carta de Lei de 2 de Maio de 1843, e tendo ouvido o Conselho de Ministros, e o de Estado, decretar o seguinte:

Artigo 1.° Os portos da cidade de Macau, tanto o interno, denominado do Rio, como os externos da Taipa, e da Rada, são declarados portos francos para o commercio de todas as nações, e nelles serão admittidas a consumo, deposito, e re-exportação, todas as mercadorias, e generos de commercio, seja qual for a sua natureza. 1845 Novembro 20

Art. 2.º Todos os generos, e mercadorias importadas nos ditos portos, sob qualquer bandeira, ficam absolutamente isentos de direitos de entrada, passados trinta dias depois da publicação deste decreto na cidade de Macau.

Art. 3.º He, porém, absolutamente vedada a importação de peças de artilharia, projectis, mixtos incendiarios, polvora, tabaco de todas as qualidades, rapé, sabão, e ursella.

Art. 4.º Será sómente admittida em navios Portuguezes, procedente de portos Portuguezes, para o effeito de gosar da isenção de direitos, a importação dos generos seguintes de producção, e industria Portugueza, a saber: armas de fogo, e brancas, aréca, atoalhados, canoquins, chapéus de todas as qualidades, azeite de oliveira, côco, e palma, carne de porco fumada, e ensacada, fato, e calçado feito, panno de linho, sal, medicamentos, pau sandalo, aguardentes de vinho, e de sura de coqueiro, vinhos, licores, e vinagres de vinho, e de sura de coqueiro.

Art. 5.º Os mesmos generos mencionados no artigo antecedente, quer sejam de producção ou industria Portugueza, quer de producção ou industria estrangeira, poderão ser importados por navios Portuguezes ou estrangeiros, de portos estrangeiros, pagando 20 por cento *ad valorem*.

Art. 6.º Os ditos generos exceptuados da franquia geral para consumo, poderão todavia ser recebidos em deposito na cidade de Macau, com destino de serem reexportados dentro do praso de hum anno, com as cautelas, e garantias usadas em taes casos, pagando tão sómente 1 por cento *ad valorem* de deposito, e baldeação, alem da armazenagem, e trabalho braçal.

§ unico. Todos estes generos recebidos em deposito, quando dentro no sobredito praso de hum anno, não tiverem sido reexportados, serão obrigados a pagar o direito de consumo marcado no artigo 5.º

Art. 7.º Todos os demais generos, cuja entrada he intei-

1845 Novembro 20 ramente livre para consumo, ou para reexportação, serão unicamente sujeitos ao pagamento dos trabalhos braçaes da companhia da Alfandega denominada dos Cules, mediante huma tabella de salarios que será fixada pelo Governador em concelho, ouvido o Director da Alfandega, e que não poderá exceder os preços até aqui estabelecidos para a dita companhia.

Art. 8.° Os generos de que fazem menção os artigos 4.°, 5.° e 6.°, serão arrecadados nos armazens do Governo, para ficarem sujeitos á fiscalisação da Alfandega até serem despachados. Quanto aos demais generos comprehendidos na generalidade da franquia, será livre a seus donos recolhel-os nos armazens da Alfandega, ou em armazens particulares, como melhor lhes convier.

Art. 9.° Para o pagamento das armazenagens será tambem fixada huma tabella pelo Governador em Conselho, ouvido o Director da Alfandega, regulando-se quanto for possivel o preço de taes armazenagens pelas que he costume pagarem-se em armazens particulares.

Art. 10.° Para facilidade do desembarque das mercadorias mais volumosas, o Governo fará collocar nos locaes mais convenientes, ou nos caes mais frequentados, os guindastes que forem necessarios, arbitrando tambem o Governador em Conselho a despeza do guindaste, que terá de pagar quem delles quizer aproveitar-se.

Art. 11.° He igualmente auctorisado o Governador em Conselho, ouvidas as informações convenientes, para estabelecer huma tabella de ancoragem, de tal modo calculada que as despezas do porto que os navios houverem de pagar em Macau, convidem pela sua modicidade o commercio nacional, e estrangeiro.

Art. 12.° Fica revogada toda a legislação em contrario.

O Conselheiro de Estado Extraordinario, Ministro e Secretario de Estado dos Negocios da Marinha e Ultramar assim o tenha entendido, e faça executar. Paço de Belem, em 20 de Novembro de 1845. — RAINHA. — Joaquim José Falcão.

Edito do Commissario Imperial e Vice-Rey de Cantão transcrevendo o decreto imperial, permittindo a tolerancia da Religião Christã na China, e a restauração das Igrejas

(Annaes maritimos, serie 5.ª, pag. 401.)

Ki, Vice-Rey das Provincias de Cantão, e Quang-Si Houng o Sota Vice-Rey da Provincia de Cantão. 1846 Março 18

Respeitosamente transcrevemos neste Edital o seguinte Decreto, para conhecimento do publico:

Tendo nós feito subir á Imperial presença de Sua Magestade hum memorial, pedindo isenção de castigos para aquelles que, professando a Religião Christã, praticassem o bem; recebemos agora em 25 da primeira lua do anno 26.º Jaukuang (20 de Fevereiro de 1846) o seguinte Decreto.

Em virtude de huma anterior representação, que nos tinham feito Ky, e outro[1], pedindo para que fosse concedida a isenção de castigos a todos aquelles que, professando a Religião Christã, praticassem o bem; e se lhes não prohibisse levantar edificios para os seus cultos religiosos, reunir-se para as suas festas, venerar a imagem da cruz, rezar, e prégar, tudo isto, pois, foi já mandado pôr em execução na fórma da deliberação tomada em Conselho. Por quanto, sendo a Religião Christã mui differente das outras seitas, pois que o fim della he persuadir os homens a obrar o bem, foi-lhe por isso concedida por nós a immunidade do castigo. Agora, tomando nós em consideração o que novamente nos requereram[2], hemos tambem por conveniente conceder, que se ponha em execução. Portanto, ordenamos que as igrejas, que ainda existirem em todas as provincias, edificadas desde os antigos tempos do mencionado reinado de Kang-Hi[3] (excepto aquellas, que já foram convertidas em pagodes, e casas para habitação do povo, das quaes já não he preciso se

[1] Vice-Rey Kying, e Soto Vice-Rey Hoang.
[2] Os ditos Vice-Rey, e Soto Vice-Rey.
[3] 1691-1692.

1846 Março 18 tome conhecimento), e as antigas propriedades delles (christãos) depois de verificadas que realmente lhes pertenciam, sejam todas restituidas aos christãos dos respectivos lugares.

Se, depois da publicação do presente Decreto, as auctoridades de todas as provincias perseguirem arbitrariamente com prisões a todos aquelles, que professam verdadeiramente a Religião Christã, e não forem perversos, ficarão sujeitos ás penas que a Lei lhes impozer, segundo os seus crimes.

Todos aquelles, porém, que sob capa de christãos, praticarem o mal, convocarem gentes de outras povoações remotas para formar reuniões, e alliciar a outros para o mal; ou, os perversos de outras religiões que, inculcando-se falsamente christãos, sob esse pretexto suscitarem disturbios; por todos esses, e outros semelhantes crimes serão punidos segundo a gravidade dos seus delictos na fórma das Leis estabelecidas.

Outro-sim, em conformidade com o Regulamento ultimamente estabelecido, não será de maneira alguma permittido aos estrangeiros ir propagar a Religião para o interior da China, para assim se ver a distincção (entre Chinas e Europeus). Seja communicado este Decreto (ao Ky, e Hoang). Obedeçam.

Mandamos, portanto, publicar o presente Decreto, copiado respeitosamente neste Edital, para que todas as auctoridades, empregados, exercito, e povo, tenham delle conhecimento, e o cumpram. Não haja opposição a este especial Edicto. — 21 da segunda lua do anno 26 de Jau-Kuang (18 de Março de 1846).

Traduzido pelo abaixo assignado, Interprete da cidade — João Rodrigues Gonçalves.

Officio de João Rodrigues Gonçalves ao primeiro Secretario da Associação Maritima e Colonial de Lisboa

(Annaes maritimos, serie 5.ª, pag. 400.)

Illmo Sr. — Tenho a distincta honra de remetter a V. S.ª, esperando se digne apresentar á Associação Maritima e Colonial de Lisboa, a inclusa versão de hum Edicto do Commissario Imperial, e Vice-Rey de Cantão, em que vem transcripto o Decreto Imperial, permittindo a tolerancia da Religião Christã na China, e a restauração das Igrejas, que ainda existirem desde os remotos tempos do reinado do Imperador Kang-hi. E passo a fazer sobre isto as seguintes observações, para V. S.ª ficar inteirado das circumstancias que acompanharam a publicação deste Decreto. 1846 Abril 20

Segundo a opinião de alguns, parece que o Governo da China está hoje inclinado a restabelecer os Christãos no Imperio em o mesmo pé, em que tinham estado nos tempos do illustrado governo de Kang-hi. Com effeito póde-se dizer, que he esta a idéa da Côrte Imperial; e esta mudança he devida aos esforços do Alto Commissario Kying, e do seu inseparavel Conselheiro o Soto Vice-Rey Hoang, que se conhece hoje por hum dos maiores politicos da China. Tambem se não póde negar a honra devida a Mr. Lagrené, Commissario Francez, que por via do habil interprete Mr. Calery, trabalhou para isso se levar a effeito.

Kang-hi subio ao throno em 1661, e em 1669 demittio a Regencia, e assumio as redeas do Governo. Durante quasi todo o seu reinado, que foi de sessenta e hum annos, o Christianismo tinha sido tolerado em todo o Imperio, e os seus propagadores tinham tido grande acceitação na Côrte. Hum anno antes da morte deste Imperador, seu filho Iung-Cheng mandou publicar Edictos, prohibindo a propagação do Christianismo. Foi então, que centenares de Igrejas ficaram demolidas por todo o Imperio, e outras tantas applicadas para

1846 Abril 20 diversos fins. Vejo agora, que o Decreto menciona essas Igrejas; algumas, portanto, devem existir. Mas quaes ellas sejam, e onde he que existem (á excepção de huma em Peking), he o que se não sabe. Porém, quer existam essas Igrejas, quer não, o principal objecto he a tolerancia da Religião. E os cinco portos abertos ao commercio estrangeiro muito poderão contribuir para a propagação da Religião, pelo contacto em que estão com quasi todo o Imperio, e pelas faceis relações, que poderão ter os Missionarios Europeus com os Christãos do interior.

Deos guarde a V. S.ª Macau, 20 de Abril de 1846. — Illmo Sr. Primeiro Secretario da Associação Maritima e Colonial de Lisboa. — João Rodrigues Gonçalves.

Carta do Papa Pio IX ao Bispo Whelan, Vigario Apostolico de Bombaim

(Hist. du Schisme Portugais dans les Indes, pag. 325.)

1848 Abril 2 Vénérable frère, santé et bénédiction apostolique. — Vous savez, vénérable frère, que le Saint-Siége a veillé avec de grands soins et une assiduité particulière aux intérêts de la Religion Catholique dans les Indes orientales, vous qui avez long-temps séjourné dans ces contrées, e qui pendant quelque temps, du vivant même de votre prédécesseur, avez pris part à l'administration du vicariat apostolique de Bombay.

Les choses étant ainsi, il est inutile qu'en vous écrivant cette lettre nous vous expliquions en détail pourquoi il a été arrangé que lesdites contrées, — qui étaient gouvernés autrefois, soit par l'Archevêque de Goa, soit par les Évêques de Cranganor, Cochin, et Méliapour où San-Thomé, avec le pouvoir épiscopal ordinaire, — constituent, maintenant plusieurs vicariats apostoliques et sont gouvernées par des Vicaires Apostoliques établis par le Saint-Siége, dépendant immédiatement de lui, et exerçant la juridiction propre d'ordinaires

Vous connaissez d'ailleurs parfaitement, vénérable frère, 1848
les graves raisons qui ont décidé le Saint-Siége à établir dans Abril
ces contrées cette forme de gouvernement ecclésiastique, 2
quoique jadis, dans des temps bien différents et distincts de la condition et de l'état présent des affaires, le privilège eût été donné aux Rois Très-Fidèles de Portugal de nommer les Évêques qui devaient être élus à ces siéges.

Car, dans ces temps passés, la concession du privilège avait été faite pour prévenir les longues vacances de ces siéges épiscopaux, et afin que des Évêques fussent envoyés en temps opportun en ces lieux et que les prélats reçussent des revenus qui fussent en rapport avec leur dignité ; mais maintenant il est notoire pour tout le monde que, par suite des vicissitudes survenues dans les affaires publiques, et surtout du changement du pouvoir politique dans ces contrées, les raisons ci-dessus indiquées n'existent plus depuis fort longtemps ; — rien n'est assuré et rien n'est obtenu.

Tout ceci est traité au long dans les lettres apostoliques des Pontifes Romains nos prédécesseurs, et particulièrement dans celle de Grégoire XVI, d'heureuse mémoire, datée du 24 avril 1838, et qui commence par *Multa praeclare,* nous n'ignorons pas que vous en avez parfaite connaissance.

Mais, maintenant que vous allez retourner à l'île de Bombay pour y remplir les devoirs de Vicaire Apostolique, nous avons jugé opportun, vénérable frère, de vous faire savoir que nous avons reçu récemment une lettre écrite dans cette île le 1er février 1848, en langage portugais et signée par deux cent vingt-quatre catholiques ; ils s'y plaignent beaucoup de l'érection des vicariats apostoliques dans les Indes orientales, et surtout de la lettre apostolique *Multa praeclare,* ci-dessus mentionnée ; ils implorent le rétablissement de la concorde et se lamentent de ce qu'elle ait été détruite depuis la promulgation de ce Bref Apostolique.

Nous désirons que vous fassiez savoir aux catholiques, au nom desquels cette épitre a été écrite que nous l'avons reçue, que nous avons murement pesé son contenu, que nous les embrassons en charité apostolique, et que nous leur don-

1848 Abril 2 nons cordialement la bénédiction de Dieu tout-puissant; mais en même temps que, jusqu'à présent, nous n'avons trouvé d'autre manière de satisfaire à leurs voeux pour le rétablissement de la concorde que de leur ordonner d'obéir à Saint Pierre, parlant par la bouche du Pontife Romain, et de cesser de résister à ce que le Saint-Siége a décreté pour l'avantage de la Religion; nous désirons qu'ils reconnaissent que les circonstances qui, après mûr examen, ont poussé le Saint Siége à adopter le parti dont il est fait mention dans la lettre *Multa praeclare* si souvent citée subsistent toujours.

Nous nous souvenons d'avoir écrit nous-même une lettre à cet effet à notre vénérable frère Joseph de Sylva y Torres, Archevêque de Goa, et d'avoir mis sous ses yeux combien il est important d'éviter toutes les occasions d'exciter au schisme. Enfin, nous espérons qu'ils se rendront à nos voeux et qu'ils nous donneront de grands motifs de consolation par leur docilité chrétienne.

Mais nous vous recommandons, vénérable frère, de les traiter, tant que vous le pourrez, avec bonté et douceur, et d'éviter avec soin tout ce qui pourrait leur donner des motifs raisonnables de chagrin et de déplaisir.

En même temps, nous vous accordons avec beaucoup d'amour la bénédiction apostolique.

Daté de Rome de Sainte-Marie-Majeure, du second jour d'avril 1848, en la deuxième année de notre pontificat.—Pie IX, Pape.

Carta do Papa Pio IX ao Vigario Apostolico de Ceylão

(Hist. du Schisme Portugais dans les Indes, pag. 314.)

A NOTRE VÉNÉRABLE FRÈRE GAËTAN ANTOINE, O. S. P., ÉVÊQUE D'UPSULA ET VICAIRE APOSTOLIQUE DE CEYLON.

PIE IX, PAPE

1848 Maio 13 Vénérable frère, salut et bénédiction apostolique.—Nous savons, vénérable frère, que vous reconnaissez que le Siége Apostolique a toujours été plein de soin et de sollicitude pour éteindre toute occasion de schisme, car il est certain que vous avez connaissance des preuves qu'en ont données nos prédécesseurs les Pontifices Romains par les mesures qu'ils ont prises à cet effet. Vous comprenez sans doute aussi la grande importance d'une semblable sollicitude, car vous voyez clairement la gravité des maux qui découlent du schisme. 1848 Maio 13

D'après cela, vous concevez aisément, vénérable frère, que nous ayons été profondément affecté par les dernières nouvelles, qui nous apprennent qu'on a grande raison de craindre que ce mal du schisme, dont nous venons de parler, ne se répande à Ceylon. Car cette calamité arriverait, si quelque clerc ou laique catholique de cette île se retirait de votre juridiction ou obédience, pour se soumettre, soit à l'Archevêque de Goa, soit à quelque autre ordinaire ecclésiastique auquel nous n'aurions pas donné les pouvoirs nécessaires.

Et, en effet, il est très-connu que notre prédécesseur Grégoire XVI, d'heureuse mémoire, par des lettres apostoliques du 23 décembre 1836, commençant par les mots: *Ex munere pastoralis,* a érigé la vaste île de Ceylon et ses dépendances en un vicariat apostolique bien réel, après y avoir préalablement aboli la juridiction de l'ordinaire de Cochin ou de toute autre personne, et qu'il y a nommé un Vicaire Apostolique (dont vous occupez maintenant la place, vénérable frère), lequel dépend du seul Siége Apostolique. Il est connu également que cette érection du vicariat apostolique de Ceylon et le transfert de la juridiction sur toute l'île au vicariat apostolique ont été confirmés par notre mentionné prédécesseurs, en vertu des très-célèbres lettres apostoliques datées du 24 avril 1838, commençant par *Multa praeclare,* et dans lesquelles il déclare que l'Archevêque de Goa ne peut exercer à Ceylon aucune espèce de juridiction, à quelque titre que ce soit.

Nous vons recommandons donc sérieusement, en Notre-Seigneur, vénérable frère, au nom de votre remarquable amour pour l'unité et la Religion Catholique, de communiquer ce que nous avons écrit ici à tout le clergé catholique et à tous les fidèles de l'île de Ceylon. Car nous avons la confiance

1848 Maio 13 que tous les ecclésiastiques et laiques catholiques, ne perdant pas de vué, avec l'assistance de Dieu, les décrets du Siége Apostolique relatifs au governement spirituel de Ceylon, demeureront vis-a-vis de vous dans le respect et la soumission spirituels qui vous sont dus, et qu'ainsi ils détourneront entièrement de cette île tout danger de schisme.

Carta do Arcebispo de Palmyra ao Papa,

(Hist. du Schisme Portugais dans

1850 Novembro 18 Beatissime Pater.—Purissimus affectus, submissaque non solum observantia, quibus Beatudinis Tuæ sacram personam et istam Divi Petri Sedem, ex meo munere officioque prosequor gratissimo in causa sunt quod vehementer doleo Beatitudini Tuæ fuisse molesta, et nonnulla quæ evenerunt, dum Goæ Archiepiscopus essem, et aliquas illius epistolæ sententias, quam duodecimo kalendas Februarii anteacti anni ad Sanctitatem Tuam scripsi; et pastoralem etiam allocutionem, quam sexto nonas Aprilis ipsius anni ibidem edidi.

Quum enim Dei beneficio catholicus sim, et Episcopus simul, paternam Tuæ Beatitudinis pietatem obsecro, ut has præsentes litteras vultu digneris excipire benigno, persuasumque habere nullatenus in præcedentibus me potuisse habere conatum, vel actus meæ in Oriente administrationis extra culpam penitus ponendi, vel me de ipsis jactandi.

Ex bullarum etiam promulgatione quas memoratæ adjunxi allocutioni minime inferatur, Beatissime Pater, in meo animo consilium fuisse insistendi in aliquo erga Sanctam Sedem, ejusque decreta oppositionis genere.

Illi enim affectu et non officio tantum conjunctus ea in de-

Pour finir, vénérable frère, nous vous donnons avec toute affection la bénédiction apostolique. 1848 Maio 13

Donné à Sainte-Marie-Majeure, Rome le trézième jour de mai de l'an du Seigneur 1848, la seconde année de notre pontificat. — Pie IX, Pape.

---

datada de Lisboa, 18 de Novembro de 1850

les Indes, pag. 302, 304.)

Très-Saint Père. — Le très-pur attachement et le très-profond respect dont je suis pénétré pour la sacrée personne de Votre Béatitude et pour le Siége de Saint Pierre, ainsi que j'y suis tenu par mon emploi et par les fonctions que je remplis, sont cause de la violente douleur que j'éprouve de ce que Votre Béatitude ait été affligée de plusieurs choses qui sont arrivées tandis que j'étais Archevêque de Goa et de quelques-unes des opinions qui se trouvaient, et dans la lettre que j'ai écrite à Votre Sainteté le 12 des calendes de Février de l'an dernier, et dans l'allocution pastorale que j'ai publié le 6 des nones d'Avril de la même année. 1850 Novembro 18

Étant catholique par la grâce de Dieu et de plus Évêque, je conjure la bonté paternelle de Votre Béatitude de daigner recevoir avec bienveillance les présentes lettres, et d'être convaincu que dans les précédentes je n'ai pu avoir en aucune façon le dessein de justifier entièrement les actes de mon administration en Orient, ou de me glorifier de ces actes.

On ne peut nullement conclure, Très-Saint Père, de la publication des bulles que j'ai jointes à ladite allocution, qu'il y ait eu dans mon cœur l'intention de soulever une opposition quelconque contre le Saint-Siége et ses décrets.

Car je l'honorerai toujours ainsi que je le dois, non-seule-

1850 Novembro 18 bito semper habebo honore, Tuæque Sanctitati spondeo intimum obsequium valdeque submissam venerationem, atque obedientiam erga sacram supremi Ecclesiæ principis personam in meis gerendis te semper spectaturum.

Pro hujus venerationis et obedientiæ testimonio etiam per tuam singularem clementiam hoc mihi detur, Beatissime Pater, ut eam non prætermittam opportunitatem Tibi patefaciendi dolorem, quem verbis satis exequi non possum, quoque ob meum in diœcesi Goana acerbum invitumque statum fui extra modum confectus.

Hic vero dolor maxime augebatur ob impotentiam, de qua laborabam, diversis typographicis silentium imperandi scriptis, quæ longe aberant, ut charitatis ac reverentiæ terminos custodirent.

Has absolvens litteras, Beatissime Pater, Sanctitatem etiam Tuam suppliciter oro leniter clementerque accipiendi non solum mea erga Te, qui es in terris Christi Vicarius, omniumque fidelium Pastor et Magister, catholicæque unitatis centrum, justissimæ adhæsionis canonicæque subjectionis vota, sed etiam ingenuam quorumcumque dictorum vel factorum retractationem, quibus huic catholicæ doctrinæ, meo in animo altis radicibus defixæ, in qua Deo favente ad ultimum perseverare spero, refragari potuerim.

Benedictionem tandem efflagitans apostolicam, Beatitudinisque Tuæ admodum reverenter osculans pedes, Deum Optimum Maximum pro Tua pretiosissima vita valetudineque, ut meum est, semper orabo.

Olissipone, die decima octava mensis Novembris, anni 1850. — Joseph, Archiepiscopus Palmyrensis.

ment à cause de mon emploi, mais encore parce que j'y suis poussé par l'affection, et je promets à Votre Sainteté une soumission complète et une très-humble vénération, et toujours elle rémarquera dans mes actes l'obéissance envers la personne sacrée du chef suprême de l'Eglise. 1850 Novembro 18

Que Votre Clémence me permette, Très-Saint Père, de saisir cette occasion de lui donner un témoignage de ma vénération et de mon obéissance, en lui exposant la douleur dont je fus pénétré à cause de la situation cruelle dans laquelle je me trouvais, contre ma volonté, dans le diocèse de Goa. Je ne saurais assez l'exprimer par mes paroles.

Cette douleur augmentait surtout à cause de l'impuissance dans laquelle je me trouvais d'ordonner le silence à divers écrits qui se publiaient et qui étaient bien éloignés d'observer les limites de la charité et du respect.

En achevant ces lettres, Très-Saint Père, je supplie humblement Votre Sainteté, qui êtes en terre le vicaire du Christ, le Pasteur et le Maître de tous les fidèles, et le centre de l'unité catholique, de recevoir non-seulement l'expression de ma très-juste adhésion et de ma soumission canonique, mais encore la rétractation libre de tous les dits et faits par lesquels j'aurais pu m'opposer à la doctrine catholique, fixée dans mon cœur par de profondes racines, et dans laquelle j'espère persévérer jusqu'à la mort, moyennant l'assistance de Dieu.

Demandant avec instance la bénédiction apostolique et baisant avec respect les pieds de Votre Béatitude, je prierai toujours, comme je le dois, Dieu Tout-Puissant pour votre vie et votre santé.

Lisbonne, le dix-huitième jour de Novembre de l'an 1850. — Joseph, Archevêque de Palmyre.

Epistola do Papa ao Arcebispo, datada

(Hist. du Schisme Portugais dans

PIUS PP. IX.

1851 Janeiro 16 Venerabilis frater, salutem et apostolicam benedictionem.—Redditæ sunt nobis tuæ litteræ die 18 proximi mensis novembris datæ, quibus pro purissimo, ut inquis, tuo affectu, et submissa erga Nos, et hanc Petri Cathedram observantia vehementer doles, Nobis molesta fuisse; et nonnulla, quæ evenerunt, dum Goæ Archiepiscopus eras, et aliquas sententias illius epistolæ, quam duodecimo kalendas Februarii præterito anno 1849 ad nos misisti, et pastoralem allocutionem a te ibidem eodem anno vulgatam sexto nonas Martii, non vero Aprilis, veluti tibi e calamo excidit. Hinc Nos obsecras, ut persuasum habere velimus, te in præcedentibus nullatenus potuisse habere conatum, vel actus tuæ in Oriente administrationis extra culpam penitus ponendi, vel de ipsis te jactandi. Ac simul declaras in bullarum promulgatione, quas commemoratæ allocutioni adjunxisti, nunquam in tuo animo fuisse consilium insistendi in aliquo oppositionis genere erga hanc Sanctam Sedem, ejusque decreta. Profiteris enim, te eidem Sedi affectu, et non officio tantum conjunctum, eam in debito honore semper habiturum, ac Nobis intimum obsequium, valdeque submissam venerationem et obedientiam spondes. Pro cujus venerationis, et obedientiæ testimonio Nobis summum patefacis dolorem, quem verbis satis exequi haud potes, quo extra modum confectus fuisti ob tuum in Goana diœcesi acerbum, invitumque statum.

Itaque Nos etiam atque etiam suppliciter oras, ut non solum excipere velimus tua erga Nos, qui Christi vicariam hic in terris gerimus operam, justissimæ adhæsionis, canonicæque subjectionis vota, sed etiam quorumcumque tuorum dictorum, vel factorum retractationem, quibus catholicæ doctrinæ refragari potueris, quæ in tuo animo altis radicibus est defixa, et in qua, Deo favente, ad ultimum perseverare speras. Equi-

de Roma, 16 de Janeiro de 1851

les Indes, pag. 306, 309.

PIE IX, PAPE.

Venérable frère, salut et bénédiction apostolique. — Nous avons reçu vos lettres du 18 du mois de novembre dernier, dans lesquelles vous dites que votre pure affection et votre obéissance parfaite envers nous et le Siége de Pierre vous font vivement regretter l'affliction que nous ont causée plusieurs choses qui se sont passées tandis que vous étiez Archevêque de Goa, divers passages de la lettre que vous nous avez adressée le 12 calendes de février de l'année passée 1849, et enfin l'allocution pastorale que vous avez publiée en ce même lieu le 6 des nones de mars, et non d'avril, ainsi que vous l'avez écrit par erreur. Vous nous suppliez d'être persuadé que dans vos précédentes lettres vous n'avez pu avoir en aucune façon le dessein de justifier entièrement les actes de votre administration en Orient, ou de vous en glorifier. Et en même temps vous déclarez qu'en promulgant les bulles que vous avez jointes à l'allocution mentionnée, il n'entrait nullement dans votre pensée de soulever une opposition quelconque contre le Saint-Siége et ses décrets. Car vous affirmez que vous êtes lié à ce Siége par l'affection, et non pas uniquement par vos fonctions, et que toujours vous l'honorerez comme vous le devez; et vous nous promettez profonde soumission, obéissance èt vénération parfaite. En témoignage de cette vénération et de cette obéissance, vous nous exposez la grande douleur, à peine exprimable en paroles, dont vous fûtes pénétré à l'occasion de la situation cruelle en laquelle vous vous trouviez dans le diocèse de Goa, contrairement à votre volonté. 1851 Janeiro 16

C'est pourquoi aussi vous nous priez humblement de recevoir non-seulement l'expression de votre très-juste adhésion et de votre soumission canonique envers nous, qui remplissons ici en terre les fonctions de vicaire du Christ,

1851 Janeiro 16 dem, venerabilis frater, ejusmodi tui animi sensus, quos e puro corde, et conscientia bona, ac fide non ficta proficicisci confidimus, gratissimi Nobis fuerunt, et acerbissimum illum leniunt mœrorem, quo præterita tua agendi ratio Nos, Nostrumque prædecessorem rec. me. Gregorium XVI, vehementer affecerat. Atque ea porro spe sustentamur fore, ut huic tuæ declarationi, quæ Catholicum Antistitem omnino decet, tua omnia consilia, et actiones in posterum plane respondeant. Etenim haud ignoras, venerabilis frater, Catholico Episcopo nihil potius, nihil antiquius esse debere, quam supremam hujus Beati Petri Sedis potestatem, unde unitas sacerdotalis exorta est, ac Episcoporum ordinatio, et Ecclesiæ ratio decurrit, ex animo venerari, ejusque sedis jura, quæ non humana, sed divina auctoritate nituntur, summopere vereri ac defendere, et Romano Pontifici firmiter adhærere, omnemque observantiam, et obedientiam fideliter profiteri, ac præstare, qui in eadem Sede collocatus in persona Beatissimi Apostolorum Principis plenam ab ipso Christo Domino potestatem accepit pascendi agnos, et oves, confirmandi fratres, et universam, quæ late patet, regendi, et gubernandi Ecclesiam. Atque optime scis quanta cura, et studio Catholicus Episcopus in id imprimis incumbere debeat, ut Catholicæ Ecclesiæ unitatem totis viribus foveat, tueatur, propugnet, quæ sine debita erga hanc Sanctam Sedem, et Romanum Pontificem observantia, et obedientia esse non potest, quæque in eo potissimum sita esse dignoscitur, ut quamvis in populo Dei multi sint sacerdotes, multique pastores, omnes tamen proprie regat Petrus, quos principaliter regit et Christus. Neque te latet quam indignum, quam perversum, quam miserrimum sit fideles, ac præsertim ecclesiasticos ab hac catholica unitate deflectere, et quantopere sint improbandi, ac damnandi ii omnes, qui ejusmodi unitati quovis modo adversari, et eorum opera, atque exemplo alios etiam ab illa avertere non extimescunt.

Dum autem hæc tecum loquimur, venerabilis frater, ea sane fiducia nitimur, ut catholicis hisce sensibus tu vere animatus, quemadmodum in commemorata tua epistola luculen-

mais encore la retraction de toutes les paroles quelconques et de tous les actes par lesquels vous auriez pu être en opposition avec la doctrine catholique, fixée dans votre cœur par de profondes racines et dans laquelle vous espérez persévérer jusqu'à la fin de votre vie, moyennant la grâce de Dieu. Assurément, vénérable frère, ces sentiments de votre âme, qui, nous en avons la confiance, partent d'un cœur pur, d'une bonne conscience et d'une foi non feinte, nous ont été très-agréables, et adoucissent la très-amère douleur dont votre précédent conduite nous avait violemment affligés, nous-même et notre prédécesseur Grégoire XVI, d'heureuse mémoire. Nous sommes donc soutenu par l'espérance qu'à l'avenir tous vos desseins et toutes vos actions répondront parfaitement à votre présente déclaration, laquelle convient de tous points à un Prélat Catholique. Car vous n'ignorez pas, vénérable frère, que l'Évêque Catholique doit respecter du fond de l'âme, et préférer à toute autre chose, la puissance suprême de ce siége de Saint Pierre, d'où sont nées l'unité sacerdotale, l'ordination épiscopale et la direction de l'Église; et qu'il doit vénérer au plus haut degré et défendre les droits de ce Siége, appuyés non sur l'autorité humaine, mais sur l'autorité divine, et adhérer fermement au Pontife Romain; et que de plus il est tenu de promettre et rendre tout respect et toute obéissance à celui qui, placé sur ce même Siége, a reçu de Notre-Seigneur lui-même, en la personne du Bienheureux Prince des Apôtres, la pleine puissance de paître les agneaux et les brebis, de confirmer ses frères, et de régir et gouverner l'Église universelle qui s'étend au loin. Vous savez parfaitement aussi avec quel soin et quelle étude un Évêque Catholique doit être occupé à favoriser et garantir de toutes ses forces l'Église Catholique et à combattre pour sa défense; mais c'est impossible en dehors du respect et de l'obéissance dus au Saint-Siége et au Pontife Romain; et ceci se discerne principalement en ce que, bien qu'il y ait chez le peuple de Dieu beaucoup de prêtres et de pasteurs, cependant Pierre régit particulièrement tous ceux que le Christ régit principalement. Et vous n'ignorez

1851 Janeiro 16

1851 Janeiro 16 ter declaras, nihil antiquius habere velis, quam majoris consolationis causam Nobis semper præbere, nihilque intentatum relinquere, ut qua opere, qua verbo, qua exemplo sinceram tuam erga Nos et hanc Sanctam Sedem fidem ostendas, omnesque tuas vires in Catholicæ Ecclesiæ doctrinam ejusque unitatem tuendam ac propugnandam conferas, atque ita efficias, ut ii omnes, qui tuæ Goanæ administrationis facta agnoscunt, quique non mediocrem ex illis admirationem, doleremque susceperunt, malam de te opinionem deponant, bonamque concipiant et habeant. Denique pontificiæ Nostræ in te caritatis testem, et cœlestium omnium munerum auspicem apostolicam benedictionem tibi ipsi, venerabilis frater, peramanter impertimur.

Datum Romæ, apud Sanctum-Petrum, die 6 Januarii anno 1851, pontificatus nostri anno quinto.—Pius PP. IX.

Carta do Cardeal Prefeito da Propaganda Fide ao Vigario Apostolico de Bengala

(Hist. du Schisme Portugais dans les Indes, pag. 346)

1851 Janeiro 31 Au Très-Révérend Patrick-Joseph Carew, Archevêque d'Edesse, Vicaire Apostolique du Bengale occidental (Calcutta).

pas qu'il est indigne, pervers et déplorable au plus haut de- 1851
gré de détourner de cette unité catholique les fidèles et sur- Janeiro
tout les ecclésiastiques, et qu'on doit improuver et condam- 16
ner sans ménagement tous ceux qui, opposés à l'unité en quelque manière que ce soit, ne craignent pas d'en détourner aussi les autres par leurs œuvres et leurs exemples.

Mais, tandis que nous vous disons ces choses, vénérable frère, nous avons pleine confiance que, véritablement pénétré de ces pensées catholiques, ainsi que vous le déclarez nettement dans votre lettre dejà mentionnée, vous n'aurez rien plus à cœur que de nous donner toujours des motifs de grande consolation; que vous mettrez tout en usage pour prouver par vos actes, vos paroles et vos exemples, votre sincère fidélité envers nous et envers le Saint-Siége; que vous emploierez toutes vos forces en faveur d'Église Catholique, à défendre et à propager sa doctrine, et que vous agirez de telle sorte que tous ceux qui ont eu connaissance de vos faits pendant l'administration du diocèse de Goa et qui en ont éprouvé beaucoup d'étonnement et de douleur, déposeront la mauvaise opinion qu'ils ont de vous pour en concevoir et en conserver une bonne. Enfin, pour vous donner un témoignage de notre charité pontificale envers vous, et comme présage de tous les dons célestes, nous vous accordons avec amour, vénérable frère, notre bénédiction apostolique.

Donné à Rome, près de Saint-Pierre, le sixième jour de Janvier de l'année 1851, de notre pontificat l'an cinquième.— Pie IX, Pape.

Très-Illustre et Très-Révérend Seigneur.

Les lettres apostoliques en forme de brefs, données à plu- 1851
sieurs reprises par Grégoire XVI, de saint emémoire, et par Janeiro
notre Très-Saint Seigneur Pie IX, Pape, par la divine Provi- 31
dence, et en particulier celle qui commence *Multa præclare,* et une autre lettre postérieurement publiée et envoyée aux Vicaires Apostoliques respectifs de divers lieux, font claire-

1854 Janeiro 31 ment reconnaître quelle est l'autorité spirituelle qui doit être considerée comme seule légitime et comme ayant seule pleine juridiction dans les affaires de la Religion Catholique en ces même lieux. Cependant, Sa Sainteté est surprise et affligée de voir que bien des gens ne peuvent être amenés à se soumetre à l'aûtorité légitime et a obéir au Saint-Siége, tout en se glorifiant d'appartenir à la foi et à l'unité catholique. Notre Très-Saint Seigneur a appris avec peine que ce qui avait eu lieu déjà en différents districts des Indes vient de se paner également dans le vicariat de Bengale, et il a su que quelques personnes ont agi avec tant de perversité, que, non-seulement elles ont osé résister au pouvoir canonique, mais qu'encore elles ont attaqué les Vicaires Apostoliques devant les tribunaux et leur ont intenté des procès. Par conséquent, afin d'ôter tout prétexte d'excuse à ses hommes turbulents, et pour les ramener à de meilleurs conseils, si c'est possible, je publie, conformément aux ordres de notre Très-Saint Seigneur, et je déclare solennellement par cette lettre, — qui leur sera montrée, ainsi qu'à tous ceux auxquels il sera nécessaire de la faire voir, — que toute autorité, juridiction et pouvoir, dans le vicariat du Bengale oriental, aussi bien que dans l'occidental, sont donnés et conférés par Sainteté à Votre Seigneurie, dans le vicariat occidental, et à l'Évèque de Milène, dans l'oriental, de la même manière qu'elles le sont aux Vicaires Apostoliques dans les autres vicariats légitimement constitués; de telle sorte que l'entière administratration des églises, au spirituel et au temporel, quant à leurs biens et à leurs revenus, vous appartiennent simplement, uniquement et exclusivement, à vous et à l'Évèque de Milène, ci-dessus mentionné. Donc, la faculté d'exercer le ministère sacré dans les divers lieux doit être obtenue des seuls Vicaires Apostoliques, et, par conséquent tous les prêtres, tant réguliers que séculiers, dépendent nécessairement d'eux pour exercer leur ministère d'une manière valide et légale. Faites leur savoir que le Saint-Siége ne reconnait ni juridiction ni autorité à ceux qui refusent l'obeissance et la soumission aux Vicaires Apostoliques. Nous vous exhortons à leur apprendre que ceux qui ne sont pas unis au Siége Apostolique, non-seulement par leurs paroles, mais encore de cœur et d'action, agissent contrairement à l'unité et à la foi de l'Église Catholique, que ceux qui n'amassent pas avec elle dispersent, et que quiconque n'adhére pas à l'autorité légitime constituée par le Siége Apostolique résiste à l'ordonnance divine. Nous espérons, cependant, que ces hommes trompés mettront enfin un terme à ces troubles et à ces dissensions, et que, par des avertissements reiterés, ils seront amenés à travailler avec vous à la culture de la vigne du Seigneur, en union de charité, et qu'une paix complète sera rendu en ces lieux au corps catholique; nous implorons cette bénédiction de Dieu-Tout-Puissant et nous lui demandons également de protéger et de benir Votre Seigneurie pendant de longues années. 1851 Janeiro 31

Donné à Rome, dans le palais de la sacrée congrégation *de Propaganda fide,* le trente et unième jour de Janvier 1851.

Toujours à votre service. — J. P., Card. Franzoni, Préf. — A. Barhabo, Secrétaire.

Carta do Prefeito da Propaganda Fide ao Arcebispo de Edesse, Vigario Apostolico de Bengala Occidental (Calcutta)

(Hist. du Schisme Portugais dans les Indes, pag. 313.)

Très-Illustre et Très-Révérend Lord.—Conformément aux injonctions de notre Très-Saint Seigneur le Pape Pie IX, nous envoyons ci-inclus à Votre Grandeur l'allocution imprimée de Sa Sainteté, tenue dans un récent consistoire, afin que vous en répandiez la connaissance et que vous la fassiez publier en Orient, D'ailleurs, nous espérons, pleins de confiance, que vous trouverez que le contenu de cette allocution est de la plus haute importance et tel, qu'avec la grâce de Dieu, il contribuera à l'extension de la catholicité dans ces mis- 1851 Março 1

1851 Março 1 sions, ou aidera grandement à ses progrès futurs. Nous demandons instamment au Tout-Puissant de maintenir Votre Grandeur en bonne santé pendant de longues années.

Rome, maison de la sacrée congrégation de la Propagande, 1er mars 1851.

Toujours à votre service.—J. Ph., Card. Franzoui, Préf.—A. Barnabo, Sec.

FIM DO TOMO XII

INDICE

DOS

DOCUMENTOS CONTIDOS N'ESTE TOMO